U0738397

本书由国家社会科学基金项目（11CJY109）资助出版

C ONTENTS 目 录

中国农业保险
效率评价与机制优化研究

The efficiency and innovations of agriculture insurance in China

◎施 红 著

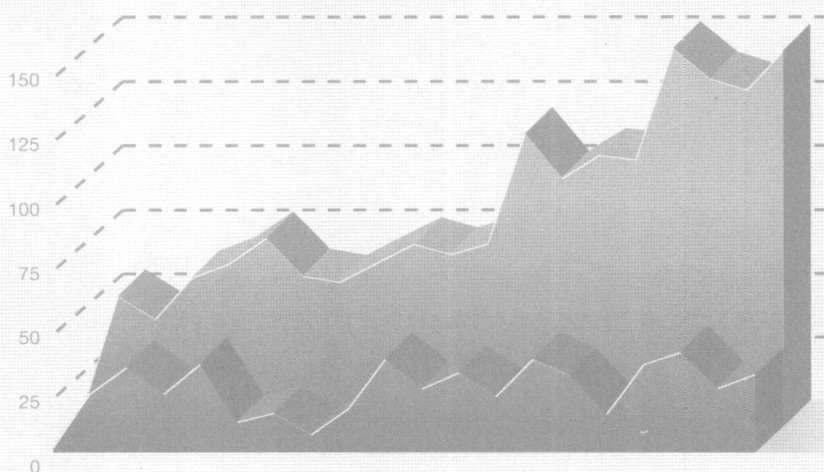

浙江大学出版社
ZHEJIANG UNIVERSITY PRESS

导　　论

第一节　问题的提出

农业是人类社会发展的基础。中国作为农业大国,农业是国民经济的命脉。然而,中国又是一个自然灾害频发的国家,农业生产十分脆弱。中国农业的小农经济特点使得农户抵御灾害风险的能力很弱[①]。一直以来,中国政府十分注重农业灾害风险管理,投入了大量的人力、物力和财力建立农业风险保障体系,支持大中型农业基础设施建设、大江大河的治理以及灾后救济等。近十多年来,中国农业灾害风险管理逐步从注重事前的风险控制向事前风险控制与事后损失补偿并重转变。

救济和农业保险是农业损失补偿的两个机制。一直以来,中国政府主要通过救济对受灾农民的基本生活需要提供保障。然而,与救济枂比,农业保险"更公平、透明和有效"(李军,2004:189)。1982 年中国人民保险公司恢复试办农业保险业务,政府通过减免税收方式支持农业保险的开展。1982—1994 年间,中国财政累计补贴农业保险 7.1 亿元。在这个

[①] 据统计,在 1961—1990 年的 30 年间,全国农作物生产遭受旱、涝、风、雹、冻、病和虫灾害的面积年平均 3700 多万公顷,成灾面积 1967 万公顷,分别占年均播种面积的 29.8% 和 12.7%;自然灾害造成粮食减产的幅度年平均 5%,减产量 250 亿千克(郑功成,2001:497)。在 1991—2006 年间,全国农作物遭受水灾、旱灾的面积年平均 4891 万公顷,成灾面积 2630 万公顷,分别占年均播种面积的 32% 和 17.19%。

时期,政府对农业保险的扶持力度较弱[1]。并且,由于农业生产风险大,农业保险的赔付率一直居高不下。据统计,1982—2003 年中国农业保险的平均简单赔付率达到 120%。1994 年后,随着中国保险业开始市场化改革,农业保险业务逐步萎缩,许多地方甚至全面停办农业保险。农业保险的社会稳定器功能无法有效发挥,使得农业生产、农户收入稳定受到较大影响,也给国家财政造成较大压力。

2004 年,中央一号文件首次明确"开展政策性农业保险的试点"。在地方政府的支持下,中国开始了新一轮的农业保险试点。为推动农业保险的开展,地方政府成立了各部门协同推进的农业保险工作机制,投入了大量的人力、物力与财力。2007 年中央财政首次将农业保险列入财政预算科目,对六个省五个大宗农作物品种,提供 10 亿元农业保险保费补贴[2]。2013 年中央财政补贴保险品种、补贴省份都明显增加。截至 2013 年,中央财政 7 年累计补贴农业保险保费 438 亿元。与此同时,地方政府也对农业保险保费给予补贴。中国农业保险的保费补贴比例平均为80%左右。开展试点十年,中央和地方各级政府给予的保费补贴累计接近 800 亿元。

在各级政府的重视和推动下,中国农业保险快速发展,业务规模不断扩大,保费收入从 2004 年的 3.77 亿元增长到 2013 年的 306.6 亿元,农业保险承保主要农作物突破 10 亿亩,已经占到全国主要农作物播种面积的42%,提供的风险保障突破 1 万亿元[3]。各地在实践中不断积累经验,完善机制。目前,尽管各地农业保险在经营机构、保险险种、大灾风险分散机制等方面存在差异,但是,从整体上看,我国已经初步形成"政府引导、市场运作、自愿参保、协同推进"的农业保险制度框架。这是我国农业保

---

[1] 如美国在 1981—2003 年间对农作物保险的保费补贴和赔偿分担共计达到614.48 亿美元(Glauber,2004);2006 年日本农业保险相关财政预算总额达 1177 亿日元,其中国库负担保险费 689 亿日元,负担农业保险事业费 464 亿日元(潘勇辉,2008)。

[2] 2008 年中国财政部印发了关于实施《中央财政种植业保险保费补贴管理办法》的通知,明确对种植面广,对促进"三农"发展有重要意义的大宗农作物,如玉米、水稻、小麦、棉花,以及大豆、花生、油菜等油料作物等提供保费补贴。

[3] http://finance. sina. com. cn/money/insurance/bxdt/20140121/155818030983.shtml

险发展中的一大制度创新。政府市场合作型农业保险制度符合我国农业
生产特点和农村社会实际,有利于充分利用现有资源,发挥商业保险公司
的优势,迅速推动农业保险的发展。

　　然而,政府介入农业保险面临着信息不对称和寻租问题。其中,小农
经济的特点将使信息不对称问题尤为突出。信息不对称产生的道德风险
和逆选择可能对农业保险的运作效率造成损害,从而对农业资源的优化
配置产生不利影响。而且,中国目前正处于经济转型过程中,巨大的不确
定性将增加政府获取信息的难度,可能出现的制度"真空"可能诱发政府
官员的寻租行为。已有研究表明,尽管2009年中国成为全球第二大农业
保险市场,但是,农业保险的高额财政补贴给一些地方政府造成了沉重负
担,超额赔款也使保险公司的偿付能力面临严峻挑战(庹国柱等,2010),
带有一定强制性的政策性农业保险导致了社会福利损失(孙香玉、钟甫
宁,2009)。因此,如何通过机制设计降低政府介入后农业保险的交易成
本,提高农业保险的运作效率,成为推动农业保险深入开展的重大问题,
关系着支农政策目标的实现。

　　在国际上,农业保险效率是农业保险研究的一个重要方向。国外文献
对政府扶持的农业保险效率进行了比较深入和细致的研究。一是从政府
视角研究农业保险的财政补贴效率,关注财政补贴对农业保险参保率的影
响。Just、Calvin、Quiggin(1999)研究发现,保费补贴对农户参加农业保险具
有明显的激励作用。而且,不同险种保费补贴率的差异对农户选择保险险
种具有明显的影响(Makki,Somvaru,2001)。但是,农户和保险公司的道德
风险造成了农业保险财政补贴的耗散(Just,Calvin,1993),加大了政府的财
政负担(Glauber,2004)。二是从农户视角研究政策性农业保险稳定农户收
入,增进农户福利的功效。农业保险社会福利效应的理论分析认为农业保
险通过增加农产品供给,增进社会福利(Roumasset,1978;Hazell等,1986)。
此后,不少学者对农业保险是否影响农产品产量进行了实证研究(Soule等,
2000),但研究结果并没有达成统一认识(Glauber,2007)。Yong、
Vandeveer、Schnepf(2001)研究认为,补贴降低了农业保险收入安全网的效
率,尤其对没有参加农作物保险的农户造成了收入损失。

　　西方国家农业保险发展时间较长,各国形成了比较稳定的、统一的农
业保险制度。各国政府介入农业保险主要是在制度设计、政策制定、风险

分担等方面。当前,我国政府介入农业保险的深度和力度前所未有,也明显有别于其他国家。我国政府从中央到地方再到基层,全面介入农业保险的各个领域。政府深度介入在推进农业保险高速发展的同时,也可能对农业保险发展带来危害,损害农业保险的运作效率。因此,2014年农业保险进入第二个十年试点之际,评价政府深度介入下中国农业保险的运作效率是十分必要和有价值的。这既是对近十多年来农业保险发展的反思,也是今后优化农业保险制度的基础。

目前,国内对保险机构效率的研究取得了不少进展(黄薇,2009;吴诣民等,2005),但是关于农业保险效率的研究却非常少。现有研究主要是对各地农业保险试点进展情况的分析,揭示农业保险在运作过程中面临的问题(施红,2008;朱俊生、庹国柱,2009;王朋良等,2010;赵元凤、冯平,2013)。这些研究以部分试点地区为研究对象,多数采用描述性的研究方法,概要性地分析了农业保险的试点情况。其中,赵元凤、冯平运用倍差模型分析了内蒙古农业保险对农户家庭种植业收入的影响。结果表明,农业保险的开展对农业收入增长没有显著影响。

本研究把农业保险的效率研究与农业发展有机结合起来,剖析政府介入对农业保险效率的影响机理,并对农业保险的效率进行实证分析,揭示影响效率的关键因素,进而优化农业保险机制设计,促进农业发展。本研究通过剖析政府介入对农业保险效率的影响机理,丰富了农业保险效率研究的内容,有助于深入认识政府介入对农业保险效率的作用路径,重新界定政府的责任边界;通过构建效率评估的指标体系,为研究农业保险的效率问题提供了新的研究方法,具有一定的学术价值;通过农业保险机制优化设计,为政府相关部门完善农业保险制度,改进支农工具提供决策依据和参考,具有较强的现实意义。

第二节　理论基础

本研究综合运用风险配置理论、不对称信息理论、交易成本理论和机制设计理论,对中国农业保险的效率及机制优化问题开展研究。

一、风险配置理论为政府介入农业保险的理论研究提供新视角

20世纪50年代以来,风险配置理论兴起并逐步发展。1953年,阿罗最早提出了一个分析框架,用于解释各种风险转移的制度安排——如保险市场、股票市场、隐性合约(Implicit Contract)、成本加成合约和期货市场的功能。阿罗认为,所有这些制度将风险转移给在风险承担上具有相对优势的一方。在通常的保险例子中,面临风险的个人风险厌恶者愿意向厌恶程度较轻的或资产组合更多样化的保险人支付一个固定的价格,使保险人在此价格上承担风险。既然双方在保险合约上达成一致,就都提高了福利水平。博尔奇(1960,1961,1962)提出风险混同安排下帕累托最优交换的充要条件。他证明了在一般的分析框架下,风险厌恶是如何影响风险混同安排参与者最优保险金额(或保险份额)的。尽管他的规范分析对象是再保险,但是Moffet(1979)证明,这个结论同样适用于保单持有人和直接保险人之间的合约。博尔奇的风险交换公式影响了委托人—代理人模型(Ross,1973;Holmstrom,1979),还引发了保险领域许多其他的应用(斯科特,2005：3-4)。

风险配置理论为研究政府介入农业保险提供了新的视角,即可以将政府作为风险配置主体纳入到农业保险风险配置的分析框架中。此时,在政府介入农业保险的福利分析框架中,政府不再是给予农业保险以财政补贴的外生主体,而是表现为以财政补贴方式实现一定政策目标的利益主体。由于将政府内生化到农业保险的福利分析框架中,所以对于政府介入后社会福利的改变就必须同时考虑微观层面农户、保险公司等效用的改变和宏观层面农业保险政策目标实现带来的社会福利的增进。如果政府介入能够实现农业保险在市场机制下无法实现的潜在收益(即增进了社会整体的福利),则政府介入农业保险就具备了坚实的理论基础。

精算学是保险制度运作的数理基础和技术支撑。无论是从风险衡量到损失预测,还是从保费计算到实现稳定经营,保险都以大数定律为技术基础。大数定律要求保险保障的风险必须具备"存在大量独立同质风险单位"的条件。在市场机制下,由于农业保险需求不足和风险相关性高等

原因,农业保险参与率很低,农业保险公司的经营风险很大,最终导致市场运作的失败。因此,从风险配置视角看,政府是否介入农业保险关键在于政府介入是否能够促使农业保险的运作满足大数定律要求并推动农业保险交易的达成。

二、不对称信息理论有助于认识政府失效的根源

信息不对称是农业保险市场失灵的原因之一,也是可能导致政府失效的一个原因。因此,政府介入后农业保险的信息不对称问题研究十分重要且迫切。1921年,美国经济学家弗兰克·H.奈特以《风险、不确定性和利润》一书,通过对风险和不确定性的区分和描述,较为完整地把信息经济学的思想呈现于现代经济学的殿堂中,为后来的信息经济学家们点亮了第一支思想明烛。到了20世纪60年代,西蒙(1961)、阿罗(1963)等欧美经济学家对传统经济学的完全信息假定提出了质疑;70年代,阿克洛夫(1970)、斯宾斯(1973)、莫里斯(1974)和斯蒂格利茨(1976)等承前启后,从现实的制度安排和经济实践出发,终于使建立在不对称信息范畴基础之上的、以交易关系和契约安排为对象的信息经济学成了显学。信息经济学的兴起和发展为研究信息不对称问题提供了理论基础。信息经济学认为,信息不对称造成市场交易双方的利益失衡,占有信息的人凭借其优势在交易中获得信息租金,影响社会的公平、公正的原则以及市场配置资源的效率。不对称信息经济学揭示了信息成本也是对交易的内生的制约因素之一。

政府介入后农业保险各方的不对称信息状况将发生改变。与完全市场化运作的农业保险相比,政府介入后,不仅保险机构与农户之间的不对称信息问题依然存在,而且,还产生了农户与政府之间、保险机构与政府之间的不对称信息问题。所有这些不对称信息问题都将影响农业保险的运作效率。因此,政府介入后,农业保险的信息不对称问题变得更加复杂。运用不对称信息理论揭示政府介入后信息不对称对农业保险风险配置效率的损害,明确农业保险优化风险配置的约束条件,是农业保险优化机制设计的基础。

三、交易成本理论揭示政府介入对农业保险效率的影响路径

1937年,罗纳德·科斯在《企业的性质》一文中首次提出交易成本理

论,强调了在组织选择或制度选择中对交易费用权衡的重要性。威廉姆森等许多经济学家又进一步对交易费用理论进行了发展和完善。交易费用理论把交易成本分为事前的交易费用和事后的交易费用两类(威廉姆森,1977),强调交易成本是运作经济制度的成本,强调信息成本是交易成本的核心。埃里克·弗鲁博顿和鲁道夫·芮切特(2006:59)将交易成本分为三种情形:市场型交易成本、管理型交易成本和政治型交易成本①。

交易成本经济学为研究政府介入后农业保险的风险配置效率提供了新的思路。正如威廉姆森(2001:42)在《治理机制》一书中指出:"政策的实施(一般地,当特别是对于发展中国家)需要从制度的观点重新加以考察。时机已经成熟,我们手上已有了相应的工具,可以用一种严谨的、微观分析的方法考察政策的实施。"本研究运用交易成本理论,揭示政府介入后各类交易成本对农业保险效率的作用路径及影响机理。

四、机制设计理论为农业保险优化机制设计提供思路

美国经济学家利奥·赫维兹最先严格给出了经济机制理论的基本框架。机制设计理论可用来研究和探讨各种经济问题,特别是在不完全信息情况下探讨和设计各种激励机制,以实施所要达到的社会目标或某个既定目标(田国强,2003)。机制设计需涉及两个基本问题:一个是信息效率问题,即所制定的机制是否只需较少的信息传递成本,较少的关于消费者、生产者及其他经济参与者的信息;另一个是机制的激励相容问题(也就是积极性问题),即在所制定的机制下,每个参与者即使追求个人目标,其客观效果是否也能正好达到设计者所要实现的目标。从机制的形式上来看,可分为单个代理人和多个代理人等情形。

本研究中,政府介入农业保险后,政府与农户、保险机构之间面临着不完全信息下的激励问题。如何通过有效的激励机制,减少农户和保险机构的行为扭曲,实现政府作为风险配置主体的政策目标,是农业保险效

---

① 埃里克·弗鲁博顿和鲁道夫·芮切特(2006:64)认为,市场和管理交易一般被认为是在界定良好的政治背景中发生的。这是一个与资本市场秩序一致的制度安排,同时也意味着存在一个特殊的地方性、国家性或国际性的正式社区组织。提供这种组织以及与其有关的公共品显然会产生费用,这些就是政治型交易成本。

率研究的一个重要问题。本研究将运用机制设计理论优化农业保险制度。

由此,本研究将从风险配置的视角,将政府作为风险配置主体纳入农业保险体系,论证政府介入农业保险的内生性。不对称信息理论、交易费用理论和机制设计理论为本文研究政府介入后农业保险风险配置效率问题提供理论分析框架和分析工具。

第三节　研究思路与方法

本研究以中国农业保险的运作效率为研究对象,遵循理论框架—实证研究—机制设计的逻辑主线,构建政府介入对农业保险效率影响的理论分析框架,并据此构建效率评价指标体系,开展实证研究,揭示影响效率的关键因素,最终对农业保险机制进行优化设计,以提高农业保险效率,促进农业发展。

效率评价指标体系如下图所示。

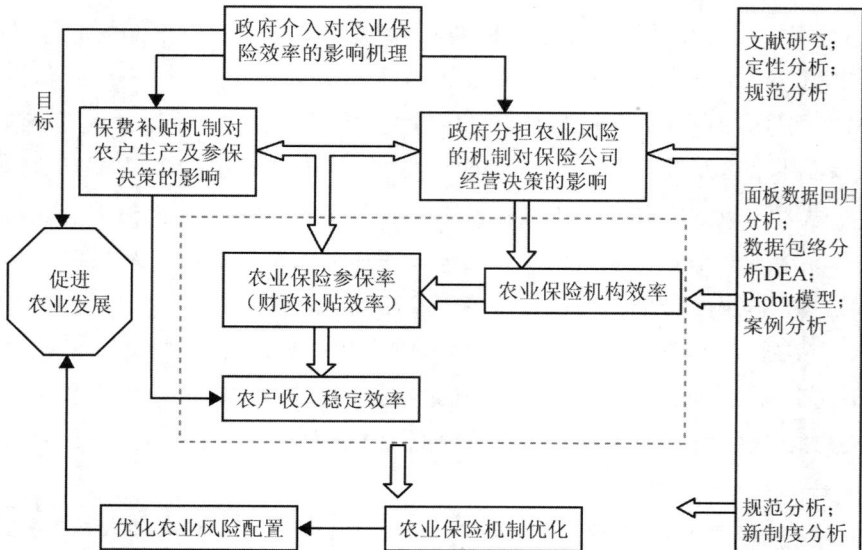

本研究在广泛梳理国内外文献资料的基础上,通过规范分析,构建政府介入对农业保险效率的影响路径及作用机理的一个理论分析框架,并

用定性分析、微观计量分析、案例分析等方法,从农户、保险公司和政府三个层面度量农业保险的运作效率。农户层面的实证研究数据来自浙江、四川等地区农户的问卷调查,保险公司层面的数据主要来自保险年鉴、统计年鉴等公开资料,文中的案例由作者通过与相关机构、专家的深入访谈获得。

第四节　研究内容

本研究通过剖析政府介入对农业保险效率的影响机理及实证研究,优化农业保险机制,提高农业保险效率,促进农业发展。全书分为以下三个主要部分:

第一部分包括第一章、第二章,构建了政府介入后农业保险效率分析的一个理论框架。第一章指出农业自然风险是农业弱质性的根源之一。农业保险具有优化风险配置,缓解农业弱质性的功效。然而,农业保险市场失灵。政府介入有助于推动农业保险的有效运作,将农业保险在市场条件下无法实现的"潜在收入"显性化,实现农业保险缓解农业弱质性的功效,揭示了政府介入农业保险的内生性。第二章揭示了政府介入将引起农业保险交易成本的变动,其中信息不对称引起的交易成本变动尤为突出;剖析了政府介入后对农业保险效率的作用路径;指出通过机制设计减少信息不对称引起的道德风险和逆选择对农业保险风险配置效率的损害,是政府介入后农业保险优化风险配置的约束条件之一。然而,契约总是不完备的,需要实施机制保障契约的履行。所以,改善不对称信息的机制设计和建立完善的实施机制成为政府介入后农业保险优化风险配置的两个约束条件。

第二部分包括第三章至第七章,对中国农业保险的运作效率进行实证分析。第三章首先回顾了 2004 年中国新一轮试点以后形成的政府市场合作型农业保险及其发展。第四至六章从政府、保险公司和农户三个层面,按照农业保险参保率、农业保险机构效率和农户收入稳定效率三个维度,通过计量分析方法对中国农业保险进行效率测度。第四章度量了是否有保费补贴以及不同的保费补贴率对农户参保行为的影响,发现各级财政的保费补贴显著地提高了农业保险的参与率。第五章运用 DEA 方法对农业保险机构的效率进行测度,结果表明我国农业保险机构表现出与商业性保险市场一样的高效率。这主要得益于地方政府在人力、物力和财力等方面的大力投入,大大减少了农业保险机构的要素投入。然而,农业保险技术创新不足影响了市场运作效率的进一步提高。第六章从农户视角,基于田野调查的数据,采用风险度量方法,检验农业保险对农户农业收入的稳定效应。研究发现,农业保险对农户的收入波动风险起到了一定的"稳定器"作用。但是,当前我国农业保险较低的保障水平和有限的财政补贴品种,对农户持续参保的意愿产生不利影响。第七章剖析了中国政府深度介入农业保险的表现及其利弊,并通过案例揭示了政府与市场的风险分担机制对农业保险各方行为的影响。研究认为,政府深度介入农业保险是一把双刃剑。农业保险的进一步发展,须要破除体制机制的诸多制约,其中的关键是政府合理定位。

第三部分包括第八章至第十一章,中国农业保险的机制优化设计。第八章反思中国农业保险运作面临的问题及今后的发展路径,指出未来一段时期中国农业将进入规模化经营以及新型农业经营体系逐步建立的新阶段,将对农业保险提出新的要求。加快市场培育和政府合理定位是今后我国农业保险持续高效发展的关键。第九章指出须转变农业保险创新的动力机制,提出化解风险压力及引入竞争机制是激励保险机构增加要素投入、开展创新活动的关键要素。农业保险持续创新的根本动力来源于农业保险机构内部。市场需求、技术推动和政策激励等外在动力要素都将通过内部动力要素发挥创新的驱动力。第十章提出完善农业保险的信息机制。通过构建甄别农户支付意愿的保费补贴机制和保险公司的报酬激励机制,缓解政府介入后面临的信息不对称问题,降低农业保险的交易成本,提高风险配置效率。第十一章指出须重新思考政府在农业保险中的定位。研究认为,当前,政府在农业保险中须做到"一退两进"。同时,通过健全和完善权力约束机制,规范政府行为;通过构建农业保险信息共享平台和保险欺诈识别体系,加强对不诚信行为的惩戒,维护市场运行秩序。

本书最后部分,展望了今后中国农业保险的发展。

第一章　政府介入农业保险的内生性

"市场失灵"是促使政府介入农业保险的必要条件,但不是充分条件。政府介入农业保险的内生性问题是研究农业保险制度的起点。政府介入能否推动农业保险市场运作,发挥农业保险的稳定器功能,是政府能否介入农业保险的理论判断依据。

第一节　农业风险影响农业生产决策

一、农业生产的风险特性

农业是人类社会发展的基础,提供人类生存和发展所必需的物质。粮食安全是一切社会活动赖以进行的基本前提,是各国都非常关注的世界性问题,也是人类发展需要解决的永恒主题。农业生产不仅关系粮食安全,而且影响国民经济的发展和社会安定。农业的发展是社会分工和国民经济其他部门成为独立的生产部门的前提和进一步发展的基础。

农业生产具有经济再生产和自然再生产的双重属性。农业生产既是劳动产品、劳动力、土地、资本等生产要素的经济再生产过程,同时又是动、植物繁衍及其与自然界进行物质和能量相互转换的自然再生产过程。因此,农业生产面临着自然和市场双重风险。

人类自从开始农业生产就面临着自然风险的威胁。农业的自然再生产过程使得农业对环境和自然的依赖性相当强。人类农业的发展史也可以说是一部人类与自然抗争的历史。农业自然风险具有以下特点：一是不可预测性。随着科学技术的发展，人类对自然灾害的预测能力有了极大的提高。然而，由于自然变化受到诸多因素的影响，人类很难事先作出准确的预测。二是较强的破坏性。在较低的农业生产力水平条件下，人类社会无法抗御较大的自然灾害，因而它的破坏性特别突出。如一场冰雹可能导致农作物颗粒无收。三是多重性。由于某些自然灾害的发生具有并发性，如旱灾与病虫灾有时同时发生，台风、暴雨、洪涝、山体滑坡可能形成灾害链。自然风险可能导致衍生灾害的发生，并往往导致巨额的农业损失。四是区域性。从地理上讲，不同区域面临不同的自然灾害，如山区就有山洪暴发之灾，沿海地区面临海啸、台风之险。五是季节性。农业生产具有季节性，加上某些自然现象的发生也具有时间差异性，两者共同作用，导致农业自然风险的季节性。

自然风险的以上特点使得农业生产具有明显的不稳定性和脆弱性，是导致农业"弱质"的根源之一。农业生产的风险特质对农户的生产决策产生重大影响。同时，自然风险对农业生产的破坏，也对国民经济发展和社会安定造成不利影响。

二、农业风险对农户生产决策的影响路径

农户的生产经营决策受到诸多因素的影响，如个体的资源、禀赋，不同农业生产活动所消耗的资源及其收益水平，农业生产活动的风险高低，等等。农户在其拥有的资源约束下，尽可能从事风险小的农业生产，以达到一定的收益目标；或是在农业生产风险一定的条件下，选择收益最高的农业生产活动。因此，如何平衡某项（或几项）农业生产活动的风险与收益，是农户生产决策的关键。

（一）最优农业生产计划

马克维茨在1952年提出的风险度量模型在不确定条件下的决策中被广泛采用。其模型的核心是平衡风险与收益，被称为均值方差模型。给定一个收益水平，在农户的资源约束下，可以得到各农业生产活动的规模水平，进而得到一个相应的风险值。这个风险值反映了农户从事某项农业生产时面临的自然风险和市场风险的共同作用水平。通过在可行域

中对收益水平按递增的次序取适当的值,可以求得一系列对应的风险水平值。图 1.1 为均值–方差分析模型,横轴代表农业生产风险 V(方差),纵轴代表农业收入的均值 E。对于给定的期望收益水平,农业生产者将理性地选择相应的收益方差最小的那些农业生产计划,这些计划就构成了 OQ 弧所示的有效边界,即农业生产可能性曲线。而有效边界和无差异效用曲线的交点 P 代表的计划为最优农业生产计划。

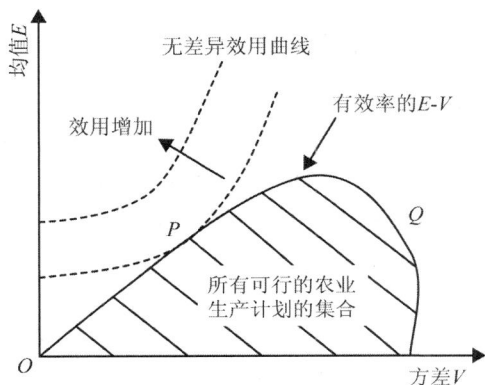

图 1.1　最优农业生产计划模型

(二) 风险对最优生产计划的影响

农业生产可能性曲线反映了在现有风险状况、技术水平以及资源约束下,农户进行农业生产的最大可能产出水平。如果技术水平提高,或在技术水平不变的条件下增加生产要素投入量,或者在前面两者都无法改变的条件下降低风险水平(包括自然风险和市场风险),则生产可能性曲线将向外移动,农业生产的产出水平提高。因此,为了提高农业生产能力,改善农业的弱质性,提高技术水平、增加资源投入和减低风险水平都是可行的选择。

对于风险规避的农户来说,风险的存在使得农业生产的边际收益要小于风险中性时的边际收益。根据边际收益等于边际成本的原则,风险规避的农民对农业生产的可变成本投入量比风险中性的农民的投入量要少,从而使得利润和产量达不到利润最大化所要求的水平,导致农民层面的资源利用效率降低。同时,风险的存在使得农民不愿意或者拒绝接受新事物,如农业新技术的采用。尽管新技术往往意味着更高的收益和风险,但是由于农民的收入水平很低,承担风险的能力比较差,农户往往更愿意采用传统的技术和耕作方式。农业耕作方式和技术更新的滞缓,不利于农业经济的发展。因此,降低农业风险成为改善农业弱质性,提高农业生产能力的一个重要环节。

为了缓解自然灾害对农业生产的不利影响,各国政府普遍重视农业灾害风险的管理。农业灾害风险管理机制包括事前的控制机制和事后的损失补偿机制两类。事前的控制机制主要通过减少灾害发生的频率或降低灾害发生后的损失程度来稳定农业生产。如政府兴修水利工程,治理江河,改良土壤、草原、沙漠,建设防护林,等等。然而,风险的客观性和发生的必然性使得事后的损失补偿机制显得十分重要。目前,各国的农业灾害管理机制已经逐步从注重事前灾害控制向事前灾害控制与事后损失补偿并重转变。救济和农业保险是两种主要的损失补偿机制。然而,与救济相比,农业保险"更公平、透明和有效"(李军,2004:189)。

第二节　农业保险改善农业弱质性

一、农业保险的作用机制

阿罗(1953)认为,所谓保险就是面临风险的风险厌恶者愿意向厌恶程度较轻的或资产组合更多样化的保险人支付一个固定的价格,使保险人在此价格上承担风险。农业保险也一样。风险厌恶的农户向保险人支付一个固定的小额的价格(即保费),当农业灾害发生造成损失时,保险人对于农户遭受的损失进行补偿。因此,农业保险通过风险转移,降低农户面临的生产风险,有利于稳定农户生产。农业保险改变了风险在不同主体之间的配置,进而影响农户的生产决策,从而促进农业生产资源的优化配置,改善农业的弱质性。

农业保险通过在灾害年份对农户损失的补偿,降低了农户收入的变异系数,增加了农户收入的稳定性。农业保险影响着农户农业净收入的概率分布。一方面,农民购买农业保险需要支付保险费,从而会减少农户可获得的最大收入。但反过来,保险赔款也降低了农户低收入的可能性。

因此,农业保险赔款平滑了农户在不同时期的收入。农业保险将农民的风险成本由不确定的损失转为确定的保费支出,增加了农民的期望收益。这将促使农民增加对农业资本和劳动力的投入,从而使得农业生产可能性曲线向外扩展,优化农户层面的资源配置。

农业保险的风险分散功能将原本由新技术采用者独立承担的风险在其他参保农民之间进行有效的分散。新技术收益稳定性的增加会极大地提高农民采用新技术的积极性,促进新技术在农业部门的采用和推广①。

图 1.2 反映了农业保险改善农业弱质性的作用机理。农业保险通过对农业风险在不同主体之间的重新配置,降低了农户从事农业生产的风险,促使农户增加农业投入和采用农业新技术,使得有效率的农业生产曲线向外移动,与代表更高效用的无差异曲线相交在 T 点。与原来无保险时农户的最佳生产计划 P 点相比较,新生产计划 T 点的期望收入提高,收入波动风险减少。这表明,在其他条件不变的情况下,农业保险有助于改善农业的"弱质性",推动农业发展。

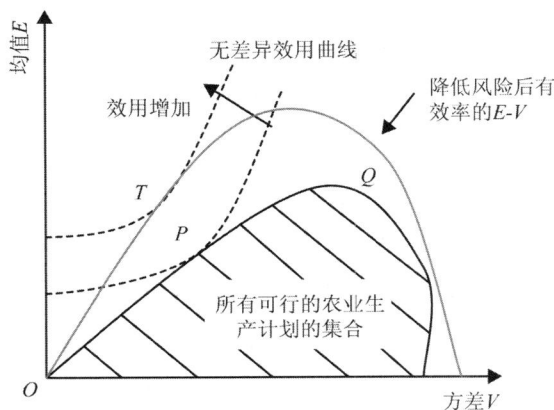

图 1.2 农业保险对最优农业生产计划的影响

---

① 如 1996 年 4 月 24 日,原中国人民保险公司湖南分公司与国家杂交水稻工程技术研究中心签订了国家"863"重点科研项目——两系法杂交水稻制种保险合同,承担农民在两系法杂交水稻制种过程中因低温造成的种子纯度低于规定指标的风险,为这项农业高新技术的推广提供了风险保障。实际上,1985—1995 年,原人保湖南分公司一直为三系法杂交水稻制种提供保险服务,累计总保额 3 亿元,累计净赔付率为 200%,推动了三系法杂交水稻的推广(李军,2004:345-346)。

关于农业保险的收入稳定效用,日本学者 Yamauchi 通过对 1953 年(灾年)日本 Hokuriku 地区农户稻谷损失和保险赔款的数据与 1952(正常年份)的比较,发现农民在购买农业保险后,可以降低损失程度。通过计算每种生产规模下保险赔款占农作物损失的比例,发现这个比例居于17%~26%之间,足以把所有受补偿农民 1953 年的收入(灾后收入和保险赔款之和)至少提高到正常年份的 70%(Yamauchi,1986)。

二、关于政府介入农业保险的理论争议

农业保险对农业生产的积极作用,促使各国纷纷开展农业保险试点。美国、加拿大等国家的农业保险在 20 世纪初期的市场化经营中以失败告终。Valgen(1922)在分析了 1917 年以及 20 世纪 20 年代初期在达科他州和蒙大拿州提供农业保险的火灾保险公司惨重失败的经历后,认为农业保险的市场化经营尝试是失败的。Wright 和 Hewitt(1990)的研究也表明,历史上由私人保险公司来承担农业保险多重险和一切险的尝试无一幸存。中国农业保险起源于 20 世纪初,在整个 20 世纪的发展起起落落,历尽艰辛。20 世纪 90 年代以后,中国农业保险业务逐步退出市场。农业保险的市场失灵引起了国内外学者对市场失灵原因的思考[①]。

农业保险的市场失灵为政府介入农业保险提供了必要条件。为了发挥农业保险的风险保障功能,各国普遍开始采用政策扶持的方式推动农业保险的开展,其中,财政补贴是各国最常用的政策扶持手段。各国开展农业保险的政策目标不同,使得农业保险财政补贴制度存在明显差异,财政补贴的微观影响及政策效果也不同。美国自 20 世纪 30 年代以来的农业保险被公认为是比较成功的,并且因其高补贴的特点引起各国学者的关注。美国农业保险补贴在提高农业保险参与率、激励保险公司经营农业保险等方面

---

① 国内外学者从不同角度对农业保险市场失灵作出了解释。概括而言,主要有四种观点:第一种观点认为农业保险的准公共品属性导致农业保险市场失灵(Roumasset,1976;Hazell,1981;庹国柱、王国军,2002;张跃华、顾海英,2004);第二种观点认为道德风险和逆选择导致农业保险市场失灵(Kramer,1983;Chambers,1989;Nelson,Loehman,1987);第三种观点认为农业风险的系统性导致农业保险分散风险的功能无法实现(Miranda、Glauber,1997);第四种观点认为农业保险的需求不足导致农业保险市场未能发展起来(Wright,Hewitt,1990;U. S. GAO,1999),详见本书附录一。

发挥了很好的作用。然而,随着美国农业保险的推进,不断提高的保费补贴率导致农作物保险的保费补贴成本不断增加[①],保险公司的经营管理费用补贴和经营净收入不断增加,给财政造成了较大的压力[②]。Skees(2001)研究认为美国的联邦农作物保险是高成本、低效率和不公平的,主张通过市场而不是政府为农户提供风险保障机制。美国农作物保险的高额成本和国际贸易协定成为制约农业保险的一个重要因素(Skees,1999b)。

但是,市场失灵并不能成为政府介入农业保险的充分条件。于是,学者试图从福利改进的思路论证政府通过财政补贴介入农业保险的必要性和合理性(Roumasset,1976;Hazell,1981;Siamwalla,Valdes,1936:124)。然而,在运用消费者剩余分析方法分析政府财政补贴农业保险的社会福利时,由于假设条件的不同,不同研究者得出了截然相反的结论。张跃华、顾海英(2004)和张跃华、施红(2007)提出用效用最大化分析方法研究政府介入的问题,从而在社会福利的考量中补充农户因风险转移后增加的效用。但是,效用最大化分析方法仍然无法回答关于农业保险财政补贴是会提高社会福利还是可能造成社会福利耗散的问题。学术界关于政府的农业保险补贴的社会福利效应研究观点的不一致,导致政府介入农业保险的理论依据不足。国内外关于农业保险财政补贴效果的实证研究结论的差异,更加剧了学者之间关于政府是否应该介入农业保险的争论。

20世纪50年代以来,风险配置理论兴起并逐步发展(阿罗,1953;博尔奇,1960,1961,1962;Moffet,1979;斯科特,2005)。风险配置理论为研究政府介入农业保险提供了新的视角,即可以将政府作为风险配置主体纳入到农业保险风险配置的分析框架中。此时,在政府介入农业保险的福利分析框架中,政府不再是对农业保险给予财政补贴的外生主体,而是表现为以财政补贴方式实现一定政策目标的利益主体。即通过将政府内生化到农业保险的福利分析框架中,对于政府介入后社会福利的改变分

①　由于农作物保险的需求弹性很小,保费补贴率的提高导致边际补贴成本增加。在1981—1994年美国农业保险中每英亩土地的平均补贴成本为2.73美元。到1999—2003年,每英亩土地的平均补贴成本增加到7.76美元(Glauber,2004)。

②　农作物保险计划的总成本包括保费补贴,对保险公司的经营管理费用补贴,承担的超额损失以及保险公司的经营净收益。从1981—2003年,美国联邦农作物保险计划的总成本超过了260亿美元(Glauber,2004)。

析就必须同时考虑微观层面农户、保险公司等效用的改变和宏观层面农业保险政策目标实现带来的社会福利的增进。如果政府介入能够实现农业保险在市场机制下无法实现的潜在收益(即增进了社会整体的福利),则政府介入农业保险就具备了坚实的理论基础。

因此,通过政府介入的"制度再组织"能否克服或者缓解农业保险市场失灵,从而发挥农业保险的稳定器功能,成为政府介入农业保险的理论判断依据。

第三节　政府介入克服农业保险市场失灵

戴维斯·诺斯(2000:276)认为:"外部利润"是诱致人们去努力改变他们的制度安排的动力[①]。保险可以"使得风险的结果相应于所获取的收益表现得更为确定"。尽管"并不是所有的风险都能保险,但是当它们能保险时,旨在创新一些保险方案的制度再组织常常能使总利润增加"。

保险成功就必须"有一些能够准确地评价风险的根据,保险基金必须广泛到足以允许风险的普及"(戴维斯·诺斯,2000:285)。农业保险市场化运作过程中保险公司积聚的保险基金不足以应对农业风险,从而导致经营农业保险的保险公司破产。由此,无论是作为市场经济的"守夜人",还是混合经济形式的重要参与者,在农业保险市场失灵的情况下,政府被寄予了很高的期望。即政府介入农业保险后以国家财力为基础建立保险基金,使得农业保险基金大到足以分散农业风险。

一、保险需求的撬动者

保险作为风险转移机制,需要风险的初始承担者支付一定的费用,作为风险转移的代价。因此,农户支付保费的能力大小影响着农户选择农业保险作为风险管理工具的决策。农户支付保费的能力越强,农业保险

---

　　① 所谓"外部利润",从理论上讲,有许多外部事件能导致利润的形成。在现有的经济安排状态给定的情况下,这些利润是无法获得的,这类收益称之为"外部利润"。规模经济、外部性、风险和交易费用是形成外部利润的主要来源。

的参与率就越高。研究表明,农户对农业保险的需求相对比较低是导致农业保险市场未能发展起来的一个原因。农民收入低下同保险费率高昂的矛盾导致了农业保险有效需求不足(丁少群、庹国柱,1997;刘宽,1999)。

因此,提高农业保险参与率的关键是将农户的保险意愿转化为有效需求。在现实中,农民面对风险,会自发地采取很多减少风险的手段,使得农户的家庭收入"平滑化"。如通过种植空间和种植作物的多样化可以分散农业风险;或通过多样化的劳动收入(如非农收入),减低对农业收入的依赖度;或通过借贷,实现跨时期的收入平衡;甚至可以在损失发生后坐等政府救济。这些风险管理手段都会对农户稳定家庭收入产生一定的效用,影响其是否购买保险的风险决策。如救济作为一种"免费的午餐",对农业保险具有比较强的替代作用。

因此,农户是否参加农业保险,取决于农业保险与其他风险处理方式相比较,对农户增加的效用的大小。当农户参加农业保险的效用大于不参加农业保险的效用时,农户才会选择参加农业保险。在此,把农户采用非农业保险手段减少风险得到的效用称为保留。当政府对农户给予保费补贴时,农户的自负保费减少,将提高农户参加保险的效用。当保费补贴足够高时,农户参加保险的效用就可能超过其保留效用,从而促使农户购买农业保险。理论上看,保费补贴对于农户购买保险具有激励作用。

由此可见,农业保险保费补贴对提高参与率具有明显的激励作用。政府介入农业保险通过保费补贴方式将有效撬动农户的农业保险需求。政府是农业保险需求的一个重要撬动者[1]。

---

　　[1]　农业保险的实践也验证了保费补贴对农业保险需求的激励作用。1994 年和2000 年,美国修改农业保险立法,提高了农业保险保费补贴率,极大地促进了农业保险参与率的提高。如 1995 年,美国有 2.5 亿英亩土地参加了农作物保险计划,超过了可保面积的 80%,其中半数投保了巨灾保险。并且,在基本保险的基础上,有超过1.05 亿英亩土地投保了较高保障保险。到 1999 年,美国农作物保险共承保 1.96 亿英亩土地,所有险种农户的参与率达到 73%,其中较高保障保险的参与率为 53%(李军,2004:9)。美国较高的农业保险补贴增加了农户购买高保障水平农作物保险的预期边际净收益,从而提高了农业保险的参与率,成功实现了美国国会的政策目标(Babcock,Hart,2005)。

二、风险责任的分担者

保费补贴激励农户购买农业保险,将农业风险转移给保险经营机构(保险公司或政府机构),保险经营机构将聚集大量的农业风险。实践表明,商业性保险公司用于应对农业风险的基金不足,导致农业保险经营失败。因此,政府介入推动农业保险运作的另一个关键就是提高农业保险的供给能力。

保险破产理论可以框架性地解释政府介入对农业保险供给的影响。假设政府准备用于承担农业保险责任的准备金为 V,其承保的某农业保险险种有 n 个保险合同,保费分别是 P_1,P_2,$\cdots$,P_n,其风险分别是 M_1,M_2,$\cdots$,M_n,且该农业保险险种的整体风险为 M。令农业保险收益为变量 z。如果保险费由等价原理来决定,这个变量的期望值显然为 0,即 $E\{z\}=0$。当 n 足够大时,在一定条件下 z 近似服从正态分布,其标准差为 M。则政府无法履行农业保险责任的概率 α 为

$$\alpha = Pr\{z < -V\} = \frac{1}{M\sqrt{(2\pi)}} \int_{-\infty}^{-V} \exp\left[-\frac{1}{2}\left(\frac{x}{M}\right)^2\right] \mathrm{d}x$$

$$= \Phi\left(-\frac{V}{M}\right)$$

(1.1)

由式(1.1)可见,在破产概率 α 一定时,随着准备金 V 的提高,风险 M 也可以相应提高。即在农业保险运作失败的概率一定的条件下,政府以财政投入建立农业保险的风险准备金,将极大地提高农业保险的供给能力,促使农业保险经营机构承保更多的农业风险。当农业保险经营机构承保的农业风险足够多时,聚集起来的大量风险表现出某种确定性。因此,政府介入有助于提高农业保险供给能力,促使农业保险交易量的提高,从而使得农业保险经营满足大数定律的基本要求。当然,一个国家或地区政府财力决定了农业保险供给能力的高低。

因此,政府一方面通过保费补贴激励农户购买农业保险,提高农业保险需求;另一方面,作为风险配置主体参与农业保险的风险配置,建立农业保险基金。政府在农业保险中不再是单纯的保费补贴者,而是农业保险的参与主体之一。政府通过提高农业保险的有效需求和增加保险机构的供给能力,促使保险契约达成,克服了农业保险市场失灵。

三、风险配置机制的运作

从政府角度看,政府介入农业保险的出发点和目标是促进农业发展。那么,在政府推动下,农业保险需求和供给增加后将如何实现农业保险的风险配置功能,从而将农业保险在市场机制下无法实现的潜在收益"显性化",进而实现政策目标呢?

(一) 农业保险交易量的增加有助于提高保险经营的稳定性

农业保险交易量的增加有助于提高保费的精算公平性。根据辛钦大数定律,精算公平的纯保费计算需要满足两个条件:一是风险单位相互独立;二是保险标的数量足够大。政府作为风险配置主体,其风险承担能力的增加,有利于扩大农业保险的业务范围,降低了农业风险在空间上的相关性[①],有利于满足大数定律对"风险单位相互独立"的要求。同时,农业保险交易量的增加,将使得农业保险损失的平均概率与观察结果频率的差异充分小。因此,对于相互独立的风险单位,其损失概率可能各不相同,但只要有足够的保险标的,仍可以在平均意义上求出相同的损失概率。然后,根据损失概率确定纯保险费率。因此,政府介入后农业保险交易量的增加,使得保险经营机构可以以局部推断总体,以过去推测未来,为保险人利用经验数据通过统计推断进行损失预测提供了科学依据,保证农业保险经营收入平衡原则的实现(何文炯,2003:164)。

农业保险交易量的增加有助于直接降低农业保险的经营风险。风险系数(又称财务稳定系数)是衡量保险经营风险的一个重要指标,它反映了某一保险公司或某项保险业务,保险人对被保险人或受益人所承担的赔偿或给付保险金义务的能力的可靠程度。保险公司财务稳定,要求实际发生的赔款或给付不超过预计的保险赔款或给付基金。超过的可能性

---

　　①　Goodwin(2001)对美国三个玉米主产州各个县的玉米产量与各县之间的距离的相关性进行了研究。结果发现:当各县的距离足够远时,各县玉米产量的相关系数确实随着县之间距离的增加而下降。这意味着随着空间距离的增加,农作物产量的相关风险程度会减小。而且,农作物产量的相关风险系数变化情况在正常年份和大灾年份是不同的。在正常年份,随着距离的增加,产量相关系数下降得更明显。

越大,保险业务的稳定性就越差;反之亦然。

风险系数 $K = \dfrac{\sigma}{P}$。其中 σ 表示保险赔款的均方差,反映未来可能支付的赔款与保险赔款基金的偏差程度,它与保险标的的保险金额有关。P 表示保险赔款或给付基金,即纯保费总数。假设某项保险业务承保 n 个保险标的,其纯费率为 q,各保险标的的保险金额均为 a,则风险系数为

$$K = \frac{a\sqrt{nq(1-q)}}{naq} = \sqrt{\frac{1}{n}\left(\frac{1}{q}-1\right)} \tag{1.2}$$

由式(1.2)可见,风险系数与保险标的的数量和保费费率成反向变动关系。当保费费率 q 不变时,某项业务的风险系数随着业务规模的扩大而减小。因此,政府介入后农业保险交易量的增加,降低了农业保险的经营风险。

(二)农业保险的稳定运作有利于实现农业风险配置的优化

风险在不同主体之间进行转移或交易是实现风险配置优化的条件。农业保险的稳定运作为优化农业风险配置提供了可能。农业保险的稳定运作,保障了农业风险从农户向政府转移风险渠道的顺畅。通过政府与农户之间不断进行的风险转移,实现农业风险配置的优化。博尔奇(1999:53-57)运用阿罗(1957)的模型对保险市场的风险配置进行解释,认为"任何帕累托最优交换安排,作为整体的市场其风险容忍承担等于各参与者风险耐力之和[①]"。因此,根据农业保险中各主体的风险容忍度配置风险将实现风险配置的优化。

(三)农业风险配置的优化推动资源优化配置

农业生产过程是一个资源配置过程,也是一个风险配置过程。资源配置与风险配置相伴而生。随着生产要素在农业生产中的投入,与生产要素、生产过程相关的风险也在农业生产领域聚集,包括市场风险、技术风险、自然风险。由于农业生产对自然条件的高度依赖性,自然风险成为影响资源配置的最主要风险。通过农业保险机制优化农业风险配置,有

---

① 风险容忍度是阿罗-普拉特绝对风险厌恶系数的倒数。尽管,博尔奇的分析对象是再保险市场,但是,Moffet(1979)证明,这个结论同样适用于保单持有人和直接保险人之间的合约。

利于农户形成对未来收益的稳定预期,激励农户增加农业投入,鼓励新技术在农业生产中的运用,从而优化资源在农户层面的配置,推动农业现代化的发展。

政府通过保费补贴激励农户参保,提高了农业保险的需求。同时,政府分担农业风险,提高了农业保险的供给能力。农业保险需求和供给的增加,提高了均衡状态下农业保险的交易量。农业保险交易量的提高,一方面有利于科学计算农业保险的费率,另一方面有助于提高农业保险经营的稳定性。农业保险的稳定运作将优化农业风险配置,从而实现资源的优化配置,促进农业发展。图 1.3 反映了政府介入后推动农业保险平稳运作,从而实现农业发展目标的作用过程。

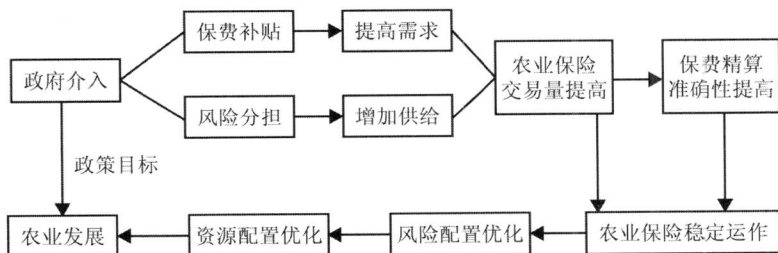

图 1.3 政府介入农业保险的作用机理

第四节 政府介入后农业保险的运作模式

从各国实践看,政府介入后农业保险的模式有两种:一是政府主办、政府组织经营模式,二是政府推动、市场化经营模式。不同经营模式下,农业保险的风险配置主体不同,政府的定位也有所区别。

一、政府主办、政府组织经营模式

政府主办、政府组织经营的模式类似于社会保险,由政府主办,并由政府设立专业的农业保险公司或部门从事经营。加拿大、日本、塞浦路斯、菲律宾等国家都采用这种模式。以日本为例,日本农业保险是政府支持下的相互会社模式,其农业保险组织分为三个层次,市、町、村一级的农业共济组合,府、县一级的农业共济联合会,设在农林省的农业共济再保险特别会计处。此外,还建立了农业共济基金,作为对共济联合会贷款的机构。日本分层次的农业保险体系及各机构分工具体见图1.4。市(町、村)农业共济组合直接承办各种农业保险业务,都(道、府、县)农业共济组合联合会承担农业共济组合再保险业务,全国农业共济再保险特别会计处承担各共济联合会的再保险。日本政府负责对农业保险进行监督和指导,对农业保险提供再保险:一是联合会为农业共济组合提供再保险,二是代表中央政府的再保险特别会计处为联合会提供再保险。政府承担联合会的全部费用和农业共济组织的部分费用。同时,无论强制保险还是自愿保险都享有政府的保费补贴。

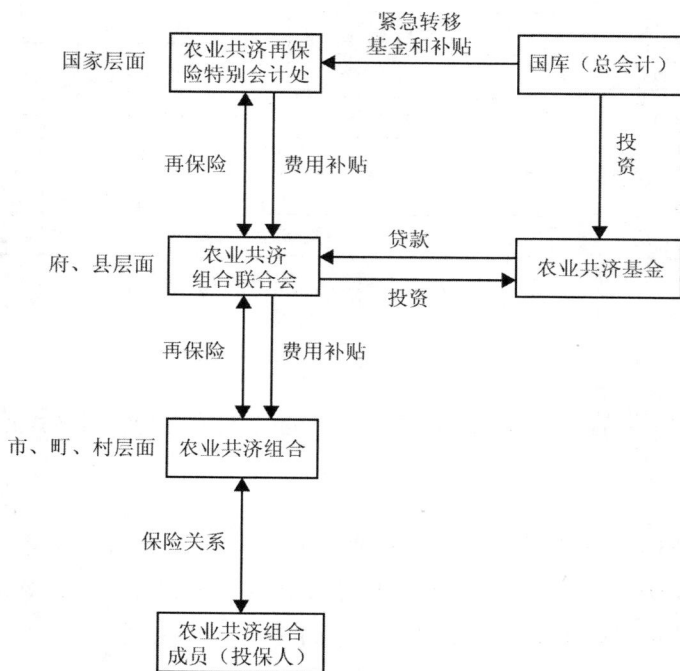

图1.4　日本农业保险组织架构

在政府推动、政府组织经营的模式中,农业保险的风险配置主体包括农户、政府机构或其经营组织。保险经营组织或机构是非营利性的;政府承担了全部的农业保险责任,并对农户给予保费补贴。

二、政府推动、市场运作模式

政府推动、市场运作模式是指政府通过委托（或授权）保险公司经营农业保险的模式，其典型代表是美国。1980 年，美国政府修订了《联邦农作物保险法》，允许商业性保险公司经营农作物保险，并提供经营管理费用补贴。商业保险公司可以申请参与美国联邦农作物保险公司（简称 FCIC）的农作物保险和再保险，领取管理费补贴，独立承担风险损失责任。从此以后，美国联邦农作物保险公司逐步减少经营直接业务，转由商业性保险公司经营。1996 年以后，美国联邦农作物保险公司完全从直接业务中退出，开始了完全由商业性保险公司经营直接业务的"政府扶持＋商业运作"的农业保险模式，如图 1.5 所示。商业性保险公司从事直接保险业务，政府对保险公司进行经营管理费用补贴。并且，政府通过标准再保险协议（简称 SRA）分担保险公司的业务风险，在政府与保险公司之间建立了"损失分担、收益共享"的激励机制（见图 1.5）。

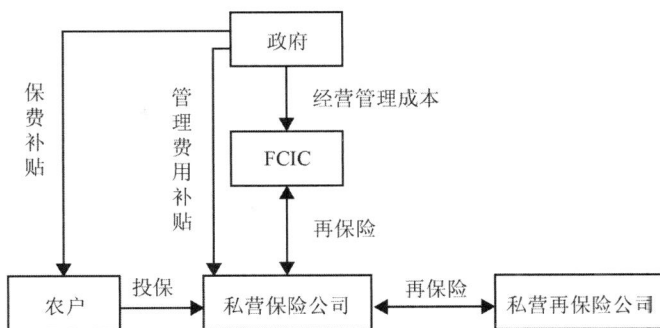

图 1.5　美国农业保险的组织架构

在政府推动、市场运作模式中，农业保险的风险配置主体包括农户、保险公司和政府，保险公司是营利性的。政府对农户购买农业保险给予保费补贴；同时政府分担商业性保险公司经营农业保险的风险责任，并对商业性保险公司给予经营管理费用补贴。

比较以上两种模式，农业保险的风险配置主体有所不同。与政府直接经营的模式相比较，市场化运作模式增加了风险配置主体，借助市场机制对农业风险进行新的配置。在不同的农业保险运作模式下，交易成本的类型也不同，对农业保险运作效率的影响路径也存在差异。

小 结

农业风险是导致农业"弱质性"的根源之一。农业保险通过将农业风险在不同主体之间的重新配置,分散农业风险,改善农业的弱质性。然而,农业保险市场失灵。政府通过保费补贴和分担风险介入农业保险,推动农业保险运作,优化农业风险配置,进而实现资源的优化配置,促进农业发展。因此,政府介入突破了农业保险优化风险配置的瓶颈,促使农业保险在市场机制下无法实现的"潜在收益"显性化,是农业保险制度变迁的必然选择。

第二章　政府介入对农业保险效率的影响机理

政府介入后形成了政府、保险公司、农户之间关于农业风险转移的制度安排,推动了农业保险的运作。但是,政府介入是否会引起交易成本的变动,从而影响农业保险的运作效率呢?政府介入后农业保险有效运作的约束条件是什么?如果政府失效将如何影响农业保险的运作效率?这些都是政府介入农业保险后必须回答的关键问题。只有当政府介入后农业保险能有效运作,政府介入才是必须的。

第一节　农业保险效率体系的构成

经济学中"效率"一般是指以最小的成本实现既定的目标。政府介入后,农业保险的风险配置的主体包括农户、保险机构和政府。因此,农业保险的运作目标应从政府政策目标、保险机构经营目标和农户参与目标三个层面考虑,农业保险的效率评价也就应包括农业保险参保率、农业保险机构效率和农户收入稳定效率三个指标体系。一定的农业保险参与率是农业保险实现农户收入稳定的前提,保险机构高效运作是农业保险发展的保证,农业保险有效发挥收入稳定作用是农业保险发展的目标。

一、财政补贴效率

政策目标是指政府介入农业保险期望实现的特定目标。农业保险作为工业反哺农业、扶持农业发展的政策工具之一,其政策目标取决于一个国家或地区"工业反哺农业"所处的历史阶段。各国政策性农业保险的政策目标大致可以分为推进农村社会保障(社会福利)制度建设和促进农业稳定发展两类。一般来说,选择社会保障目标的国家通常需要有雄厚的财力作为基础。因此,发达国家农业保险的立法目标主要致力于推进农村社会保障(社会福利)制度建设,兼顾农业发展;而发展中国家农业保险的立法目标大多在于促进农业稳定发展。当然,随着时间的推移和经济、社会的发展,政策性农业保险的立法目标的重心也会相应发生变化。如日本在 1947 年开始实行强制性农业保险时,其立法目标是促进农业稳定发展,但 20 世纪 50 年代中期以后,随着经济高速发展,食物问题逐渐解决,其立法目标就转向社会保障(社会福利)(庹国柱、朱俊生,2007:55-63)。

但是,无论是哪一类政策目标,都需要一个度量指标(或指标体系)对其实现程度进行测度,以便推动农业保险的持续高效发展。选择和确定一个或若干个度量指标是研究农业保险运作效率的前提和基础。根据农业保险的风险配置机理,农业保险的参与率是农业保险优化风险配置,实现政策目标的关键。农业保险达到一定的参与率具有重大的理论和现实意义。从理论上看,一定的农业保险参与率有助于满足大数定律,是保险机制发挥作用的前提和基础。从现实来看,农业保险既涉及农业和农村经济发展,又关系到农村社会保障,对农业和农村发展具有战略意义,需要农民普遍参与。否则,举办农业保险的经济和社会目标也就难以实现。

因此,本研究选取"参与率"来度量农业保险政策目标的实现程度。参与率的高低能够比较好地反映和体现政策目标实现的程度。从政府层面看,农业保险的运作效率就是指以既定的财政补贴成本达到尽可能高的目标参与率。

二、保险机构运作效率

农业保险通常被认为具有"高风险、高成本、高赔付"的特点,尤其是在中国农户众多且分散经营的背景下,农业保险的运作效率非常低。这也是导致自 20 世纪 90 年代以来农业保险业务不断萎缩的重要原因之一。农业保险不论采用哪种运作模式,都将面临保险机构是否高效运作的问题。这不仅关系到保险机构的发展,也是农业保险长期发展的基础。

效率(Efficiency)是经济效率的简称,即投入产出的比率,是对一个公司或行业经营情况的综合反映。关于保险机构运作效率的研究,我们将基于微观农业保险机构的投入产出,估计农业保险业的生产前沿,并对各农业保险经营机构进行相对效率评价。保险机构运作效率研究包括经济效率、技术效率、配置效率、纯技术效率和规模效率 5 种。同时,运用全要素生产率测算解释生产中若干投入因素的使用,比较不同保险机构之间随时间变化的绩效。

本研究将在比较不同保险机构效率的基础上,探究导致保险机构效率变化的原因。鲍克(2001)识别出生产率增长的四个来源。首先,最广泛考虑的导致生产率增长的因素是技术变化。生产技术的改变会提高生产率。第二,效率改进,即厂商充分利用可利用的技术能力提高生产率。这是效率变化。一个厂商可以在没有技术变化时,通过更有效率地利用投入,并且运营在更接近技术前沿的位置来提高它的生产率。第三,由规模效率变化测量的规模效率改进。这意味着厂商运营规模的改进和运营朝向技术最优规模的移动。对于单投入单产出的厂商,以上三个因素是所有可能导致其生产率变化的因素。然而,对于多投入多产出的厂商来说,另一种可能导致生产率变化的因素是产出混合效应(OME)或投入混合效应(IME)。

需要说明的是,在农业保险机构的效率评价过程中,政府投入将被视为给定变量,在各公司投入模型中并没有考虑。政府对农业保险的保费补贴、承保、理赔环节的大力协助对农业保险交易成本的影响等都视为外生因素。

三、农户收入稳定效率

理论上,农业生产者通过参加农业保险,以少量的保费支出,把不可预测的农业风险损失转移出去。农业风险事故发生后,参加农业保险的农户可以获得相应的农业保险赔付,使农户的收入有一定的保障。因此,农业保险对于农户的收入起到了稳定器的作用。这种稳定器的作用表现在时间和空间两个维度。从时间维度看,农业保险平滑了农户在不同时期的农业收入;从空间维度看,同一地区的农户通过风险分担,平滑了收入波动风险。然而,在实践中,农业保险对农户收入的稳定效用大小受到诸多因素的影响。如保障程度低、免赔额高、农户保费负担重等都可能导致农业保险的风险分散效果不好。因此,基于当前农业保险制度安排,测度农业保险稳定农户收入的效应是农业保险效率评价最核心的指标,关系到农业保险的长远发展。

这些年来,随着我国现代农业的逐步推进,农业生产规模化的趋势逐渐显现。一般认为,生产规模越大的农户(企业),其抗风险的能力越强,并且管理风险的能力也越强。这意味着相比较于小规模生产的农户,大规模生产的农户通过非保险手段平滑收入风险的能力更强。农业保险的收入稳定效用在不同生产规模的农户之间是否存在差异,是从农户层面研究农业保险效率的又一个问题。

综上所述,从农户层面看,农业保险效率评价的指标体系包括:整体上农业保险的收入稳定效应,以及农业保险对不同群体的收入稳定效应比较。

第二节　政府介入后农业保险交易成本的变动

研究农业保险的效率必须明确其成本构成,了解其对农业保险运作效率的影响路径。农业保险的成本是指其发挥风险配置功能所需花费的成本,包括生产成本和交易成本。其中,生产成本是指农业保险的保费成本和超额赔款。保费成本由农户自负保费和保费补贴两部分构成。超额赔款是指农业保险赔款超过农业保险基金的赔款成本。

亚当·斯密(1776)在《国富论》第一卷第十章中写道,保险费"必须足以补偿通常的损失、支付管理费并提供一份同额资本在任何通常的贸易中所能获得的相等的利润"(博尔奇,1999:4)。农业保险保费由纯保费和附加保费两部分构成。纯保费根据精算公平原则确定,形成的保险基金用于支付保险赔款。附加保费用于支付农业保险的管理费用以及保险公司的利润。保费补贴降低了农户的保费负担,使得农业保险保费在农户与政府之间的负担进行重新分配。

农业保险的超额赔款是外生因素和内生因素共同作用的结果。农业风险的损失分布是影响农业保险赔款的外生因素,是影响农业保险超额赔款的主要因素。同时,农户或保险公司的道德风险可能导致农业保险赔款的增加,是导致农业保险超额赔款的内生因素。农业风险损失分布作为外生因素,不会因政府的介入而改变。因此,在分析政府介入后农业保险风险配置效率问题时不作考虑。农户或保险公司的道德风险作为内生因素,是交易成本的一种体现,本研究将重点分析。

交易成本是指为了推动农业保险的运作所花费的成本。它不同于生产成本,交易成本是农业保险运作的摩擦力,会损害农业保险的运作效率。Arrow(1969:48)将交易成本定义为"经济制度运行的成本"。但是,除了这些日常性的费用之外,交易费用还包括建立、维持或改变体制基本制度框架的费用。埃里克·弗鲁博顿和鲁道夫·芮切特(2006:59)将交易成本分为三种情形:市场型交易成本、管理型交易成本和政治型交易成本。本研究仅在既定社会秩序的框架中研究农业保险的制度安排,因此,政治型交易成本不作考虑。政府介入后,农业保险的交易成本将涉及市场型交易成本和管理型交易成本两类。

一、市场型交易成本

科斯(1960:15)认为:"为了进行市场交易,有必要去发现谁希望进行交易,有必要告诉人们交易的愿望和方式,以及通过讨价还价的谈判缔结合约,督促合约条款的严格履行,等等。"市场型交易费用主要包括信息和谈判的费用。

第一,搜寻和信息成本。为了实现农业保险交易,农户和保险公司都必须搜寻愿意与其进行交易的主体,这种搜寻过程不可避免会产生成本。这些费用的产生可能是因为需要发生直接的支出(如保险代理人拜访潜在的客户等),或者因创造有组织的市场间接产生的费用,也可能双方为了达成交易进行的沟通费用(如对农户进行保险知识的宣传和普及)。然而,除了有形的搜寻和信息费用外,在有限理性和机会主义倾向[①]的假定

---

① Simon(1957)利用"有限理性"说明,决策制定者并非无所不知,而是在信息的加工方面存在着实际的困难。Williamson(1975)认为,一些人可能会不诚实,也就是说,他们会隐瞒偏好、扭曲事实或者故意地混淆视听。现实中,因为存在Williamson所说的"利用欺骗的手段进行自利"的行为,以及因为事前将机会主义者和非机会主义者区分一般会涉及高昂的成本。

下,农户与保险机构之间的信息不对称将导致事前的机会主义行为——逆向选择。在不同的农业保险模式中,逆选择的表现形式及内容有所不同。

在政府组织、政府经营模式中,政府与农户之间是保险人与投保人(被保险人)的关系。政府面临着农户隐藏信息的问题。农户作为农业风险的初始承担者,具有信息优势。农户具有优势的信息包括两类:一是关于其风险类型的信息;二是关于其农业保险支付意愿的信息。农户生产风险的高低决定了保费的高低。然而,农户的风险类型是私人信息,政府的保险经营机构无法知晓。农户通过隐藏其风险类型,对保险机构做出逆选择。如通常农田地势低洼的农户更愿意购买农业保险。农户关于农业保险支付意愿的信息影响着政府保费补贴的高低。农户的支付意愿越高,给定保险合同,政府为了激励农户购买农业保险的保费补贴就可以降低。从政府角度看,保费补贴成本的下降,将降低政府负担,有利于提高农业保险的运作效率。然而,农户通过隐藏其支付意愿,可能获得更多的保费补贴,从而增加了财政支出,对农业保险的运作效率产生不利影响。

在政府组织、市场运作模式中,政府通过授权保险机构经营农业保险。因此,在政府、保险机构与农户之间形成了两种委托代理关系:一是农户与保险机构之间形成委托代理关系。农户是代理人,具有信息优势,其可能产生的交易成本与上述模式类似,即农户隐藏风险类型以及支付意愿等信息,形成逆选择。此时,保险机构是委托人。二是保险机构与政府之间形成委托代理关系。保险机构是代理人,具有信息优势。保险机构通过隐藏经营管理成本等信息对政府进行逆选择。

第二,讨价还价和决策费用。这类费用与签约时有关各方就合约条款谈判和协商必须支付的费用有关,包括保险机构和农户之间就有关农业保险条款进行协商或农户对农业保险险种进行选择等的费用。

第三,监督和执行费用。这些费用的产生是因为签订合约后,农户和保险公司等主体的行为可能会发生偏差。信息在这里具有重要的作用。当监督和执行存在高昂的费用时,违约的发生在某种程度上就是不可避免的。即使违约行为没有被察觉,由于农户、保险公司等在签约后行动的不可观测性,将可能出现事后的机会主义倾向——道德风险。在不同的农业保险模式中,道德风险的主体及其表现形式有所不同。

在政府组织、政府经营模式中,政府与农户之间形成了委托代理关系,面临着农户隐藏行动的问题。农户购买农业保险后，其行为难以监督和被保险机构观察到，因此，农户的道德风险不可避免。如农户在购买农业保险后，对农作物疏于管理，或者在灾害损失发生后不及时施救等；厾或者农户通过在高风险地区种植，减少化肥等投入物的使用量，减少生产成本的投入，或用优良土地的产量数据计算平均产出，但却在较贫瘠的土地上种植等方式，增加保险赔款的数额。Just 和 Calvin(1993)的研究证实了农户道德风险的存在，并且估计 1992 年美国多重风险农作物保险(MPCI)的赔款中，80％小麦赔款、73％谷物赔款和 9％玉米赔款由农户的道德风险造成。

在政府组织、市场运作模式中，政府通过授权保险机构经营农业保险。因此，在政府、保险机构与农户之间形成了两个层次的委托代理关系。在保险机构与农户的委托代理关系中，农户隐藏行动，具有事后机会主义倾向。在政府与保险机构的委托代理关系中，由于信息不对称以及保险机构目标与政府目标的偏离，导致保险机构采取某些行为而增加交易成本。尤其是政府与保险机构之间关于风险分担机制的安排会进一步影响保险机构的行为，诱发保险机构的道德风险。如保险机构没有动力花费较高的成本去监督高风险的保单持有者，也没有动力拒绝可能存在问题的损失索赔，或者是主动发现欺诈行为。相反，保险机构可能积极地通过对农户提供"有利"的赔款来维持客户关系(Ker,2001)[①]。

二、管理型交易成本

第一，治理成本。治理成本是指政府为了发挥风险配置主体的作用而专门成立的机构以及机构运作的成本，包括机构设立成本、管理成本等。政府参与农业保险的运作，需要承担一系列的管理和协调工作，伴随着相应的信息传递、汇总、决策和协调等成本，包括政府部门之间、政府与保险公司之间以及政府与农户之间的协调、管理成本。

第二，X 非效率。在政府主办，并通过设立专业的农业保险机构或部门从事经营的模式下，专业农业保险机构垄断经营的特殊地位以及农业保险非营利性的定位和财政"买单"的特点，使得保险机构上下都缺乏一

①　美国农业部监察总署(1999：17)指出，在他们检查的共 1100 万美元的已决赔款中，发现有问题的赔款金额达 98 万美元。

种"压力感",容易导致 X 非效率。

第三,权力寻租。权力寻租是指政府官员利用其在管理农业保险过程中具有的权力进行寻租导致的交易成本。如在政府直接经营农业保险的模式下,专业农业保险机构的垄断性经营和以财政为依托承担全部保险赔款的特性使其缺乏追求成本最小化的动力,农业保险机构的理赔人员可能利用其理赔决定权寻租,出现农业损失"不该赔的赔了,该少赔的多赔了"的情况,造成财政补贴的耗散。或者,也可能出现在政府委托保险机构经营农业保险的模式下,政府官员利用其在确定农业保险经营主体时具有的权力进行寻租。在这种情形下,保险机构参与农业保险可能获得的利益大小决定了权力寻租的可能性以及租金规模。

三、不同类型农业保险的交易成本比较

通过以上对政府介入后农业保险交易成本的剖析,发现两种政府介入模式下农业保险的交易成本类型基本相同,又有所区别。政府、农户、保险机构的有限理性以及机会主义倾向使得政府介入后农业保险的交易费用变得更加多样和复杂。与市场条件下农业保险的交易成本相比较,政府介入增强了农业风险的承受能力,也相应带来了新的交易成本(见表 2.1)。

表 2.1 政府介入农业保险后产生的交易费用及其与市场运作时的比较

类　　型		主要表现	政府介入		市场化运作
			模式一	模式二	
市场型交易成本	搜寻、信息成本	农户逆选择	有	有	有
		保险公司逆选择	无	有	无
	讨价还价和决策费用		有	有	有
	监督和执行费用	农户道德风险	有	有	有
		保险公司道德风险	无	有	无
管理型交易成本	治理成本		有	有	无(分散决策)
	X 非效率		有	有	无
	权力寻租		有	有	无

注:模式一是指政府主办、政府组织经营模式;模式二是指政府推动、市场化经营模式。详见第一章第四节的分析。

　　与市场化运作相比较发现,政府介入后农业保险增加的交易成本主要表现为由于信息不对称导致的微观主体的道德风险和逆选择以及管理型交易成本。市场型交易成本具体来说,包括以下五种类型:①农户隐藏风险类型的逆选择;②农户隐藏行动的道德风险;③农户隐藏农业保险的支付意愿的逆选择;④保险公司隐藏信息的逆选择;⑤保险公司隐藏行动的道德风险。管理型交易成本包括:治理成本、X非效率和权力寻租。

　　管理型交易成本和市场型交易成本的高低会影响政府介入后农业保险模式的选择。市场型交易成本和管理型交易成本之间在一定程度上表现出此消彼长的关系。如政府直接经营模式下,治理成本高昂,X非效率问题突出,但是可以避免与保险公司机会主义行为相关的交易成本;政府委托保险公司经营可以降低治理成本,但产生了与保险公司机会主义行为相关的交易成本。因此,为了实现政策目标所需的总交易成本决定了政府介入后农业保险模式的选择。

　　首先,农业生产的特殊性决定了信息在农业保险交易中具有特殊的重要意义。信息不对称产生的逆选择和道德风险成为农业保险市场失灵的重要原因之一。政府介入农业保险后,同样面临着信息不对称的问题。Holmstrom(1979)认为道德风险增加了风险的不可保性。Chambers(1989)对农业保险市场的研究得出了相同的结论。因此,政府介入后,由于信息不对称产生的道德风险和逆选择成为影响农业保险风险配置效率,甚至是农业保险能否顺利运作的重要因素。因此,政府介入后由于信息不对称导致的农业保险微观主体行为的改变对农业保险运作效率的影响是研究的一个重点。

　　其次,针对管理型交易成本,尤其是权力寻租对风险配置效率的损害,也是农业保险在采用政府推动、市场运作模式下容易发生的一个重要问题。政府官员的权力寻租是一种将公共利益转化为私人利益的行为,可能导致财政支出规模扩大[①]。权力寻租将严重诱发农户的道德风险,导致农业保险赔付率提高。此外,在多家保险机构进入农业保险市场竞

---

　　① 　如农户通过贿赂政府官员以获得更多的赔款。从形式上看,扩大的财政支出转化为对农户的转移支付,但是这种转移支付并不是对农户损失的补偿,而是对农户"贿赂"损失的补偿,或者说是农户"贿赂"获得的收益。

争的背景下,政府深度介入农业保险也是一把"双刃剑"。政府"依法"地参与农业保险活动,就在某种程度上具有市场"主导权",在缺乏约束的条件下,可能给权力寻租创造想象空间。如有的地方,市场竞争正在演变为"寻租竞争"和手续费竞争。在政府介入的情况,如何约束和制约政府的权力,将政府权力关进制度的笼子,也是影响农业保险效率的一个关键因素。

第三节 交易成本变动对农业保险效率的影响路径

由于信息不对称,政府介入后农业保险产生上述五种与信息相关的市场型交易成本。其中,农户隐藏风险类型和农户隐藏行动导致的福利损失问题在农业保险市场化运作方式下同样存在。信息经济学和保险经济学已经对此做了较多的研究,并提出了相应的缓解不对称信息问题的机制(Rothschild,Stiglitz,1976;博尔奇,1960;阿罗,1971;雷维吾,1979)。农户隐藏农业保险支付意愿、保险公司隐藏信息和行动是政府介入后农业保险产生的新的交易成本。以下分析农业保险交易成本的变化对农业保险的运作效率的影响路径。不同类型的交易成本其影响效率的路径也不同,有些交易成本影响农户的参保决策,有的交易成本对政府财政支出规模产生影响。以下根据影响路径的不同,分别展开论述。

一、信息不对称对效率的损害

1. 农户隐藏支付意愿的逆选择

支付意愿 WTP(Willingness to Pay)是指农户购买农业保险愿意支付的最大保费。农户对农业保险的支付意愿受到诸多因素的影响。公式(2.1)反映了农户支付意愿的决定因素。

$$\int_{W_0}^{W_0} U(W + I(W) - WTP - wx)\mathrm{d}G(W,x) > \int_{W_0}^{W_0} U(W - wx)\mathrm{d}G(W,x)$$

$$(2.1)$$

式(2.1)中,$U(\cdot)$ 表示农户的效用函数,满足 $U' > 0, U'' < 0$;x 表示投入物,W 表示收入,$I(W)$ 表示保险赔款,$G(W,x)$ 表示联合分布函数;

W 表示 x 种投入物的价格向量，W_0 表示农户收入的最小值，W^0 表示收入的最大值。

当农户的支付意愿不小于给定保险合同的保险费时，农户会购买农业保险。反之亦然。对于同样的保险合同，不同农户的支付意愿不同。农户的保留效用越高，支付意愿就越低。农业生产函数、要素投入、效用函数（反映风险厌恶程度）是影响农户支付意愿的主要因素。

农户购买农业保险的支付意愿是私人信息，政府无法观测到。但是，假设政府知道农户的保险支付意愿分为两种类型：高支付意愿和低支付意愿。不同支付意愿的农户其购买农业保险的边际成本不同。支付意愿高的农户，购买农业保险的边际成本较低（$\underline{\theta}$），支付意愿低的农户购买农业保险的边际成本比较高（$\bar{\theta}$），$\theta \in (\underline{\theta}, \bar{\theta})$。农户可能是高支付意愿类型和低支付意愿类型的概率分别为 v 和 $(1-v)$。在此，假设农户的风险类型是公共信息，保险公司根据农户的风险类型确定保险费率。

产量保险时，农户购买的保险金额取决于其保险作物的历史实际产量和保障程度。以 AHP（Actually Historical Production）表示历史实际产量，反映农户在一定时期内平均的作物产量。以 LP（Level of Protection）表示农户购买农业保险的保障水平。$R = AHP \cdot LP$，表示农户选择不同保障程度购买的保险金额，反映了农业保险承保的风险额度。$EI(R)$ 表示农户购买不同保障程度的保险获得赔款的期望值。农户实际负担的保费 δ 由保险金额与扣除补贴率后的保险费率确定，$\delta = R \cdot r \cdot (1-s)$，$s$ 表示保费补贴率，r 表示保险费率。高（低）支付意愿的农户的相关变量以下标 H（或 L）进行区别。

为了激励农户购买农业保险，农户参加农业保险获得的期望赔款应不小于其负担的保费。即满足参与约束

$$EI(R_H) - \underline{\theta} R_H + R_H r_H s_H \geqslant 0 \qquad (2.2)$$

$$EI(R_L) - \bar{\theta} R_L + R_L r_L s_L \geqslant 0 \qquad (2.3)$$

为了激励不同支付意愿的农户购买与其支付意愿相适应的保险，必须使得农户购买与其支付意愿金额相适应的保险获得的效用要大于购买其他金额保险的效用。因此，激励相容约束条件要求同时满足（2.4）式和（2.5）式。即

$$EI(R_H) - \underline{\theta}R_H + R_H r_H s_H \geqslant EI(R_L) - \underline{\theta}R_L + R_L r_L s_L \quad (2.4)$$

$$EI(R_L) - \bar{\theta}R_L + R_L r_L s_L \geqslant EI(R_H) - \bar{\theta}R_H + R_H r_H s_H \quad (2.5)$$

把(2.4)(2.5)两式相加,可以得到

$$R_H \geqslant R_L \quad (2.6)$$

若任何一对保险金额(R_H, R_L)是可实施的,即它可以由一个激励相容的契约达到,则都必须满足(2.6)式,并且它是充分必要条件。

在完全信息情形下,政府可以设法使所有类型的农户获得零效用水平。但在不完全信息情形下,政府无法做到这一点。事实上,对于一组契约$\{(R_H, s_H), (R_L, s_L)\}$,如果它是激励可行的,则考虑到一个高支付意愿的农户可能会伪装成低支付意愿的农户,它应当满足:

$$U_H = U_L + \Delta\theta R_L \quad (2.7)$$

即使政府可以使低支付意愿的农户的保留效用为零,高支付意愿的农户仍然可以从模仿低支付意愿农户的行为中获得效用$\Delta\theta R_L$,即信息租金。

令$T(R)$表示农户将一定额度的农业风险通过保险转移后,政府因农业生产稳定性增强而获得的效用。由于政府必须在获知农户支付意愿前向农户提供一组契约,因此,政府的规划问题是

$$(P): \underset{\{(R_H, s_H), (R_L, s_L)\}}{\text{Max}} v[T(R_H) - R_H r_H s_H] + (1-v)[T(R_L) - R_L r_L s_L]$$

$$(2.8)$$

通过变量代换,政府的目标效用函数变为

$$v[T(R_H) + EI(R_H) - \underline{\theta}R_H - U_H] + (1-v)[T(R_L) + EI(R_L) - \bar{\theta}R_L - U_L]$$

$$(2.9)$$

令$U_L = 0$,则

$$(P'): \underset{(R_H, R_L)}{\text{Max}} v[T(R_H) + EI(R_H) - \underline{\theta}R_H]$$

$$+ (1-v)[T(R_L) + EI(R_L) - \bar{\theta}R_L] - v\Delta\theta R_L \quad (2.10)$$

因此,与完全信息下的最优化问题相比较,可以发现,在信息不对称情形下,政府的目标函数中必须减掉付给高支付意愿的农户的期望信息租金。信息租金的多少取决于政府要求低支付意愿农户购买的农业保险金额。

因此,如果政府希望低支付意愿的农户购买保险,即 $R_L > 0$,政府必须给予高支付意愿的农户信息租金。这个信息租金的存在是由于农户相对于政府具有信息上的优势。这种信息租金对于农户来说是收益,对政府来说是推动农业保险运作的成本。这就意味着由于信息租金以及其他生产成本将一起阻碍部分农业保险交易的达成,农业保险的风险配置效率受到损害。在有限财政的约束下,政府将调整参与率目标,减少农业保险的覆盖面,导致农业保险交易量的向下扭曲,损害农业保险的运作效率。

2. 保险公司隐藏风险信息的逆选择

政府委托保险公司经营农业保险,同时分担农业保险赔款。也就是说,保险公司将其承保的部分农业风险转移给政府。在保险公司可以选择向政府转移的风险种类或规模时,由于保险公司更了解农业保险险种的风险状况,有可能将高风险的险种转移给政府,将风险较低的险种自留;或者保险公司将绝大多数的农业保险风险转移给政府,将少量的农业风险自留。因此,如果政府介入后,赋予保险公司选择风险的权力,则保险公司可能隐藏承保风险的信息,做出对政府不利的选择(逆选择)。

3. 保险公司隐藏行动的道德风险

在政府组织、市场化运作模式下,政府委托保险公司经营农业保险,同时参与风险分担。政府与保险公司之间形成委托代理关系。政府是委托人,保险公司是代理人。保险公司具有信息优势。政府介入农业保险的目标在于:通过农业保险优化农业风险配置,从而实现资源的优化配置。保险公司则是利益导向的,为了实现利益的最大化。因此,政府与保险公司的目标并不一致。政府与保险公司目标的偏离导致两者在行为上的差异。

第一,风险选择偏好不同。政府为了实现稳定农业生产、促进经济发展的目标,往往首先选择关系国计民生的农产品进行保障,如水稻、小麦等粮食作物。这些农产品面临的灾害风险,如台风、洪水等成为政府关注的、希望通过农业保险进行优化配置的风险。然而,保险公司为了实现利润,其只愿意承保"可保风险",即那些有大量独立的、同质风险单位存在,并且可能造成的损失规模适中的风险,如雹灾风险。

第二,风险规模偏好不同。政府希望农业保险作为现代风险管理工具,能够对尽可能多的风险进行优化配置。因此,不断提高农业保险的参与率以及农业保险承保的风险保额成为政府追求的目标。然而,保险公司偏好于控制风险规模。因为,适度的风险规模是保险公司稳定经营农业保险的基础,也是保险公司获得最大利润的客观要求。

第三,风险容忍度不同。经济学分析中,一般假设经济主体的风险偏好满足递减绝对风险规避性质。也就是说,随着财富的增加,经济主体将愿意并且能够承担更多的风险。因此,政府的风险容忍度比保险公司的风险容忍度要强,也就愿意承担更多的农业风险。

因此,政府希望保险公司努力开展业务,尽可能承保足够多的农业风险。但是,保险公司倾向于控制风险规模,选择"可保"风险,从而实现承保收益。由于高额的监督成本,政府无法清楚地了解保险公司的经营行为,不知道保险公司是否努力拓展业务,是否存在"偷懒"的情况。由于保险业务规模除了受到保险公司努力程度的影响之外,同时受到农户参保意愿等外在因素的影响。信息的"噪音"导致在完全信息下应该施加的努力在不对称信息下没有被保险公司付诸实施,从而损害了农业保险的运作效率。

保险公司的道德风险具有隐蔽性,不易直接观测,往往通过对赔付率的影响,间接地影响农业保险的财政支出规模。农业保险定损过程中技术的复杂性和信息传递障碍为道德风险的发生提供了条件,有可能导致农业保险赔付率上升。保险公司有可能主动通过对农户农业保险的"通融赔付"以获得其商业性利益(如促进其商业性险种的销售等)。农业保险赔付率的提高,导致政府承担的农业保险赔款增加,财政负担加重。

图 2.1 揭示了市场型交易成本中与信息有关的交易成本对农业保险风险配置效率的影响。在市场型交易成本中,农户、保险公司、政府之间的事前信息不对称导致农户、保险公司逆选择行为。农户隐藏风险类型的逆选择行为将使得保险公司承保的农业保险平均风险增加,农业保险赔款支出增加。为了应对增加的赔款支出,农业保险费率也不得不提高。在农业保险保费补贴率不变的条件下,农业保险费率的提高将增加政府对农户保费补贴的转移支出。由此,农户的逆选择最终导致农业保险风

险配置成本的提高。同时,农户隐藏支付意愿将使得高支付意愿的农户获得信息租金,增加政府保费补贴的支出规模。在有限财政约束下,为了减少保费补贴成本,政府将不得不以较低的农业保险参与率为代价。另一方面,农户、保险公司和政府之间事后的信息不对称导致农户、保险公司的道德风险行为。农户、保险公司的道德风险行为将增加农业保险赔款支出,从而增加政府分担的超额赔款。因此,农户、保险公司事前和事后的机会主义行为最终将导致农业保险风险配置成本的增加,损害了农业保险的风险配置效率。

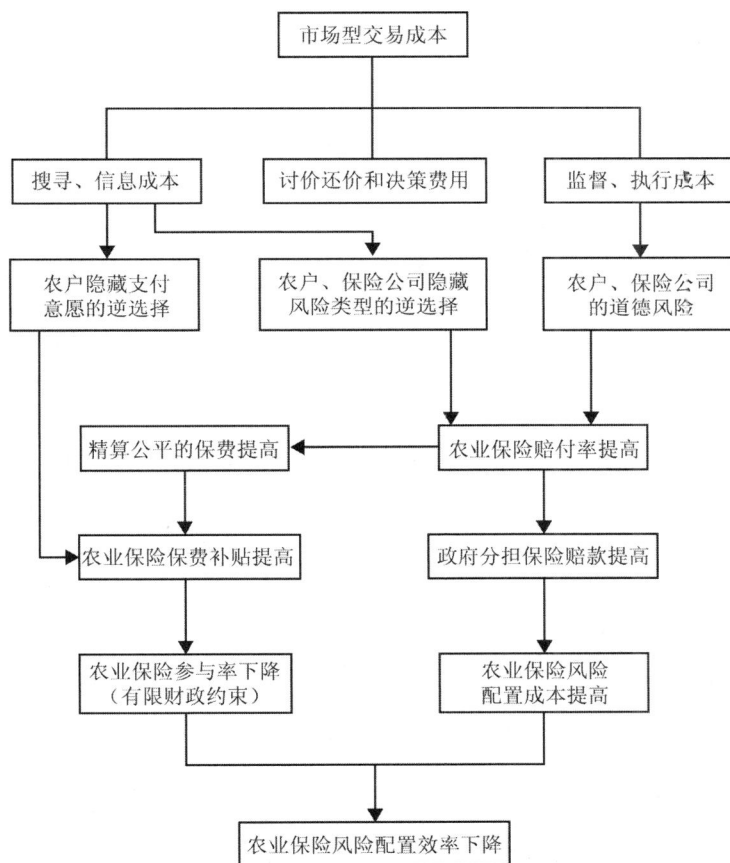

图 2.1　政府介入农业保险后市场型交易成本对风险配置效率的影响

政府的介入有助于增强保险公司承保农业风险的能力,提高农户对农业保险的需求,从而推动农业保险的开展。然而,政府介入也带来了新的交易成本,主要表现为农户隐藏支付意愿的信息成本和保险公司隐藏行动的道德风险。政府与农户、保险公司等微观主体之间的信息不对称可能对农业保险的风险配置效率造成损害。

在自愿保险的情况下,如果在组织和制度方面缺乏创新,高额的交易成本可能导致农业保险运作效率低下,甚至失败。因此,寻求政府介入后农业保险优化风险配置的约束条件成为农业保险可持续发展的前提和基础。

二、交易成本对参与率的影响

治理成本和搜寻、谈判、履约等成本的变动会影响农户的参保决策。以上在分析保费补贴对农户参保决策影响时,只考虑了保费成本,没有考虑农户参加保险可能支出的其他成本,如投保、理赔时花费的时间、精力等成本。事实上,高额的交易成本是阻碍市场化条件下农户投保农业保险的一个重要因素。因此,政府介入后农业保险如何在坚持自愿原则的前提下,降低农户参加农业保险的搜寻、谈判、履约等成本,是提高参与率的关键。

目前,中国各地在试点过程中,在农业保险参保方式方面进行了组织创新,如通过农业合作组织、农业龙头企业等统一投保。农户参保方式的组织形式创新,为众多散户参加保险提供了"搭便车"的机会,不需要农户为投保、理赔花费太多的时间和精力。因此,农户投保的组织形式创新,从根本上说,其意义在于减少农业保险的交易成本,提高了农户的参保率。另一方面,农业保险参保方式的组织创新在一定程度上缓解了中国"小农经济"特点对保险公司经营成本的不利影响,有利于吸引保险公司参与政策性农业保险的经营。

同时也必须看到,统保方式下,农业生产经济组织、村民委员会等单位组织农民投保,代表农户与保险机构签订农业保险合同。当损失发生后,保险机构支付的保险赔款也通过村委会等组织分配和发放给受灾农户。农户是农业保险的保障对象和受益者。但是,农业生产经济组织、村民委员会等组织代为经办投保和赔款发放等事宜。这实际上构成了农户和农业生产经济组织、村民委员会等单位之间的委托代理关系。众所周知,委托代理关系面临的最大挑战就是委托人和代理人利益不一致而导致的委托人利益受损的问题。在我国农村,相对于个体农户,农业生产经济组织、村民委员会等更有话语权和决策权,在农业保险赔款分配、发放等关系农户切实利益的问题上具有很强的掌控能力。农户与村民委员会等代为保险事宜的组织机构之间很可能出现委托代理关系中的"内部人控制"的局面。统保模式下农业保险可能出现因"内部人控制"导致的违规问题。

治理成本对农业保险参与率的影响,主要体现在政策性农业保险跨部门协调的复杂性方面。政策性农业保险的本质决定了在农业保险的推行过程中,会涉及多个部门的协调和配合问题。如果缺乏专门的协调机构,可能导致高额的各部门之间的协调成本,影响农业保险的开展。如中国 2007 年推行的能繁母猪保险,就涉及畜牧、兽医、防疫、保险、财政和基层乡镇政府和村委会等多个部门和组织。由于其中大多数机构都属平级单位,缺乏一个统一的领导协调机构,导致在给母猪打耳码和建立档案方面各部门的衔接不畅,造成保单迟迟无法出来,给养殖户参保带来了不利影响。跨部门协调的复杂程度影响到农户参保的便利性,最终影响农户的参保决策。

三、交易成本对财政支出规模的影响

治理成本、农户和保险公司的道德风险成本以及政府官员寻租成本对政府财政支出规模产生影响,见图 2.2。

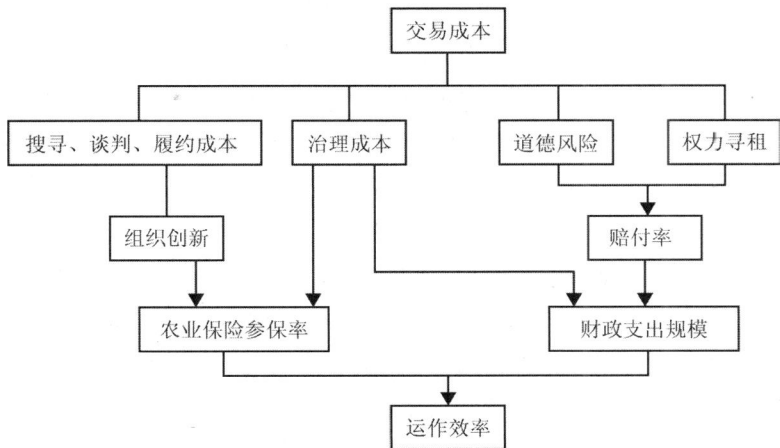

图 2.2　政府介入后交易成本变动对农业保险运作效率的影响

治理成本是一种沉没成本。治理成本的增加直接表现为国家财政投入的增加。因此,对于财力有限的国家而言,通过设立专门的农业保险机构从事农业保险业务是一种具有一定风险的专用资产投入。而且,专门保险机构的 X 非效率问题将直接导致农业保险的财政支出规模的扩大。

农户和保险公司的道德风险成本具有隐蔽性,不易直接观测,往往通过对赔付率的影响,间接地影响农业保险的财政支出规模。一方面,农业保险定损过程中技术的复杂性和信息传递障碍为农户道德风险的发生提供了条件,导致农业保险赔付率上升。另一方面,在政府委托保险公司经营农业保险的模式下比较容易发生保险公司的道德风险。保险公司的道德风险主要表现为有意增加农业保险的赔款支出,有时甚至发生与农户"共谋"的情况。保险公司通过农业保险的"通融赔付"获得其商业性利益(如促进其商业性险种的销售等)。农户和保险公司的道德风险都会导致农业保险赔付率的上升。目前中国农业保险新一轮试点过程中,地方政府与保险公司之间对于超额赔款基本都形成了共同承担保险赔款的关系,如规定超额赔付率。政府与保险公司共担风险的方式有利于约束保险公司的道德风险。但是,当发生较大规模的损失,农业保险赔付率超过约定的超额赔付率时,超额赔付率再保险关系有可能诱发保险公司的道德风险,导致政府承担的赔款支出规模扩大。

权力寻租的发生取决于租金的大小和政府对农业保险的介入程度。如果政府深入介入农业保险,对于农业保险的运作具有很强的决定权或影响力,那么,在缺乏约束的情况下,权力寻租的可能性会就比较大,对农业保险运作效率的不利影响也大。一旦权力寻租的条件成熟,不论其表现形式如何,权力寻租成本都将导致财政支出规模的扩大,降低农业保险的运作效率。

由此可见,农业保险的交易成本变动影响农户的参保决策和财政支出规模。各类交易成本变动的综合作用决定了农业保险的运作效率。一方面,中国农业保险参保方式的组织创新降低了交易成本,有利于提高参保率;另一方面,治理成本、道德风险和权力寻租等交易成本增加了政府财政支出规模,迫切需要机制创新,控制治理成本、道德风险和权力寻租成本,以提高农业保险的运作效率。

第四节　政府介入后农业保险有效运作的约束条件

新制度经济学认为,制度安排的效率主要取决于以下因素:一是从制度规定本身看,是否具有"普适应";二是制度的实施机制是否健全。同样,政府介入后农业保险有效运作面临着两个约束:一是能否通过机制设计缓解政府介入引起的新的信息不对称问题,降低交易成本,提高农业保险的效率?二是能否通过法律、法规和信誉机制的建立,完善农业保险的实施机制,保障农业保险的有效运作?

一、激励机制的设计

(一)逆选择问题的机制设计

农户或保险公司的逆选择对农业保险的风险配置效率造成损害。因此,缓解农户、保险公司、政府之间的信息不对称问题是提高农业保险风险配置效率的条件之一。一般来说,农业保险中,缓解微观主体逆选择行为的机制主要有以下几种:

第一,信号发送和信息甄别。Spence(1973)通过对劳动力市场的经典分析,研究了拥有私人信息的代理人通过采取某种可以被观察的行动(即发送信号)来向委托人显示自己的真实信息,从而从同类中分离出来。Rothschild 和 Stiglitz(1976)对于保险市场逆选择的研究,最早讨论了信息甄别机制。信号发送和信息甄别属于代理人和委托人各自主动采用的降低信息不对称的机制。然而,信号发布(同一般水平分离)的要求是"不对称信息"带来的反应。如果信号发送的结果只有使得代理人的境遇更差,则代理人就不会主动发送信息。在农业保险中,政府介入后试图通过信号发送机制缓解信息不对称问题很难奏效。因为,如果农户或保险公司通过主动发动信号显示自己真实的支付意愿或承保的农业保险险种的风险程度,其结果可能使得农户获得更少的补贴,保险公司会被要求承担更多的风险。信息甄别机制可以通过农户或保险公司的主动选择显示其真实信息,从而降低信息不对称对农业保险风险配置效率的损害。信息甄别机制设计中包含着政府对农业保险风险配置效率与节省信息租金之间的权衡,因而与完全信息情形相比,不对称信息下最优机制设计的结果是次优的。

第二,通过强制性措施阻止逆选择行为的发生。政府介入农业保险后可以采取强制保险的形式,要求所有的农户不论风险高低都必须购买农业保险。强制保险可以降低搜寻、谈判等交易成本,避免农户逆选择,是降低交易成本的一种有效途径。但是,强制保险取消了农户"用脚投票"的权利,对农业保险管理者的监督功能失效,可能会诱发农业保险管理者的道德风险。而且,强制保险会造成部分农户福利的损失,引起农户的不满。对于保险公司的逆选择行为,政府可以通过限制保险公司风险选择的权利来降低逆选择的不利影响。但是,保险公司的风险选择权利受到限制后有可能会损害保险公司参与农业保险经营的积极性,导致保险公司退出农业保险,或者可能导致更严重的道德风险。因此,通过强制性措施阻止逆选择行为必须权衡逆选择成本与道德风险成本后决定是否采用。

第三,信誉机制。交易费用在本质上是专业化和劳动分工的费用。如果农户、保险公司、政府之间能够建立一种"诚信"的社会惯例,那么信息不对称问题将迎刃而解,并且此时也无须花费那些用于识别信息的成本。然而,信誉机制发挥作用是有条件的,尤其是信誉社会的建立,需要一个比较长的时期。因此,信誉是缓解农业保险逆选择问题最根本的方式。但是,在信誉社会尚未建立之前,无法发挥有效的作用。

(二)道德风险问题的机制设计[①]

政府介入后农户或保险公司的道德风险损害了农业保险的风险配置效率,甚至可能导致农业保险风险配置的失败。因此,防范和控制农户或保险公司的道德风险有利于农业保险优化风险配置。防范和控制道德风险的机制通常包括监督和激励。如果能够以较低的成本对农户或保险公司的行为进行监督,则监督和惩罚机制的建立能够较好地缓解道德风险问题。然而,农业保险中,农业生产的特殊性使得监督成本高昂。因此,激励成为防范和控制农户或保险公司道德风险的主要机制。激励机制主要包括:

---

① 这里指保险公司道德风险问题。对于农户的道德风险问题,最优保险合同理论(博尔奇,1960;阿罗,1971;雷维吾,1979)认为,在保险合同中规定免赔额条款和共同保险是实现帕累托风险配置的条件。

第一，显性激励机制。在农户或保险公司的行为难以观察的情形下，通过报酬激励合同，将对农户或保险公司的转移支付与其可以度量的某个业绩指标相联系，在满足参与约束和激励相容约束的条件下，构建最优风险分担机制。农户或保险公司在最大化自身利益的基础上实现农业保险的政策目标。显性激励机制的实施前提是当期的业绩必须能够被人们很准确地度量——虽然行为是难以观测的。然而，在现实中，度量业绩往往不是一件容易的事情。在这些情况下，显性激励就难以发挥作用，甚至会带来一些负面的影响，如可能激发保险公司追求短期利益等一些问题。在现实中，激励也可能来自隐性激励机制，又称为"信誉机制"。

第二，隐性激励机制。伦德纳（Radner，1981）和罗宾斯泰英（Rubbinstein，1979）的重复博弈模型证明，如果委托人和代理人保持长期的关系，贴现因子足够大（双方有足够的信心），那么，帕累托一阶最优风险分担和激励是可以实现的（张维迎，2004：449）。法玛（1980）提出的声誉机制认为，在现实中，由于代理人市场对代理人的约束作用，"时间"可以解决代理人的道德风险问题。霍姆斯特姆（Holmstrom，1982b）模型化了法玛的思想。隐性激励机制是行为主体基于维持长期合作关系的考虑而放弃眼前利益的行为。对"偷懒"的惩罚不是来自合同规定或法律制裁，而是未来合作机会的中断。因此，可以通过信誉机制的建立，防范农户或保险公司的道德风险。

综上所述，信息发送和信号甄别、强制措施或信誉可以缓解政府介入后面临的逆选择问题；显性激励机制和信誉机制有利于缓解农户或保险公司的道德风险。通过以上机制设计，有助于改善农业保险各主体之间的信息不对称状况或激励农户（或保险公司）的行为，降低信息不对称对农业保险风险配置效率的损害。

二、实施机制的完善

由于契约的不完全性，使得契约的实施机制变得十分重要。一般认为，实施机制的建立根源在于：一是交换的复杂度。交换越复杂，建立实施机制就越必要。二是人的有限理性以及机会主义倾向促使实施机制的建立。三是合作者信息不对称，容易导致对契约的偏离，需要实施机制维护契约的履行（袁庆明，2005：263）。契约实施机制也是一种产权保护机制,只不过它只涉及交易中交易一方的产权被另一方的机会主义行为损害时的产权保护,产权保护机制则不仅包括交易中的产权保护,而且还包括不发生交易时各种产权的保护。实施机制是制度不可或缺的组成部分和构成要件。

契约的实施机制大体可以归结为两类:一是私人实施机制;二是有国家(法律)作为第三方的实施机制。契约的实施机制限制交易中不诚实行为,保证契约履行。因此,政府介入后农业保险优化风险配置的约束条件之一就是完善农业保险的实施机制。法律、法规与信誉是维护农业保险运行的两个基本机制,对农业保险的风险配置效率具有重要影响。

(一) 法律、法规的建立与完善

法律是维护合同执行的重要制度安排之一。由国家(法律)统一行使执行契约和监督契约的职能具有规模效应。波斯纳(1997:117)指出:"契约法的基本功能(至少自霍布斯时代起就被这么认为)是阻止人们对契约的另一方当事人采取机会主义行为,以促进经济活动的最佳时机选择,并使之不必采取成本高昂的自我保护措施。"国家通过契约法介入契约,不仅可以约束契约当事人的机会主义行为,而且还可以用来填补不完全契约的空缺。哈耶克(1989:125)指出:"在当今这种复杂的社会中,没有一个契约能明文规定不发生偶然事件;而且因为司法和立法发展起了各种用途的标准合同,它们不但非常实用易懂,而且确定了所有事实上能订立的合同的解释,并被用来填补所有事实上能订立的合同的空缺。"

第一,通过农业保险相关法律制度的建立和完善,有助于规范农业保险微观主体的行为,使得农户、保险公司对农业保险制度的运作形成稳定的预期,减少其机会主义行为。同时,法律作为由第三方(法院)执行的交易规则,保障农业保险合同、农业风险分担合同的履行。

第二,通过不断完善法规,约束和限制政府权力,实现行政程序法治。因为,要使实体目标的确定和实施不发生错误,不产生滥权或懒政,其基本保障在于程序。比如,权力的行使都需要有一定的实体目标,但这些实体目标能否正确确立,即能否正确决策,必须遵循法定的决策程序。在行政权力的行使中,最常用最重要的就是决策。各种权力的行使过程,就是由不同内容、不同层次、大大小小的决策所组成。为了保证重大决策(包括制定规范)不致出错,就必须遵循重大决策程序:公众参与、专家论证、风险评估和合法性审查。

（二）信誉机制的建立和完善

埃里克·弗鲁博顿、鲁道夫·芮切特（2006：66）认为："不考虑其他，交易费用的水平取决于个人的行为。如果相互信任占社会主流，则监督和执行成本就会非常低。在有利的情形下，产权会得到尊重，对于有关冲突的公平解决的性质方面就会存在相对较为一致的认识。那么，社会道德、自信、信任和制度框架似乎就融合在一起。"因此，信誉机制的建立有利于契约的自我实施。

信誉可以节约大量的交易成本。当农户和保险公司在签订农业保险合同时特别讲信誉，则农业保险合同就不必特别详细，也就不需要收集很多的信息，交易成本可以大大节约。在签订保险合同后，保险公司对农户行为进行监督的必要性也就减少，不必经常动用法律手段解决问题。正如威廉姆森（2003：73）所说："如果不存在投机，那么一切行为就都能符合规则；而且也无须实现全盘计划。即使遇到不可预料的问题，各方为了维护共同利益的最大化，也能按照一起遵守的原则去处理。"

信誉也可以节省风险成本。在农业保险中，如果农户（或保险公司）都不讲信誉，存在事前、事后的机会主义行为，则保险公司（或政府）为了激励农户（或保险公司）的行为，就需要让他们承担风险（如保险合同中的共同保险条款，或政府与保险公司的风险分担合同）。然而，如果农户（或保险公司）讲信誉，保险公司（或政府）就不用这种手段来激励，农户就可以获得足额的农业保险保障，保险公司也可以达到同样的效果。这时，激励机制下的风险成本都可以节省下来。所有由于高度信任和信誉节约的交易成本可以在农户（或保险公司，即委托人）和保险公司（或政府，即代理人）之间进行分配，使双方的利益都有所增进，这实际上是一个帕累托改进（Casadesus-Masanell，Spuller，2002）。

与法律相比，信誉机制是一种成本更低的维持交易秩序的机制。在现实中，由于信息不对称，或由于签订详细的能适应各种情况的合同、实施合同需要高额的费用等原因，合同不完备是一种常态。同样由于信息不对称，即使是双方都能观察到的行为，要在法庭上证明也非常困难。当事人与法院之间的信息不对称使得许多交易合同不可能由法院来执行。信誉机制能够使得合同甚至是非正式合同自执行（Self-enforcing）。同时,信誉也是法律的基础。在一个人们(包括法官)普遍不讲信誉的社会中,法律能够起到的作用是非常有限的(张维迎,2002)。因此,信誉机制的建立和完善将保障农业保险机制的顺利运作,提高农业保险的风险配置效率。

简而言之,政府介入后农业保险优化风险配置需要具备两个条件:农业保险风险配置机制的完善和实施机制的建立。

第五节　政府失效对农业保险运作效率的损害

政府为弥补农业保险市场失灵,通过保费补贴和分担风险的方式介入农业保险。然而,在政府介入农业保险过程中,由于政府行为自身的局限性和其他客观因素的制约,可能导致农业保险优化风险配置的功能无法实现,出现政府失效。农业保险中政府失效有三种情况:一是政府介入未能推动农业保险的运作,无法实现农业保险风险配置功能;二是政府介入实现了农业保险的风险配置功能,但是风险配置效率低下;三是政府介入实现了农业保险优化风险配置的功能,但是带来了严重的负面效应。

究其根源,农业保险中政府失效主要有以下两方面的原因:一是信息不对称问题无法得到有效缓解,政府介入农业保险不适度,损害了农业保险风险配置效率。二是立法滞后或信誉缺失,导致农业保险运作效率低下。

一、政府介入不适度的影响

政府介入后,由于信息不对称,无法了解农户的支付意愿或保险公司的风险类型及风险偏好,可能导致政府无法准确把握介入农业保险的程度,造成政策决策的失误。如保费补贴政策可能对农户的保费补贴不足或过度,风险分担机制可能导致政府对保险公司的激励不足或激励过度。无论政府介入不足或过度,都将损害农业保险的运作效率。

政府介入不足将对农业保险运作机制产生不利影响。政府介入不足表现在两个方面:保费补贴激励不足或对保险公司的激励不足。保费补贴激励不足将导致农户对农业保险的需求不足。如美国1980年《联邦农作物保险法》首次对农户投保农作物保险的保费给予补贴。但是,农作物保险计划在整个 20 世纪 80 年代增长十分缓慢。到 1986 年,只有不到 5600 万英亩土地投保,只占可保耕地面积的 20%。1989 年,美国《联邦农作物保险委员会法》授权成立的一个委员会的报告认为,缺乏保险精算资料、保费补贴水平低等是造成农作物保险计划发展缓慢的主要原因。因此,政府对农户的保费补贴激励不足将导致农业保险参与率低下,阻碍农业保险风险配置功能的实现。

政府对保险公司的激励不足可能导致保险公司没有积极参加农业保险的经营或道德风险突出。政府介入农业保险,与保险公司之间形成了委托代理关系。政府与保险公司之间的激励契约实际上是一个保险与激励的权衡。如果政府对保险公司的激励不足,无法满足其参与约束,保险公司将退出农业保险的经营。如果激励契约中保险公司没有承担与其风险忍耐力相适应的农业保险风险,则政府对保险公司给予了过度的保险。过度的保险会导致保险公司"偷懒",道德风险凸显。如美国联邦农作物保险公司(FCIC)承担了大部分农作物损失的风险责任,保险公司只承担了很小的保单赔款责任,因此,财政补贴没有能够对保险公司产生适当的激励,使其能以维护政府利益为出发点来管理农作物保险计划。保险公司在理赔上疏于管理的行为造成美国政府的农作物保险赔款成本迅速增长(Ker,2001)。

政府介入过度也会对农业保险运作机制产生不利影响。政府介入过度表现为保费补贴激励过度或对保险微观经营活动干预过多。政府对农户保险补贴激励过度会带来隐性的社会成本,可能对农户的行为产生反向激励,促使农户承担更多的风险(Makki,Somvaru,2001),诱使农户在不适宜的地域种植作物(柯柄生,2001),可能影响农户的种植决策,造成保险作物产量的提高。农作物产量提高导致市场价格下跌。补贴给农户带来的收入利益被下跌的市场价格部分抵消,降低了农作物保险收入安全网的效率,尤其是对没有参加农作物保险的农户造成了收入损失[1]。因此,过度的保费补贴激励通过对农户行为和种植决策的影响,削弱了农

---

[1]　Yong,Vandeveer 和 Schnepf (2001)研究估计,2001—2010 年,美国 8 种主要农作物生产者由于作物产量增加导致损失 2.5 亿美元。

业保险"社会稳定器"的功能。

政府对保险公司的微观经营活动干预过度,影响了保险公司的自主决策,从而加大了保险公司经营成本。如政府可能要求保险公司承担过多的理赔责任,保险公司为了控制业务风险,其道德风险将会十分突出。如保险公司可能会拒绝某些农户的投保,在理赔时出现"惜赔"的情况等。这将不利于农业保险的深入开展,无法维护农户的利益,不利于农业保险政策目标的实现。

由此可见,尽管政府介入不足或介入过度对农业保险效率损害的影响路径不同,但是,政府介入不适度都可能导致农业保险运作效率低下。

二、实施机制不完善的影响

农业保险的风险配置机制需要在一定的制度环境中运行。法律和信誉是维护农业保险机制运作的两块基石。实施机制的不完善将影响农业保险的风险配置效率,甚至导致农业保险的失败。

立法滞后将显著改变农业保险的交易成本。农业保险立法滞后使得农业保险微观主体的行为缺乏规范,导致微观主体无法形成对未来的稳定预期,从而导致微观主体过度关注短期利益、眼前利益,诱发道德风险,限制其长期投入行为,不利于农业保险的长期发展。同时,法律对农业保险合同执行的保障作用下降,使得保险合同必须订立得更加详细,甚至将法律中没有明确规定的内容都必须在合同中明确。由此,保险合同的交易成本增加。此外,法律实施机制的不完善将增加争议解决、协调成本。简言之,法律机制的缺失将显著增加农业保险的交易成本。

信誉缺失不利于重复交易的实现。信誉机制发挥作用是需要条件的。当信誉机制所需的条件不满足时,经济主体就可能不讲信誉,"一锤子"买卖盛行。在"一锤子"买卖的关系中,农户、保险公司的道德风险无法控制,农业保险的运作效率低下。同时,信誉是法律的基础,法律的执行离不开信誉。如果当事人不重视信誉,即使法院做出判决,当事人也可能不执行,使得法院的判决成为一纸空文,降低了法律的保障作用。为了维护法院判决的执行有可能需要采取强制执行的手段,从而增加了法律执行的成本。当用法律的手段执行法院判决的成本十分高昂时,有可能导致法院的判决最终不了了之。

因此,法律和信誉作为维护农业保险机制运作的两个基本制度,对于农业保险的风险配置效率具有重要的影响。

小　结

农业保险的效率评价包括农业保险参保率、农业保险机构效率和农户收入稳定效率三个指标体系。与市场化运作相比较,政府介入后会引起农业保险交易成本类型的变动,主要表现为由于信息不对称导致的微观主体的道德风险和逆选择以及管理型交易成本。农业保险的交易成本变动将影响农户的参保决策和财政支出规模。各类交易成本变动的综合作用决定了农业保险的运作效率。因此,政府介入后农业保险有效运作的两个约束是:通过机制设计缓解政府介入引起的新的信息不对称问题,降低交易成本;通过法律、法规和信誉机制的建立与完善,保障农业保险的有效运作。一旦政府失效,将可能产生三种不利后果:未能推动农业保险的运作;推动了农业保险运作,但运作效率低下;推动了农业保险运作,但是带来了严重的负面效应。

第三章　中国农业保险制度及其发展

政府介入对农业保险的运作效率产生影响。不同的政府介入模式对农业保险运作效率的影响路径也不一样。分析我国农业保险的发展模式和剖析当前农业保险的制度特征是进一步研究农业保险运作效率的前提和基础。

第一节　政府市场合作型农业保险的确立

从 20 世纪 80 年代恢复农业保险后,我国规定保险公司经营的农业保险业务可以免缴营业税,以扶持农业保险的发展。然而,90 年代以后,国内农业保险业务逐渐萎缩。直到 2004 年,中央一号文件明确规定开展"政策性农业保险试点",国内农业保险在各级政府扶持下重新焕发出勃勃生机。随着农业保险的发展,农业保险机构在开展政策性农业保险的同时也开始经营其他农业保险险种。因此,为了明确效率评价的对象,有必要先理清政策性农业保险的概念。

一、政策性农业保险概念的辨析

关于政策性农业保险的概念,学者做了许多探讨。张洪涛和郑功成(2000)认为:"与纯粹的商业保险或社会保险相比,有一些保险业务因危险性质特殊,既不便并入社会保险体系,也无法完全按照商业保险方式经营,而是需要在国家有关政策的具体支持下才能获得长足发展,我们把这一类保险业务成为政策保险。"许飞琼(2002)认为:"政策性保险是指为实现特定的政策目标并在政府的干预下开展的一种保险业务。它是在一定时期、一定范围内,国家为促进有关产业的发展,运用政策支持或财政补贴等手段对该领域的危险保险给以保护或扶持的一类特殊形态的保险业务。"以上学者将政策性农业保险定义为"获得政策支持"的农业保险。然而,获得政策支持就是政策性农业保险吗? 1980 年以来中国恢复的农业保险业务,保险公司可以免缴营业税。但是,国内学者普遍不认为在这种税收优惠政策支持下的农业保险就是政策性农业保险。

那么,什么是政策性农业保险呢? 根据对政府介入农业保险内生性的分析,本研究认为:政策性农业保险就是为了实现一定的政策目标,政府作为风险配置主体介入农业保险风险配置过程的一种特殊的农业保险。政策性农业保险的特殊性在于:

第一,从风险配置主体看,政府和农户成为政策性农业保险的基本风险配置主体。农户将部分(通常不可能是全部)农业生产风险通过保险的形式转移给保险机构。政府参与分担农户面临的农业风险。只有当政府以风险承担者的角色,接受农户通过农业保险形式转移的农业风险时,该农业保险才可能被称为政策性农业保险。在政策性农业保险中,商业性保险公司是否参与风险配置取决于政策性农业保险的经营模式。

第二,从风险配置的结果看,政策性农业保险不仅通过风险配置减少农户农业生产的不确定性,发挥农业保险的"稳定器"功能。更为重要的是,政策性农业保险往往具有一定的政策目标,如保障粮食安全。政策性农业保险风险配置结果往往表现为一定政策目标的实现。

所以,只有当某种农业保险同时具备以上两个要素时,才称其为政策性农业保险。当然,政府为了实现一定的政策目标,参与农业风险配置的方式可以不同,采取的扶持手段也是多样的。如政府可以通过税收优惠政策对政策性农业保险的发展给予进一步的扶持。

二、农业保险模式的确定

我国农业生产以分散化小规模经营为主,农业生产人口众多。这使得保险机构直接开展承保、理赔等工作的成本非常高。另一方面,我国农村政府组织体系十分完善,农村基层组织对农户的农业生产情况比较了解,并且农户对于基层组织干部的信任度普遍比较高。我国农村社会的这个特点,使得农业保险依靠农村基层组织推进业务开展成为当前的必然选择。然而,全部依靠政府的力量推进农业保险,需要组建政策性农业保险公司。新的农业保险机构建立不仅需要投入大量的物力、财力,还需要培养大批业务经验丰富的专业人员,需要较长的一个发展过程。但是,在 20 世纪 80—90 年代农业保险试点过程中,我国有些保险公司已经建立了比较健全的基层农业保险网络,培养了一批农业保险人才,积累了较多的保险实践经验。因此,通过保险公司开展农业保险,充分利用现有资源,成为各界的共识。由此,我国初步形成了政府推动、保险公司经营的模式。

2007 年以来,除各级财政补贴了近 80％的保险费之外,中国政府在农业保险试点中发挥的最重要的作用就是各级政府的有效协助,包括把推进农业保险列入政府部门的"民生工程"、"折子工程",从而推动中国农业保险高歌猛进,业务快速增长。我国农业保险中政府介入的深度和力度前所未有,也有别于其他国家。在美国、加拿大、日本这样农业保险发达的国家,政府介入农业保险只限于法律层面和政策层面,包括提供财政补贴(保费和管理费、再保险等),建立大灾风险分散制度,做出监管安排等。我国政府从补贴保费、参与运作、分担风险等多方面介入农业保险,成为当前我国农业保险制度设计的一大特色。中国农业保险也成为"政府市场合作型"(PPP 模式,即 Public Private Partnership)农业保险的典型代表。

因此,我国的农业保险是一种政府市场合作型的农业保险,其特殊性在于政府为了实现特定政策目标,作为风险配置主体介入农业保险。然而,从一般性看,政策性农业保险就是农业保险,其经营的技术基础、保障的风险和对象等与一般农业保险是相似的。而且,政策性农业保险并不是一个绝对垄断或隔离的保险市场。因为国家并不禁止商业保险公司经营商业性农业保险业务,只要双方自愿,农民就可以与商业保险公司达成承保协议。在国内外保险市场上,都可以发现商业性农业保险和政策性农业保险同时开展的情况。本研究以政策支持下农业保险的运行效率为对象。如果不做特别说明,后文所指农业保险就是指政府财政补贴支持下的农业保险,而非商业性农业保险。

第二节　农业保险市场快速发展

农业保险一直是各国农业支持保护体系的一个重要组成部分,发挥着稳定农业生产的作用。2004 年我国农业保险开始新一轮试点,逐步确立了"政府推动、市场运作"的制度框架。基层政府组织和机构在保险承保、理赔方面发挥了明显的作用。2007 年开始,中央财政补贴农业保险,极大地激发了农户的投保积极性。当前,我国政府介入农业保险的深度和力度前所未有,推动了农业保险市场的快速发展。

一、农业保险业务快速增长[①]

在政府推动下,我国农业保险业务快速发展。2009 年开始,我国已经发展成为仅次于美国的全球第二大农业保险市场。农业保险初步发挥了恢复农业生产、稳定农户收入的功效,成为国家保障粮食安全、促进农业发展的一个有力抓手。

(一)保费收入和保险覆盖面持续扩大

2004 年中央决定开始新一轮农业保险试点。试点最初期,以各地政府为主导推进农业保险的试点。2007 年中央财政试点补贴农业保险保费极大地激发了农业保险的发展。从 2004 年到 2013 年间,中国农业保险实现了跨越式发展。农业保险的保费规模和保险覆盖面持续较快增长。2004 年,我国农业保险的保费收入 3.77 亿元,到 2013 年底农业保险的保费收入增至 306.7 亿元,增长了近 80 倍(见表 3.1)。农业保险承保农作物品种达 90 多个,已经覆盖了农、林、牧、副、渔的各个方面。农业保险在开办区域上已覆盖了全国所有省、市、区,在内蒙古、新疆、江苏、吉林等粮食主产区,基本粮棉油作物的承保覆盖率超过 50%,黑龙江农垦、安

---

① 鉴于相关保险统计资料中将政策性农业保险与商业性农业保险的业务数据合并统计,本节中所有农业保险的业务数据涵盖两类业务。由于商业性农业保险业务的开展很有限,因此,农业保险的保费收入和赔款支出主要是指政策性农业保险业务。

徽省等地已基本实现了近100％全覆盖。

2013年，中国农业保险实现"四个突破"：主要农作物承保面积突破10亿亩，达到11.06亿亩，占全国主要农作物播种面积的42％；保险金额突破1万亿元，达到1.39万亿元；参保农户突破2亿户次，达到2.14亿户次；保险赔款突破200亿元，达到208.6亿元。水稻、玉米、小麦三大口粮作物的保险覆盖率分别达64.9％、67.3％和61.8％。

2014年中国农业保险业务持续发展。农业保险的原保费收入达325.7亿元，农业保险保费占财产保险保费收入的比重为4.5％。

表3.1   2004—2014年中国农业保险保费收入情况

年　份	农业保险原保费收入/亿元	原保费同比增长比例/％	农业保险保费占财产保险保费的比重/％
2004	3.77	−18.30	0.34
2005	7.29	93.37	0.56
2006	8.46	16.05	0.56
2007	51.80	512.29	2.60
2008	110.70	113.71	4.70
2009	133.90	20.96	4.70
2010	135.70	1.34	3.50
2011	173.80	28.08	3.80
2012	240.13	38.16	4.50
2013	306.70	27.72	4.60
2014	325.70	6.19	4.50

（二）农业保险的风险保障功能初现

农业保险的发展为缓解受灾农民的生产生活困难和促进当地社会稳定作出了积极贡献。2007—2013年，我国农业保险提供风险保障从1126亿元增长到1.39万亿元，年均增速52％，累计提供风险保障4.07万亿元，向1.47亿户次的受灾农户支付赔款744亿元。仅2013年农业保险支付赔款208.6亿元，同比增长46.72％，受益农户3367万户次（见表3.2）。

农业保险补偿已成为农民灾后恢复生产和灾区重建的重要资金来源。2009年东北旱灾，农业保险为5200万亩受灾作物支付赔款19.5亿元,占东北地区受灾作物面积的 30%;2010 年全国重大洪涝灾害中,农业保险机构对受灾的 1900 万亩农田赔付 20.3 亿元;2013 年黑龙江洪灾导致全省 4800 万亩农作物受灾,农业保险向 50.9 万农户支付赔款 27 亿元,户均 5331 元。这些赔款有力地支持了农业灾后恢复再生产,对稳定农业生产、促进农民增收起到了积极的保障作用。在一些保险参与率高的地区,农业保险赔款已成为灾后恢复生产的重要资金来源。

表 3.2　2004—2014 年中国农业保险赔付情况

年　份	农业保险赔款总额/亿元	农业保险简单赔付率/%
2004	2.81	74.54
2005	5.67	77.78
2006	5.91	69.86
2007	32.80	63.32
2008	70.00	63.23
2009	101.90	76.10
2010	100.60	74.13
2011	89.00	51.21
2012	142.20	59.22
2013	208.60	68.01
2014	214.60	65.89

(三) 农业保险的资金杠杆效应日益明显

自 2007 年中央财政开始实施农业保险保费补贴政策以来,补贴品种逐年增加,地区逐年扩大,补贴比例逐年提高。中央财政每拿出一块钱,地方各级政府也相应配套近一块钱,有效地增加了支农资金总量;各级财政的高比例投入,大大减轻了农民的保费负担,有效激发了农户的投保热情,使越来越多的农户享受到了公共财政的阳光,农业保险的资金杠杆效应日益明显。

2013 年,中央财政补贴保费 120.38 亿元,而农业保险的保险金额达到 1.39 万亿元,中央财政补贴资金的杠杆率超过 115 倍。通过保费补贴政策,既减轻了政府财政负担,又充分利用了保险机构的现有资源,有效发挥了公共财政"四两拨千斤"的效应。农业保险已成为国家粮食安全战略和宏观经济调控的重要手段之一,成为各级政府部门贯彻强农惠农富农政策和做好"三农"工作的有力抓手。

(四) 农业保险推动农村融资模式创新

如何加快农村金融供给一直是我国农业、农村发展和农民增收迫切需要解决的一个问题。农业保险的发展为降低农村金融风险和运营成本提供了制度保障。农业保险一方面使农民在受灾后及时获得足额的经济补偿,快速恢复生产生活,增强了农户的风险抵御能力,提高了借款农户的偿贷能力。另一方面,农业保险与农村信贷结合,改善了农村信用环境,有效激活农村金融服务链,促进信贷对农业的支持,缓解农民贷款难问题。因此,农业保险的发展成为农村金融发展的重要推动力。

2010年,保监会与银监会共同下发了《关于加强涉农信贷与涉农保险合作的意见》,明确了在涉农业务上,银保开展合作的原则和要求。一些保险公司围绕建立银保互动机制进行了积极探索,取得了很好的效果。如中国人民财产保险公司与陕西省政府联合开办的"银保富"产品,国元农业保险公司在安徽的"草莓+信贷"的服务模式,都是与当地政府合作,由政府对参保农户给予保费补贴,保险公司对设施蔬菜、水果等提供保险服务,银行对参加保险的农户优先给予信贷支持,形成了政府财政资金引导,政府、银行、保险公司共同合作、承担风险的模式。

二、农业保险险种不断创新

在地方政府的重视和支持下,各地保险机构因地制宜,加大产品创新力度,相继推出一系列保障特色农产品生产经营风险的农业保险险种。农业保险日益成为各地强农惠农富农政策的重要工具,成为各地保障和改善民生的重要措施。

(一) 地方特色险种"百花齐放"

我国幅员辽阔,农业生产具有很强的区域特征。在农业保险为关系国计民生的重要农产品提供风险保障的同时,如何推动当地特色农业如特色农产品的发展,是各地政府参与农业保险面临的一个重要问题。发展特色农产品不仅是当前激烈的农产品市场竞争的需要,更是推动地方经济发展、农户增收的客观要求。基于此,具有地方特色的农业保险险种在全国各地"百花齐放"。如云南的烤烟、陕西的苹果、江西南三的蜜橘、安徽铜陵的生姜、北京大兴的西瓜等在全国有较大影响力的特色农产品保险不断涌现,为保险业服务当地"三农"进行了有益探索。

(二)产量(收入)保险局地试点

产量保险就是以农作物的产量作为保险标的,当保险事故发生,农作物的实际产量低于约定产量时,保险公司对农户遭受的损失进行赔付的保险。产量保险的保障水平比较高,能更好地发挥稳定农户收入的作用。

当前,我国农作物保险"保成本"的方式,很难满足农户的风险保障需求。为此,有些地区开始了农作物产量保险的试点。如 2013 年中国人民财产保险公司在湖北黄石试点水稻产量保险、中华联合财产保险公司在甘肃试点马铃薯产量保险等。以水稻产量保险的试点看,水稻产量保险作为政策性水稻保险的补充保障,极大地提高了保险保障水平。水稻产量保险规定每亩 800 元的保额,再配合政策性水稻保险每亩 200 元的保额,农户每亩水稻的保险保障金额达到 1000 元,较好解决了目前政策性水稻保险保障不足的问题,开创了全国水稻产量保险试点的先河。

(三)指数型保险初试锋芒

指数保险是指当合同约定的特定指标达到一定水平并对农产品造成影响时,投保人就可以获得相应标准的赔偿。指数保险的赔偿不是基于被保险人的实际损失,而是基于预先设定的外在参数是否达到触发水平。目前,我国农业保险市场上试行的指数型保险主要有价格指数保险和天气指数保险。

第一,价格指数保险。2008 年初上海市农委与安信农业保险公司共同研究制定,首创了蔬菜价格保险。蔬菜价格保险使菜农在受到雪灾损失时得到生产风险保障,在灾后价格波动时得到市场风险保障,为后来上海"保淡"价格保险的开展打好了基础。从 2011 年起,上海在国内率先推出了"冬淡"和"夏淡"青菜成本价格保险产品。在"冬淡"保险的保险期间内,凡青菜种植面积在 2 亩以上且上市期间符合保险规定期限的沪郊蔬菜龙头企业、专业合作社、蔬菜园艺场和重点种植大户,均可向安信农保公司投保"冬淡"青菜成本价格保险。当批发交易价格低于预先测算的成本价格时启动理赔。2011 年全市 5.8 万亩青菜参加了"冬淡"期间的价格保险,总计保险赔款 424 万元。在"夏淡"保险期间内,对于青菜、鸡毛菜、米苋、生菜、杭白菜五个品种,按照"申保尽保"的原则承保。理赔启动依据零售价格与前三年平均价的比较,当零售市场监测价格低于前三年同期平均值时,启动理赔,理赔额度按照预先测算的成本价格乘以相应的系数。"夏淡"保险面积达 14.4 万亩,总计保险赔款达 800 万元。

淡季绿叶菜价格保险解决了市场价格波动造成"菜贱伤农"的问题,有利于引导菜农在淡季增加绿叶菜种植面积,稳定绿叶菜的淡季供应,保障了城乡居民的基本生活需求,是农业保险险种创新的一种有益尝试。

第二,气象指数保险。农作物气象指数保险是以气象数据为依据计算赔偿金额的一种新型农业保险产品。其基本方法是把一个或几个气象条件(如气温、降水、风速等)对农作物的损害程度指数化,保险合同以这种指数为基础,当指数达到一定水平并且对农产品造成影响时,即向被保险人给予相应标准的赔付。

2008 年 4 月,国元农业保险公司与国际农业发展基金(IFAD)、联合国世界粮食计划署(WFP)和中国农业科学院农业环境与可持续发展研究所(IEDA of CAAS)等机构合作,共同研究开发天气指数保险产品,并选定安徽省长丰县、怀远县分别作为旱、涝灾产品的研发基地,率先启动了农业气象指数保险。到 2013 年底,国元农业保险公司已经分别在合肥市长丰县、宿州市埇桥县、芜湖市南陵县和无为县等地开展了气象指数保险。小麦、水稻累计承保保单 149 笔,承保面积 32 万亩,保费收入 384 万元,保险金额 5988 万元,承保农户 1.4 万户,保险赔款 566 万元。与传统的种植业保险相比,天气指数保险具有理赔客观、快速等特点,可以节约查勘定损成本,减少理赔中的道德风险和理赔纠纷。因此,农业气象指数保险的创新有助于克服传统农险经营成本高的缺点。

此外,近些年北京市开展了蜂业气象指数保险,太平洋保险公司在江苏开展大闸蟹高温指数保险,中国人民财产保险公司与獐子岛集团股份有限公司合作开发"獐子岛集团风力指数保险"。这些创新型保险险种将指数保险的运用从种植业延伸到了特色养殖领域。

三、农业保险经营机制创新

在不断创新险种,满足农户风险保障需要的同时,我国农业保险机构在保险服务、行业规范、灾害预防等方面创新机制,推动农业保险的开展和有效运作。

（一）保险服务创新

农业保险经营机构不断完善基层服务网络，使之成为国家实施惠农政策的重要渠道。目前，共有 28 家保险机构经营农业保险。全国共建立农业保险乡（镇）级服务站 2.3 万个，村级服务点 28 万个，协保员近 40 万人。绝大多数省份均有 2 家以上的农业保险经办机构，初步实现"适度竞争"的市场结构。一些经办机构通过多种途径加强农业保险基层服务体系建设，方便农民投保和理赔。比如，中国人民财产保险公司湖南省常德市分公司在农业保险经营中，通过对涉农服务资源的有效整合，借助农林部门及其他涉农部门基层机构力量协同开展服务，成功跨越了农业保险服务农户的"最后一公里"，既提高了服务效率，也节约了经营成本。农户"家门口"保险服务网络的建立，不仅有利于农业保险惠农政策的宣传，也方便了农业保险承保和理赔工作的开展。

农业保险机构广泛运用现代信息化技术强化服务手段。保险经办机构针对农业保险的特殊性，在承保、理赔、单证管理等方面，充分运用现代信息化技术。一是建立承保信息系统，如人保财险建立了能繁母猪信息系统，既提高了服务质量，又加强了道德风险的管控。二是运用农业灾害损失无人查勘系统，如安华农业保险公司自行独立研制了"安华无人机灾害勘查系统"。无人机勘察地面数据的分辨率高、数据应用灵活、数据挖掘能力大，不仅能够快速获取、处理与评估农业受损情况，而且还能够避免人为因素影响查勘结果的公平、公正，既大幅降低了查勘定损的工作量，又减少甚至杜绝定损不合理而导致的理赔纠纷，最大限度地保护了受灾农民的利益，从而实现灾害评估和理赔业务流程的无缝对接。三是建立农业风险遥感数据库，如中华联合保险山东分公司与国家级科研机构合作，引入基于卫星遥感为主要数据源，结合无人机航拍、光学与微波主被动协同的地理信息技术，建立农业风险遥感数据采集、分析和展示平台，打造"按图作业、按地管理、服务到户、防灾减损"的农业保险量化管理新模式。

（二）行业服务规范创新

为规范农业保险市场秩序和维护投保农户合法权益，保险监管机构制定了一系列促进和规范发展的规定，明确提出了"五公开、三到户"的农业保险服务规范（即惠农政策公开、承保情况公开、理赔结果公开、服务标准公开、监管要求公开,以及承保到户、定损到户、理赔到户),并对到户的操作流程作出规范。在此基础上,中国保监会专门制定了农业保险承保和理赔两个关键业务环节的基本操作规范,细化服务规则。保险行业协会制定了相应的操作指引,并制定了种植业保险大灾理赔指引,为经办机构提高灾后理赔速度提供了技术支持。如保险公司承保种植业保险,应使用 GPS 定位、遥感等手段准确测量保险标的的四至(即地块东西南北四个方向的边界),制作能够显示保险标的四至的地块平面图,以便出险后及时准确查找到出险地块。温室、大棚应在地块平面图中标明温室或者大棚的结构和编号。养殖业保险承保业务中,投保标的(如能繁母猪、奶牛)均须具有唯一耳号标识,否则保险公司不得承保。

保险行业规范的细化和明确化,不仅有利于农业保险市场的规范发展,也有利于提高农业保险的运作效率,推动农业保险的深入开展。

(三)灾害预防技术创新

农业保险不仅注重灾后补偿,也注重农业风险的预防和管理。通过创新型灾后预防技术的应用,农业保险机构有效地增强了农业的防灾防损能力,经济效益和社会效益十分明显。保险公司收集和积累的农业灾情数据越来越多地被当地政府部门作为统计灾情的重要参考依据。如阳光农业保险公司建立了以人工增雨防雹为主的防灾减灾服务体系,对雹灾、旱灾采取人工增雨防雹措施。2012 年,该公司累计防控面积 3846 万亩,减损增效5.16 亿元。另外,2014 年 8 月安华农业保险公司为应对内蒙古自治区包头市土右旗所发生的蝗虫及黏虫灾害,在双龙镇进行了旋翼机喷洒农药飞行作业,主动协助政府开展防灾减灾工作,减轻了虫灾对玉米、葵花等粮油作物所造成的破坏,挽救了农作物的收成与农民的利益,保障了粮食生产的安全。无人机技术在防灾减损新领域的应用,极大地提升了工作效率,为提高种植业保险的重大灾害预防和应急处理能力夯实了基础。

第三节　探索多样化农业保险运作机制

农业保险作为一种支农工具的创新,受到了各级政府的高度重视。在中央和地方政府的支持下,农业保险试点在各省、市陆续展开。经过十年的探索和实践,我国初步建立了"政府推动、市场运作"的农业保险模式,是农业保险制度的一大创新。在此基本框架下,各地因地制宜,探索建立了符合当地实际的农业保险运作模式。

一、农业保险运作机构多样化

截至 2013 年年底,我国已有 28 家保险公司获准经营农业保险业务。从组织形式看,农业保险经营机构包括专业性农业保险公司、相互保险公司、农业保险共保体以及综合性保险公司。各种不同形式的保险组织在我国农业保险领域共同发展,既出于路径依赖,也源于各类保险组织在降低成本方面各具优势。

(一) 专业型保险公司

自 2004 年启动农业保险试点以来,中国保险保监会分别在上海、吉林、黑龙江、安徽批设了安信农业保险公司、安华农业保险公司、阳光农业相互保险公司和国元农业保险 4 家专业型农业保险公司。其中,阳光农业相互保险公司是我国唯一一个相互制的农业保险公司,其特殊性将在下文进行分析。

安信农业保险公司是我国第一家专业农业保险公司,其成立具有很好的历史基础。早自 1991 年起,上海市就积极运用保险机制来化解农业生产中的自然风险,实行政府推动、保险公司代理、积余留地方、形成农业保险风险基金的模式,并在实践中积累了丰富的农业保险经验。2004 年9 月,在积极探索新形势下我国农业保险在不同地区发展模式的背景下,安信农业保险股份有限公司应运而生。随后,安华和国元农业保险公司先后成立。专业型农业保险公司主要经营种植业和养殖业农业保险,以及其他涉及农村、农民的财产保险,同时经营一般财产保险、责任保险等业务。为体现专业特色,中国保监会要求专业农业保险公司种养业保险保费收入比例不得低于全部保费收入的 60％。

专业型农业保险公司在农业保险市场竞争中能够集中公司的资源,形成专业优势和核心竞争力,从而降低公司单位产品的成本,实现规模经济效应。从我国目前农业保险市场的构成看,4 家专业型农业保险公司已成为市场的重要组成部分,业务范围不断扩大。如安华农业保险公司业务从最初仅限于吉林省,逐步向周边省份发展,如今已覆盖到包括北京、山东、辽宁等 6 个省份。

（二）相互制保险公司

相互制保险公司是国际上比较成熟和被广泛采用的一种保险组织形式。2005 年,在对黑龙江垦区农业风险互助模式进行改制的基础上,我国成立了第一家相互制保险公司——阳光农业相互保险公司。黑龙江垦区是我国重要的商品粮基地和粮食战略后备基地。1993 年起,黑龙江省农垦总局开始在垦区内试办农业风险互助业务。十多年来,黑龙江省农垦总局累计承保种植面积 2.65 亿亩,支付赔偿金 10.8 亿元,使 9510 万亩受灾农田迅速恢复了再生产能力,148 万户家庭农场直接受益。然而,原有风险互助形式存在机制不灵活、保障程度低、保障面窄等问题。阳光农业相互保险公司实行以统一经营为主导,保险社互助经营为基础的统分结合、双层经营、双层管理体制,确立了公司和会员利益共享、风险共担的运行机制。阳光农业相互保险公司治理模式有效缓解了上述问题,使得垦区日益增长的保险需求得到满足。

在我国农户平均生产规模小,抵御风险能力差的情况下,相互制的农业保险公司具有多方面的优势。首先,相互制保险公司的所有参保农民都是会员。参保农民的身份具有双重性,既是被保险人,又是保险人。这种机制不仅减少了农户的道德风险,而且激发了农户参与农业保险管理的积极性。其次,相互制保险公司应对巨灾风险的机制比较灵活。与股份制公司不同,相互制保险公司在大灾或巨灾发生时,可以通过降低保额,或同比例降低赔款等方式来应对。如阳光相互保险公司规定,一旦赔付率超过 200%,将同比例降低赔款。盈余可作为风险基金留存或扩充运营资金,增强公司实力,以备大灾之年或返还会员利益。这些优势比较适合我国现阶段农村经济发展特点。

（三）共同保险机构

"共保"方式是国内外保险界对风险程度高的重大项目和巨灾的一种常见的承保模式,可以降低独家承保的风险,提高巨灾风险的承受能力。"共保"模式通过多个保险人共同承担风险的方式,满足投保人对大额保险标的,或风险较高标的的投保需求。农业保险的"高风险"特征,促使浙江、海南等省份在农业保险试点中采用了共同保险的形式。

2006 年试点初期,浙江省组建了由多家财产保险公司共同组成的浙江省"政策性农业保险共保体",经营政策性农业保险。根据浙江省农业保险试点办公室授权,"共保体"实行"单独建账、独立核算、盈利共享、风险共担"的管理核算制度,经营运作全省农业保险项目。随后,海南省为有效分担和分散农业保险风险,依据各保险公司经营范围不同,成立了3个农业保险共保体,分别是种养业保险共保体、渔船全损保险共保体和渔民海上人身意外伤害保险共保体。各共保体经营农业保险业务,设立共保体专用账户,实行分险种单独建账、独立核算、自负盈亏、结余滚存、封闭运行的财务管理制度,与各公司自主开展的其他商业性保险业务相互独立。

（四）综合型保险公司

综合型财产保险公司兼营农业保险是我国多数地区采用的模式。规模较大的综合型财产保险公司,如中国人民财产保险公司、中华联合财产保险公司、太平洋财产保险公司等在国内经营保险业务的时间比较长,在广大农村建立了比较全面的基层网络,并且在20世纪80—90年代的农业保险试点过程中积累了一定的经验和人才。为了充分利用现有保险资源,多数地区通过招标的形式选择综合型保险公司作为政策性农业保险的经营机构。

此外,也有地区尝试引入外资保险公司开展农业保险业务。2004年,法国安盟保险公司(后改制为中航安盟保险公司)批准进入四川农业保险市场。中航安盟是目前唯一一家在国内批准开展农业保险业务的中外合资保险公司。目前,其业务范围涉及辽宁、吉林、四川、陕西四个省份。外资保险公司的引入有利于我国借鉴其先进的农业保险经验和技术,推动国内农业保险市场的发展。

综上所述,农业保险试点以来,各地结合当地农业生产的风险状况和农业保险市场发展程度,发展了适合当地实际的、多样的农业保险运作主体。从运作情况看,我国农业保险市场集中度较高,6家公司占据了95%以上的市场份额,即4家专业农险公司(安信农险、安华农险、阳光农业相互保险、国元农险)和2家综合型保险公司(中国人民财产保险公司和中华联合财产保险公司)。其中,2012年中国人民财产保险公司的市场份额高达55.38%。

二、政府风险承担模式多样化

政府市场合作型农业保险的特征之一就是政府不仅提供保费补贴，还通过承担保险责任的方式，分担农业保险的经营风险。然而，政府在农业保险中的风险分担方式及分担程度是一个实践性很强的问题，取决于政府财力、市场发育程度等多个因素。从当前我国农业保险的实践看，政府参与的农业保险风险分担机制主要包括两个层面：地方性差异化的风险分担机制和全国统一性的大灾风险保障机制。

（一）地方差异化的风险共担机制

由于我国农业保险采取各地"因地制宜"进行试点的模式，因此，在全国性大灾风险保障机制建立之前，各地在试点初期就着手建立了模式多样的政府分担农业保险风险的机制。概括来看，可以分为以政府责任为主体、政府市场按比例分担、封顶责任以及政府购买再保险四种模式。

第一，以政府为主的风险分担模式。以政府为主体的风险分担模式的典型代表是江苏省苏州市。2006年5月，苏州市启动政策性农业保险试点。试点初期，苏州市采用了"政府主办、商业保险公司代办"模式。苏州市推进农业保险工作委员会作为主办农业保险的机构，负责农业保险的管理工作，并委托商业性保险公司代办保险业务。苏州农业保险的超赔分担原则规定，当保险基金出现超赔时，苏州各市区推进农业保险委员会承担90％的超赔赔款责任，保险公司分担10％，并且保险公司分担的责任以其管理费用补贴额为限。因此，政府对农业保险赔款承担了主要的赔付责任。对于农业巨灾情况下的风险，绝大部分由政府进行兜底承担。

"委托代办"模式对政府承担风险的能力提出了很高的要求。而且，这种模式不利于激励和监督保险公司的运营和有效管理，难以控制保险经营过程中可能出现的道德风险。为了提高农业保险的运作效率，激发各方参与农业保险的积极性，苏州市在2008年将"委托代办"模式转为"联办共保"模式，政府与保险公司分别按照60％和40％的比例承担保险责任。

第二，政府市场按比例分担模式。对于农业保险的赔款责任，政府与市场按规定的比例分别承担责任的模式是当前各地农业保险主要的风险分担方式。如上述苏州的"联办共保"模式。政府与保险公司合作，按照"政府推动、商业运作、节余滚存、风险共担"的原则，由政府和保险公司按照一定比例进行联办共保。保险业务由保险公司按专业化管理和运作，并设立农业保险专用账户。发生保险责任赔付，双方按比例分摊赔款。政府部分的结余，留作地方政府农业风险基金；保险公司部分结余，按相关规定提取准备金。目前，江苏省统一采用了这种模式。从江苏省的实践看，"联办共保"模式能够把政府、农户、保险公司三方的积极性调动起来，并且成为利益攸关方，从而推动了农业保险的快速、有序发展。

第三，政府分担，责任封顶模式。责任封顶是指在农业保险实践过程中，地方政府或保险公司为了控制农业保险的赔付风险，限定农业保险赔付的最高责任的做法。如 2006 年浙江省政策性农业保险共保体章程规定，当全省农业保险赔款超过所收农业保险保费 5 倍时，则以 5 倍责任为限按比例赔付，由此实现最高承担农业保险保费 5 倍的赔付责任。当农业保险赔付率在 5 倍以内时，政府与市场按规定比例承担保险赔付责任。封顶责任的分担模式明确了政府与市场在极端情况下的风险责任，有利于风险控制。然而，这种模式本质上是将极端情况下的风险自留给了农户，即在巨灾发生时，政府和保险公司并不承担农业保险标的损失的全部责任。

责任封顶模式在农业保险试点初期，农业保险赔付风险不确定的情况下，通过最高赔付责任的限制，有利于控制各方风险，推动农业保险的开展。然而，从理论上看，封顶责任的做法是没有依据的，也不符合保险的契约精神。当然，责任封顶模式也有例外。如前所述，相互制农业保险公司在大灾时可以根据需要，选择同比例减少赔付额的形式应对巨灾风险。对于政府分担风险、责任封顶模式的利弊及其对农业保险各方的影响，将在第七章展开论述。

第四，政府购买再保险模式。2009 年，北京市农委对于农业保险损失率为 160%～300%的超额损失向再保险人购买农业再保险巨灾超赔保障，开启了政府购买农业再保险保障的先河，被称为农业再保险"北京模式"。农业保险损失率在 300%以上的，由政府每年按照农业增加值的 1‰提取的农业巨灾风险准备金保障。

政府购买再保险的模式，有利于保障农业保险巨灾基金的稳定，进而增强政府财务稳定性。通过购买再保险,政府以每年支出一定的再保险保费,换取相当于再保险保费几十倍甚至更多的风险转移。即使出现大灾之年,由于有再保险保障,大大减轻了政府救灾支出的压力,巨灾基金得到很好的保护,巨灾基金的稳定性显著增强,提高了巨灾基金使用效率和使用水平。其次,政府为超额赔付责任购买再保险,树立了政府积极有效作为的形象,切实体现出政府的责任意识、风险意识和服务意识。

综上所述,北京、上海、江苏、浙江等地相继建立了具有自身特色的农业保险大灾风险分散机制,主要有政府财政负担为主、政府市场按比例分担、封顶赔付和购买再保险等模式。分析可见,有的风险分担机制的创新,为推动政策性农业保险的稳步发展提供了很好的制度保障,有的风险分担机制的创新则有必要在实践过程中不断做出调整。无论如何,各地政府对农业保险运作机制的探索精神值得肯定。地方政府参与建立的大灾风险分散机制在抵御重大自然灾害时,不仅维护了农民权益,也促进了农业保险的持续稳定运营。

(二)全国性大灾风险保障机制

为防范农业大灾风险,财政部在 2008 年探索建立了农业保险大灾风险准备金制度,要求保险机构按照种植业补贴险种保费收入的 25% 计提大灾风险准备金。2013 年,财政部进一步完善了相关制度,印发了《农业保险大灾风险准备金管理办法》,分险种、分地区确定了准备金的计提比例区间,明确了准备金的使用、管理等规定,为农业保险的持续健康发展奠定了基础。根据规定,保险机构在经营农业保险过程中,对于各级财政按规定给予保费补贴的种植业、养殖业、林业等农业保险业务,将专门计提农业大灾风险准备金。大灾准备金分别按照农业保险保费收入和超额承保利润的一定比例计提,并逐年滚存。大灾准备金专项用于弥补农业大灾风险损失,可以在农业保险各大类险种之间统筹使用。根据规定,保险机构的农业保险大类险种综合赔付率超过大灾赔付率时,可以在再保险的基础上,动用本机构本地区的保费准备金。当保费准备金不足以支付赔款时,保险机构总部可以动用利润准备金。仍不足的,可以通过统筹其他各省级分支机构大灾准备金,以及其他方式支付赔款。

全国性农业保险大灾准备金的建立,有力地维护了保险机构的经营稳定,保障了农户的保险权益。如 2013 年黑龙江洪灾中,保险机构通过大灾风险准备金和再保险安排,有效保证了农业保险赔款的及时赔付和业务的稳定经营。

第四节　逐步确立农业保险协同推进机制

农业保险作为以工补农的一项政策工具,涉及中央及地方多层级的保费补贴机制,需要诸多部门和机构的支持和配合,是一项系统工程。我国农业保险在发展过程中逐步建立了各方协同推进的工作机制。

一、建立多级财政补贴机制

在地方财政给予保费补贴的基础上,2007 年中央财政首次明确对部分农业保险险种保费补贴的政策,弥补了某些地区因财力不足、保费补贴率低对农业保险发展的不利影响。目前,中央财政补贴品种已由最初的种植业 5 个,扩大至种、养、林三大类 15 个,包括玉米、水稻、小麦、油料作物、棉花、马铃薯、糖料作物、青稞、天然橡胶、能繁母猪、奶牛、育肥猪、牦牛、藏系羊、森林,基本覆盖了关系国计民生和粮食安全的大宗农产品。目前,补贴区域已由 6 省区稳步扩大至全国。补贴比例也在逐步提高,并结合区域、险种情况实施差异化补贴政策,如种植业的保费补贴率由 25% 提高至中西部 40%、东部 35%,养殖业的保费补贴率为中西部 50%、东部 40% 等。截至 2013 年年底,中央财政累计投入农业保险保费补贴资金 500 亿元。

中央及省、市、县等多级财政补贴机制的建立,大大减轻了农户的农业保险负担。如农户自负水稻保险的保费只占到全部保费的 10%。整体上看,我国农业保险保费收入的 20% 来自农户缴纳的保费,80% 来自各级财政的保费补贴。保费负担的减轻,极大地激发了农户购买保险的意愿,为农业保险的发展提供了很好的条件。

二、建立保险机构激励机制

除了激发农户购买保险的积极性,如何激励商业性保险公司积极参与农业保险经营是政府市场合作型农业保险运作中必须解决的又一个问题。中国政府通过信誉机制、"以险养险"等政策鼓励保险公司参与农业保险的经营,并规范其行为,初步建立了对保险公司的激励机制。

信誉机制是试点初期各级政府激励保险公司参与农业保险经营的主要机制。保险公司希望通过经营农业保险获得"溢出"效应,即通过农业保险试点的逐步推广,保险公司逐步扩大其在农村地区的影响力,增加美誉度,并由此开展其他诸如车险、人身险等回报较高的商业性险种。同时,以农业保险试点为契机,农业保险经办机构希望增强地方政府对保险公司的了解和认可,加强与政府部门的沟通与交流,建立起一种信任合作的机制。因此,信誉实际上起到了资产的作用。在政策性农业保险中,信誉机制促使保险公司基于与政府部门、农户的长期合作关系的考虑而采取放弃眼前利益的行为,从而避免保险公司为了短期利益而产生道德风险行为。

此外,部分地区通过"以险养险"的方式,对保险公司承担的农业保险赔偿给予适当的经济利益的补偿。如上海将一些优质险种,如农村建房险等放在农业保险的范畴之内。多年来,农村建房险的利润不但填补了普通农业保险的亏损,还积累了1.94亿元的余额,成为农业保险基金的主要组成部分。浙江省宁波市将市级及以下财政拨款的国有资产相关保险、政府投资(包括财政融资等)的公共、基础设施项目的各类保险业务作为"以险养险"业务,以此鼓励农业保险共保体经营政策性农业保险业务。但是,"以险养险"具有短期激励的特点,并有可能对保险公司产生逆向激励。即当保险公司经营农险的净收益取决于农险亏损与"以险养险"业务收益的比较时,难免会发生保险公司为了控制风险而限制农业保险业务规模,以求得农险亏损与"以险养险"盈余相当的情况。并且,"以险养险"补贴方式在实务操作中面临一系列问题(庹国柱、朱俊生,2007)。

当前,随着农业保险业务规模的扩大,各地农业保险业务经营风险不大,已经逐步成为保险机构的主要盈利险种之一。利益激励成为当前促使众多保险公司涉足农业保险的主要原因。

三、明确多部门协作机制

《农业保险条例》将农业保险的经营原则确定为"政府引导、市场运作、自主自愿、协同推进"，明确了"国务院财政、农业、林业、发展改革、税务、民政等有关部门按照各自的职责，负责农业保险推进、管理的相关工作。财政、保险监督管理、国土资源、农业、林业、气象等有关部门、机构应当建立农业保险相关信息的共享机制"。

　　在各地政策性农业保险推进过程中，地方人民政府起到了统一领导、组织、协调本地区农业保险工作的作用，建立了各方协同推进农业保险发展的工作机制。在农业保险推进过程中，除了保险公司的工作人员外，地方政府、农业行政主管部门、乡镇农经中心等都承担了很大部分的宣传、展业、收费、查勘、定损、理赔等工作，花费较多的时间和较高的费用。此外，农业生产风险评估、保险费率厘定以及产品创新，都需要气象、水利等部门的通力合作。如安徽省气象局联合国元农业保险公司采用"局企共建"形式打造了国内首个"农业气象灾害评估与风险转移联合实验室"。同时，联合开展政策性农业保险气象服务培训及对接会，为全省16个市气象局、国元农保中支公司的负责人和技术人员讲解天气指数保险、政策性农业保险勘灾定损气象认证业务规范、农业灾害风险区划等内容。

　　多部门协同推进机制的建立，既明确了政府的责任，也划分了政府和市场的边界，对于推动我国农业保险的深入发展具有重要意义。

小　结

　　2004年我国农业保险开始新一轮试点。各级政府把推进农业保险作为政府部门的"民生工程"，有效协作，确立了"政府引导、市场运作、自愿投保、协同推进"的制度框架。2007年开始，中央财政补贴农业保险，极大地激发了农户的投保积极性。在各级政府的重视和推动下，我国农业保险业务跨越式发展，已经成为全球第二大农业保险市场。当前，我国政府介入农业保险的深度和力度前所未有。

第四章 财政补贴对农户参保决策的影响分析

　　农业保险的参与率高低是评价农业保险试点是否成功的一个重要指标。我国从中央到地方都对农户的农业保险保费给予了补贴。当前我国的保费补贴率是否足以对农户的参保决策产生明显的激励作用呢？保费补贴率的变动又会对农户的参保行为产生什么影响呢？这些问题的回答关系着农业保险财政补贴资金的使用效率，有助于今后保费补贴政策的调整。

第一节　理论模型

一、研究回顾

　　从 20 世纪 90 年代开始，保费补贴对农户农业保险参保决策的激励作用及其效果的实证分析成为农业保险参与率研究的一个重要方面（Calvin，1992；Just，Calvin，1990；Goodwin，Kastens，1993；Coble 等，1997）。Gardner 和 Kramer（1986）在对美国农作物保险的分析中指出，要达到 50% 的参保率，保费补贴的幅度至少应达到 50%。Babcock、Hart（2005）认为，美国较高的农业保险补贴增加了美国农户购买高保障水平农作物保险的预期边际净收益，从而提高了其农业保险参与率；农户参加农作物保险的主要动力来自于保费补贴带来的预期收益,规避风险(对保险需求的传统解释)则是很次要的原因;Just,Calvin,Quiggin(1999)研究发现,保费补贴对农户参加农作物保险的激励比较明显。并且,不同险种保费补贴率的差异对农户选择不同保险险种具有明显的影响(Makki,Somvaru,2001)。因此,美国财政补贴下的农业保险已经成为政府将经济利益向农户转移的一个重要工具(Goodwin,2001)。

但是,保费补贴可能对农户的行为产生反向激励,促使农户采取高风险的行为承担更多的风险(Makki,Somvaru,2001)。而且,随着保费补贴率的逐步提高,学者产生了对农作物保险可能误导农户生产决策的担心。Orden(2001)对关于农作物保险对产量影响的研究进行了总结,认为1998—2000年农作物保险补贴对农作物生产的影响大概是增加产出0.28%~4.1%。高保障、高补贴的农作物保险计划对农户种植决策的影响是农作物保险决策者未曾预料到的。

国内关于农业保险补贴方面的实证研究不多。宁满秀等人(2006)以新疆玛纳斯河流域尚未实行保费补贴的农户为研究对象,得到农户的投保意愿和政府补贴水平之间具有同向变动关系的结论。由于其研究中的被调查农户在做出农业保险参保决策时事实上并没有考虑补贴因素,因此,该研究只是从微观层面上衡量了农户对农业保险的支付意愿。乔山保(2011)以湖北省政策性农业保险为例,研究认为在现有水稻保险保费补贴政策下,政府对水稻保险保费补贴比例每提高1%,农户家庭购买水稻保险的概率会提高6.9%。姜岩、李扬(2012)的研究结果显示保费补贴和风险厌恶对农户参保行为影响显著。达潭枫(2010)研究认为,中央财政保费补贴政策的实施,显著促进了新疆农业保险保费收入的增长,大幅提高了农业保险的保障水平,对新疆农业保险的可持续发展和实现供求平衡起到了积极的作用。

国内外对于农业保险补贴政策的研究表明,保费补贴起到了激励农户购买农业保险的积极作用。这也成为各地政府大幅提高农业保险补贴的理论依据。然而,农业保险保费补贴率是否越高越好呢?在政府、保险公司和农户三方组成的农业保险体系中,高额的农业保险补贴是否可能妨碍农业保险的发展?这些问题的回答对于农业保险的长期可持续发展至关重要。

二、理论模型

假定农户满足"经济理性人"的假设,追求在既定的生产技术和生产要素条件下的收入效用最大化。并且,农户的效用函数 U 满足 Von Neuman-Morgenstern 效用函数的特点,即 $U'>0$,$U''<0$。本研究运用 Chambers(1989)构造的农户参加农业保险的期望效用模型分析保费补贴对农户参保决策的影响。Chambers(1989)将农户参加农业保险的期望效用 EU 表述如下:

$$EU = \int_{W_0}^{W^0} U(W + I(W) - P - wx) \mathrm{d}G(W, x) \qquad (4.1)$$

式(4.1)中,x 表示投入物,W 表示农业收入,P 表示补贴的农业保险保费,$G(W, x)$ 表示联合分布函数,$I(W)$ 表示农业保险赔款,w 表示 x 种投入物的价格向量,W_0 表示农户收入的最小值,W^0 表示农户收入的最大值。

当政府对政策性农业保险保费进行补贴后,农户自负保费为 δ,且 $\delta < P$。此时,农户参加农业保险的效用为

$$EU_1 = \int_{W_0}^{W^0} U(W + I(W) - \delta - wx) \mathrm{d}G(W, x) \qquad (4.2)$$

与没有财政补贴的情况相比,在其他条件不变的情况下,保费补贴使得农户参加农业保险的效用增加。

在现实中,农民面对风险时会自发采取很多减小风险的其他手段。本研究将农户通过非农业保险手段减小风险得到的效用定义为保留效用 $\underline{U}$。因此,农户是否参加农业保险,取决于农业保险与其他风险处理方式相比给农户带来的增加效用的大小。当农户参加政策性农业保险的效用大于其不参加农业保险的保留效用时,即 $EU_1 > \underline{U}$ 时,农户将选择参加农业保险;反之,农户将不会选择参加农业保险。

农户购买和不购买农业保险的期望效用很难直接表示。但是,可以通过影响其购买和不购买农业保险的各种因素来衡量这种显示偏好。从(4.2)式可以看出,除了农业保险保费和赔款之外,凡是对农户个体产量分布产生影响的因素也影响到农户购买保险决策下的收入分布,从而进一步对购买保险的预期效用产生作用。这些因素主要包括农业生产风

险、农业生产面积、多样化生产,以及影响农户风险态度的各种社会经济与人口统计变量等。

三、研究假说

我国农民收入水平较低,其对农业保险的支付能力很弱。长期以来,我国农业保险面临的"高保费、低收入"之间的矛盾导致农业保险需求不足(丁少群、庹国柱,1997)。政策性农业保险保费补贴将提高农民对农业保险的支付能力,缓和农民较低收入与较高农业保险费率之间的矛盾,从而有利于提高农户的农业保险参与率。而且,我国农业生产具有小农经济的特点,在生产规模、生产方式等方面与美国等发达国家以农场为主的规模化农业生产具有很大差异,我国农户应对灾害损失的能力较差,可供农户选择的其他风险管理工具不多,因此农户需要通过农业保险分散风险,实现农业收入的平滑化。

通过以上分析,本研究提出以下关于保费补贴对农户农业保险参保决策影响的两个假说:

假说1:农业保险保费补贴对我国农户的参保决策具有重要影响。对于农户而言,保费补贴激励并不是对其参保决策产生重要影响的唯一因素,风险厌恶激励作为对保险需求的传统解释,将是影响其参保决策的重要因素之一。

假说2:随着农业保险补贴率的提高,农业保险的参与率会相应提高。然而,财政补贴的激励效用递减。当保费补贴率达到一定程度后,非保费因素对农户购买农业保险的影响加大。

由于经济发展水平的差异,各地开展的政策性农业保险的模式有所不同。浙江省政策性农业保险的经营模式是比较有代表性的模式之一(高伟,2006)。本研究以浙江省为例,基于问卷调查的数据,通过计量分析方法,对以上两个财政补贴激励效应假说进行检验。首先,本研究采用2007年试点初期全省试点县的调查数据研究保费补贴政策对农户参保决策的影响;其次,本研究以2011年开展的第二次问卷调查数据研究保费补贴率变动对参保率的影响。

第二节　浙江省农业保险的发展及补贴政策

一、农业保险的运作情况

浙江省农业保险于 2006 年开始试点,采取了由政策性农业保险共保体经营的模式。试点起步阶段共保体经营的产品目录为水稻、生猪、鸡、鸭、大棚蔬菜、西瓜、柑橘、林木、淡水养殖 9 种。各地根据当地特色优势农业发展和抗风险需要,按"1+X"模式自行选择试点品种,原则上试点品种总数不超过 5 个,其中"1"即水稻为必选统保。一直以来,浙江省高度重视农业保险的推动工作,不断完善农业保险制度,开办了具有地方特色的农业保险产品,推动了农业保险快速发展。

第一,保险范围不断扩大。2007 年农业保险试点范围从最初的 10 个县,逐步扩展到 32 个试点县(市、区),2008 年又扩大到全省所有有农业生产的 86 个县(市、区),从而实现了全省农业保险的全覆盖。从试点品种看,有的地区实现了部分作物的保险全覆盖。如嘉兴市将水稻、油菜、小麦、大麦种植保险纳入全市统保。种植大户可单独出单,其他小户可以村为单位联合参保,解决了以往种植面积在 20 亩以下农户参加政策性农险的制度障碍。

第二,保险条款不断优化。在试点初期,浙江省农业保险以物化成本为主,保险金额普遍比较低。随着农户风险保障需求的提高,农业保险的保险金额也作了相应调整。如 2013 年将水稻保险保额由原来的 200 元/亩、400 元/亩提高到 400 元/亩、600 元/亩。同时,调整了部分农户认为不太合理的免赔额条款,如 2013 年浙江省将水稻、大麦、小麦保险每次事故的相对免赔率从 30% 下调为 20%,取消大棚保险 5% 的绝对免赔率,大棚蔬菜保险原 10% 的绝对免赔率调整为每次事故 100 元的绝对免赔额。不断优化的农业保险条款,有利于激发农户参加保险积极性,也有利于提高农户对农业保险的满意度。

第三,保费收入不断增长。浙江省政策性农业保险共保体保费收入从 2007 年 6706 万元增长到 2013 年的 5.3 亿元,年均增长幅度达到

41%。2013 年浙江省农业保险参保农户达到 374 万户。

二、财政补贴政策的演变

（一）补贴范围不断扩大

浙江省政策性农业保险共保体在试点初期只有 9 个品种,2003 年,在原有品种基础上,按照国家的要求,增加能繁母猪、奶牛、油菜 3 个试点品种。各县(市、区)将按"3+1+6X"的模式选择参保品种。其中,"3"是指国家规定的能繁母猪、奶牛、油菜 3 个品种;"1"是指水稻,作为必保品种;"6X"是指各地在 9 个品种中自行选择 6 个特色参保品种。2009 年,浙江省农业保险进一步扩大政策性水稻、大棚蔬菜、露地西瓜、柑橘树、生猪、鸡、鸭、鹅、淡水鱼等保险品种的大户参保面,鼓励农业龙头企业、农村经济合作组织、农民专业合作社在有效控制风险和提高农业产业化水平前提下,组织规模以下种养户参保。截至 2013 年,全省共有 37 个险种,成为全国险种最多的省份之一。2014 年,首个市场风险险种——长兴县芦笋价格指数保险启动试点。

（二）补贴力度不断加大

试点初期,浙江省与试点县(市、区)财政安排专项资金,对列入政策性农业保险产品目录的参保对象给予 35% 的保费补贴,水稻补贴为 50%。2008 年浙江省进一步调整补贴标准,水稻保费财政补贴比例由原来的 50% 提高到 75%,其他品种在费率和责任保持不变的同时将补贴比例从 40% 提高到 45%。2008—2010 年,浙江省水稻、油菜、森林等险种相继纳入了中央财政保费补贴范围。2012 年能繁母猪、生猪、奶牛、小麦等险种也纳入中央财政保费补贴范围。至此,水稻、油菜保费的财政补贴率达到 90%。有条件的地方又增加对参保农户的保费补贴。因此,部分经济发展状况较好的地区,水稻保险实现了全补贴,即农户不需要自负一分钱就可以参加保险。在省财政支持力度保持不变的情况下,获得中央财政支持后,县财政和参保农户的保费负担得到减轻,农户的参保积极性不断提高。

总而言之,试点以来各级财政不断加大对农业保险保费支持力度。浙江省农业保险的平均财政保费补贴比例由 2006 年的 37.3% 提高到 2011 年的 81.68%,财政补贴规模由 2006 年的 446 万元提高到 2011 年的 1.95 亿元。

第三节　有无补贴对农户参保决策的影响

一、数据来源及变量选择

(一)数据来源

为了分析保费补贴对农户的农业保险参保决策的影响,笔者于 2007 年利用暑假期间,组织浙江大学学生对浙江省政策性农业保险的 8 个试点地区 13 个村采取随机入户调查的形式,开展了关于农户风险和农业保险的问卷调查。本次调查共发放问卷 400 份,收回问卷 334 份,其中有效问卷 315 份,问卷有效回收率为 94.3%。由于浙江省政策性农业保险的参保对象在试点初期限制在农业生产大户、合作社等,保险条款中明确规定了各险种的参保条件,因此为了准确反映保费补贴对"有参保资格"农户的农业保险决策的影响作用,本研究对"有参保资格"农户的分布情况进行了分析(见表 4.1)。从统计结果看,被调查的 8 个试点县具有较强的代表性。

表 4.1　浙江省 8 个试点县被调查农户的分布情况

试点地区	地理位置	样本数	被调查农户样本占比	有参保资格的被调查农户数	被调查的有参保资格农户数占比[1]
德清	西北部	31	9.84%	22	9.87%
平湖	东北部	29	9.21%	19	8.52%
余姚	东部	44	13.97%	33	14.80%
慈溪	东部	49	15.56%	38	17.04%
永康	中西部	34	10.79%	24	10.76%
义乌	中西部	59	18.73%	43	19.28%
缙云	西南部	31	9.84%	23	10.31%
温岭	东南部	38	12.06%	21	9.42%
合计		315	100%	223	100%

注 1:指被调查的有参保资格农户数占所有参保资格农户总样本的比例。

　　调查问卷包括三方面的内容：第一部分是关于被调查农户的基本情况，包括农户家庭人口、年龄、受教育年限、农业生产面积、农业收入、非农收入及其主要来源等；第二部分是关于农户风险的情况，包括农户对自然风险、价格风险、政策风险等严重程度的认识，农户经常采用的分担农业损失的方式，对养老和医疗等风险的认识等；第三部分是关于农业保险的情况，包括农户是否了解农业保险、是否知道保费补贴、是否参加了农业保险以及参加的险种、农户缴纳的保费以及理赔情况、农户参加或不参加农业保险的主要原因、农业保险对农户生产决策是否产生影响以及表现方式等。

（二）变量选择

　　本研究选用 Binary Logistic 模型分析财政补贴对农户农业保险购买行为的影响。

　　设 P 为农户购买农业保险的概率，取值范围为 $(0,1)$；$1-P$ 为农户不购买农业保险的概率。将比数 $P/(1-P)$ 取自然对数得 $\ln(P/(1-P))$，记为 $\text{logit}(P)$：

$$\text{logit}(P) = \alpha + \beta_1 x_1 + \cdots + \beta_m x_m \tag{4.3}$$

可得
$$P = \frac{\exp(\alpha + \beta_1 x_1 + \cdots + \beta_m x_m)}{1 + \exp(\alpha + \beta_1 x_1 + \cdots + \beta_m x_m)} \tag{4.4}$$

其中 α 是常数项，表示自变量取值全部为 0 时，比数的自然对数值；参数 β_i 是 logistic 回归系数，$i=1,2,\cdots,m$；x_i 表示影响农户参保的因素，$i=1,2,\cdots,m$。

　　除了财政补贴外，影响农户农业保险购买决策的因素有很多，主要包括农户面临的自然风险的严重程度、农业生产面积、农户收入状况、农户对农业收入的依赖程度以及农户的社会经济特征等。本研究将自然灾害的严重程度、农业生产面积、农户自担损失的程度、农业收入的比重、被调查者年龄和受教育年限、是否有农业贷款等作为控制变量，以农户是否知道农业保险补贴政策为自变量。自变量及控制变量对农户参保行为影响的预测见表 4.2。

表 4.2　模型变量的定义及其对农户农业保险参保决策的预期作用方向

变　量	定　义	预期方向
是否参加农业保险	1＝是,0＝否	
是否知道保费补贴政策	1＝是,0＝否	＋
自然灾害的严重程度①	1＝非常不严重,7＝非常严重	＋
农业生产面积	土地耕种面积(公顷)	＋
自己承担损失的程度②	7＝完全承担,1＝完全不承担	－
农业收入的比重	农业收入占家庭纯收入的比重	＋
是否有农业贷款	1＝是,0＝否	＋
年龄	被调查者的年龄/岁	?③
受教育年限	被调查者的受教育年限/年	?

　　第一,自然灾害的严重程度。无风险,无保险。自然灾害越严重,农户越愿意参加农业保险。本研究将自然灾害的严重程度分为 7 个等级,以定序变量反映被调查农户对自然灾害严重程度的主观判断。

　　第二,是否知道保费补贴政策。保费补贴降低了农户购买农业保险的成本,提高了农户参加农业保险的效用。因此,农户对农业保险保费补贴的了解将对农户参保产生激励作用。

　　第三,自己承担损失的程度。当农业损失发生后,农户可能获得的补偿损失渠道越多,农业保险的可替代性就越强。如果农户只能自己承担农业损失,则其对农业保险的需求就会增加。本研究将农户自己承担损失的程度分为 7 个等级,以定序变量反映被调查农户农业损失补偿渠道的多样性。农户自己承担损失的程度越高,表明农户能够获得的补偿农业损失的渠道越少,这会增加农户对农业保险的需求。

　　第四,农业收入的比重。由于被调查农户的农业收入水平和非农收

----

　　①　李克特七点计分法,依"非常不严重""不严重""有点不严重""无法判断""有点严重""严重""非常严重"分别给予 1—7 分。

　　②　李克特七点计分法,依"完全不承担""绝大部分不承担""大部分不承担""不一定""大部分承担""绝大部分承担""完全承担"分别给予 1—7 分。

　　③　预期作用方向"?"表示该影响因素(如年龄、受教育年限)对农户农业保险参保决策的作用方向难以预期。

入水平相差较大,本研究采用农业收入的比重来反映农户对农业收入的依赖程度。一般来说,农业收入的比重越高,表明农户对农业收入的依赖度越大,农户越愿意购买农业保险,以达到分散风险、平滑收入的目的。

第五,农户的个人经济特征。农户的个人经济特征包括:农业生产面积、年龄、受教育年限、是否有农业贷款等。当灾害发生后,相对于进行小规模农业生产的农户而言,进行大规模农业生产的农户的损失规模往往较大,后者更愿意参加农业保险。此外,农户是否贷款从事农业生产反映了农户面临风险的大小,进行贷款的农户往往更愿意参加农业保险。

二、实证分析结果

(一) 描述性分析

1. 样本的基本情况

本研究以农户家庭为研究对象。然而,调查问卷回答者的年龄和受教育程度将影响其理解和正确回答问卷的能力。此次调查问卷回答者的平均年龄是 48.9 岁,平均受教育年限是 6.30 年。这使得问卷的真实性和可靠性得到一定的保证。

所有被调查农户的家庭年平均农业收入为 41978.53 元,远远高于全国农村居民的家庭年平均农业收入。被调查农户的家庭年农业收入的标准差为 230744.31 元,表明被调查农户的年农业收入比较悬殊。被调查农户的年非农收入平均为 31327.37 元,标准差为 217671.57 元,72.1％的被调查农户的年非农收入在 2 万元以下。外出务工的工资收入和个体经营收入是被调查农户非农收入的主要来源,此方面收入占其非农收入的 92.8％。由此可见,被调查农户的家庭收入总体较高,但是不同农户之间的收入差距较大。农户较高的家庭收入将有利于农业保险的开展。

2. 农户对农业保险及保费补贴的认知情况

在全部有参保资格的被调查农户中,71.6％的被调查者表示听说过保险,28.9％的被调查者听说过农业保险,21.8％的被调查者知道保费补贴政策。从农户了解保费补贴政策的渠道看,61.8％的农户通过村干部介绍而了解,29.1％的农户通过电视、广播等媒体了解。村干部的宣传成为农户了解保费补贴政策的最主要渠道。从全部被调查农户情况看,农业保险知识在农户中的普及程度很低,近 3/4 的被调查农户没有听说过农业保险。

3. 参保与未参保农户的差异分析

表 4.3 对参保与未参保农户的有关特征进行了比较。平均来看,参保农户遭受的自然灾害比未参保农户要严重得多,且生产面积也大很多。参保农户的平均生产面积为 7.2 亩,远远大于未参保农户平均 0.53 亩的生产面积。而且,参保农户的农业收入比重平均达到 81%,即农业生产收入是其最主要的家庭收入来源。此外,17% 的参保农户有农业贷款。这些影响农户农业保险购买行为的控制因素的差异,在一定程度上验证了前面关于农业保险购买决策的理论分析。

表 4.3 参保与未参保农户的差异性比较

变 量	购买保险的样本		未购买保险样本	
	均 值	标准差	均 值	标准差
自然灾害的严重程度	6.17	1.40	5.70	1.89
农业生产面积/亩	7.20	11.87	0.53	0.72
自己承担损失的程度	5.83	1.80	6.67	1.03
农业收入的比重	81%	29%	49%	42%
是否有农业贷款	0.17	—	0.01	—
年龄/岁	49.09	12.26	48.86	14.32
受教育年限/年	6.43	3.54	6.29	3.23
是否知道保费补贴	0.91	—	0.13	—

通过对参保与未参保农户样本比较发现,参加农业保险的农户了解保费补贴政策的占 91.3%,未参加农业保险的农户了解保费补贴政策的占 12.6%。对参加农业保险的农户样本进行分析发现,农户参加农业保险的原因主要是:地方政府要求参加(47.8%),可以分散农业风险(47.8%),有政府补贴(43.5%),为了享受农业贷款优惠等政策(13.0%)。

(二)计量分析结果

本研究使用 SPSS 16.0 软件,采用 Forward:LR 的自变量筛选方法,逐步回归。模型回归的最终结果见表 4.4[①]。

　　从表 4.4 可以看出，农户农业保险参保决策影响因素的 Logistic 模型总体的拟合效果较好；农业收入的比重和是否知道保费补贴政策对农户农业保险参保决策具有统计上的显著影响，这符合预期假说；知道保费补贴政策的农户参加农业保险的概率与不参加农业保险的概率的比值，是不知道保费补贴政策的农户的该比值的 64 倍，保费补贴对农户农业保险参保决策具有明显的激励作用。并且，农户农业收入的比重每提高 1%，农户参加农业保险的概率与不参加农业保险的概率的比值提高 13 倍，表明农业收入的比重对农户农业保险参保决策具有重要影响。

表 4.4　农户农业保险参保决策影响因素的 Logistic 回归结果

	B	S.E.	Wald	df	Sig.	Exp(B)
是否知道保费补贴政策	4.172	0.869	23.065	1	0.000	64.856
农业收入的比重	2.589	1.051	6.069	1	0.014	13.314
农业生产面积	0.236	0.230	1.053	1	0.305	1.266
常数	−6.319	1.124	31.626	1	0.000	0.002

−2 Log Likelihood：60.358，Cox & Snell R square：0.344；

注：在迭代的第 7 步，参数估计值改变小于 0.01，迭代过程结束。

　　表 4.5 反映了入选的自变量是否被淘汰的检验结果。由此可见，是否有保费补贴政策、农业收入的比重和农业生产面积对农户农业参保决策都具有重要影响。

　　然而，从模型回归结果还可发现，自然灾害的严重程度和农户自己承担损失的程度对农户农业保险参保决策没有统计意义上的显著影响。笔者分析认为，自然灾害对农户农业保险参保决策没有显著影响的主要原因在于样本调查范围的局限性。对于同一个地区的农户，自然灾害发生后，其给农户造成的损失具有相关性，无论是参保农户还是未参保农户都

　　[①]　作者分别采用了 Enter、Forward：Conditional 以及 Backward：LR 等几种不同的自变量筛选方法进行 Logistic 回归，都得到了与表 4.4 相同的结论，即农户是否知道保费补贴政策、农业收入的比重和农业生产面积对农户农业保险参保决策具有显著影响，并且以上模型都具有较好的拟合效果。

会遭受严重的损失。农户自己承担损失的程度对农户农业保险参保决策没有统计意义上的显著影响的原因,主要是中国农村金融体系的落后以及政府救济保障的不足。我国政府救济主要是针对受灾农户的生活救济,而用于恢复其农业生产的救济很少;而且,大多数农户很难获得农村金融机构的贷款以恢复生产。尽管农户可以通过亲朋好友间的借贷补偿损失,但是自然灾害给农户造成损失的相关性使得邻里亲朋间的借贷发生困难。因此,在农村,当没有农业保险可供选择时,绝大多数农户在农业损失发生后都是自己承担损失。

表 4.5　入选自变量是否被淘汰的检验结果

变　量	Model Log Likelihood	Change in-2 Log Likelihood	df	Sig.
是否知道保费补贴政策	−49.286	38.210	1	0.000
农业收入的比重	−33.639	6.915	1	0.009
农业生产面积	−33.298	6.232	1	0.013

三、主要研究结论

根据以上分析,可以得出以下基本结论:

第一,保费补贴是推动农户参保的主要因素。农户对保费补贴政策的了解对农户农业保险参保决策具有统计意义上的显著影响。在全部参加农业保险的被调查农户中,因为"有保费补贴"而选择参加农业保险的农户比例近50%。因此,保费补贴政策对农户参加农业保险具有激励作用,它提高了农业保险的参与率,推动了农业保险试点的深入开展。如何让农户了解保费补贴政策以及如何使更多的农户有资格获得保费补贴,是进一步发挥保费补贴激励作用的关键。我国各级政府及有关部门应通过多种形式加大对农业保险的宣传力度,继续发挥基层政府的宣传职能,加强农户的农业保险参保意识以及加深对保费补贴政策的认识。同时,在政府财力许可的条件下,扩大保费补贴的覆盖面,使更多的农户能够参加农业保险,以提高农户的福利。

第二,风险厌恶激励依然是影响中国农户农业保险参保决策的重要因素。在全部参加农业保险的被调查农户中,认为农业保险"可以分散农业风险"而选择参加农业保险的农户比例近50％。这表明,风险厌恶作为传统农业保险需求的解释,仍然是当前我国农户参加农业保险的主要激励因素。因此,为了推动农业保险试点的开展,在农业保险的险种设计上应更多地考虑农户的风险保障需求,开发适合农户需要的险种。

第四节　不同补贴率对农户参保决策的影响

一、数据来源

为了验证不同保费补贴率对农户参保的激励效用,2012 年课题组对浙江省湖州市安吉县,嘉兴市海宁市,丽水市遂昌县,绍兴市,宁波市余姚市、慈溪市以及杭州市余杭区开展了水稻保险参与率的调查,了解2006—2011 年六年来水稻种植户购买保险的情况及其购买(或不购买)农业保险的主要原因。

本次调查共走访了 315 户农户。被调查农户水稻种植规模平均为26 亩,其中种植面积在 5 亩以下的有 111 户,占到全部被调查样本的35.2％,种植面积在 20 亩(含)以上的农户有 82 户,占到 26％。只有 1 户被调查农户的水稻种植面积在 1 亩以内。与浙江农村家庭平均耕地面积相比较,本次调查农户的水稻种植规模相对要大一些。

二、实证研究

1. 全部样本的参保率变化

从全部被调查样本看,2006 年共有 12 户农户购买了水稻保险,占到全部被调查农户的 4％。到 2011 年,水稻保险的参保率提高到 54％。由表 4.6 可见,2009 年农户购买水稻保险的比例明显提高,达到 45％,比2008 年的参保率提高了很多。从政策变动看,2009 年全省水稻保险的保费补贴提高到 90％,有部分地区甚至达到 100％。农户参保成本的降低,激励了其购买保险的行为。

表 4.6　2006—2011 年被调查农户的水稻保险参保率

年　份	2006	2007	2008	2009	2010	2011
补贴率	50％	50％	75％	90％	90％	93％
参保率	4％	8％	17％	45％	47％	54％

　　然而,与接近 100％ 的补贴率相比,水稻种植户的保险参与率只有 54％。为什么在基本不负担保费的情况下,仍然有近一半的被调查农户没有购买保险呢? 表 4.7 反映的调查结果给出了一些解释。从各种导致农户不购买保险的原因看,农户不了解农业保险和水稻种植规模小是两个主要的原因,其中,有 83 户水稻种植户没听说过农业保险。在这些因没有听说过保险而没有买水稻保险的农户中,有 74 户农户的水稻种植面积在 5 亩以下。这表明在水稻保险推进过程中,对于小农户的宣传也十分重要。农户只有知道并了解农业保险,才可能参与到农业保险中来。表 4.8 对于被调查农户购买水稻保险的原因分析,也表明农户了解农业保险在灾害发生时具有的损失补偿功能是激励其参加农业保险的重要原因。

表 4.7　农户不购买农业保险的原因(全样本)

	没听说过农业保险	觉得没必要	不符合条件	保费补贴少
频次	83	36	16	6
	保险没用	保险赔款太少	理赔太烦琐	不信任保险机构
频次	6	6	7	10

表 4.8　被调查农户购买水稻保险的原因

参保理由	有保费补贴	损失时有赔款	别人买我也买	村里要求买
全样本	0.10	0.49	0.19	0.23
大户样本[1]	0.12	0.52	0.11	0.24

　　注 1：2006 年试点初期,浙江省规定了种植规模大于等于 20 亩的大户可以购买水稻保险。

2. 水稻种植大户的参保率变化

　　在全部被调查样本中,符合大户条件的水稻种植户共有 82 户。2006

年,在全部被调查水稻种植大户中,共有 10 户购买了保险。之后,参加水稻保险的农户数量逐渐增加,到 2011 年共有 76 户农户购买了水稻保险,参保率达到了 93%(见表 4.9)。

表 4.9　2006—2011 年大户水稻保险参保率

年　份	2006	2007	2008	2009	2010	2011
补贴率	50%	50%	75%	90%	90%	93%
参保率	12%	27%	48%	78%	84%	93%

水稻种植大户一直是农业保险的主要保障对象。从 2011 年农户没有购买水稻保险的原因看,有 3 个农户是由于以前年度购买了水稻保险,然而这些年来因为没有遭受灾害,没有从保险公司获得赔款,因此认为农业保险没有用。此外,认为保险理赔手续太烦琐、保险金额太低以及对保险公司不信任也是导致被调查的水稻大户不愿意参加保险的原因。

三、主要研究结论

根据以上分析,可以得出以下关于保费补贴率提高与农户参保之间关系的结论:

第一,随着农业保险补贴对象范围的扩大、保费补贴率的不断提高,农业保险的参与率也随之逐年提高。尤其是对于农业生产规模较大的农户,其农业保险的参与率提高得更快。这表明,保费补贴激励依然是当前促使农户购买农业保险的重要因素。

第二,农业保险补贴是影响农户购买农业保险重要因素之一,但并不是唯一的影响因素。当水稻保险的保费补贴率达到 90% 及以上时,有相当一部分的农户由于不了解农业保险或由于生产规模小等原因没有购买保险,甚至有农户在多年连续购买保险后退出农业保险。这表明,农户购买保险除了受到保费补贴影响外,还受到农户的保险认知水平、农户农业生产风险大小的影响。通过加强宣传,提高农业保险的知晓率和对农业保险分散风险机制的正确认识,是当前进一步发挥补贴效用的关键。

小　结

本章针对财政补贴对农业保险参与率的激励效应进行实证研究。结果表明,农业保险保费补贴对我国农户的参保决策具有重要影响;但是,保费补贴激励并不是对其参保决策产生影响的唯一因素,风险厌恶激励作为对保险需求的传统解释,仍是影响其参保决策的重要因素之一。随着农业保险补贴率的提高,农业保险的参与率也会相应提高。然而,财政补贴激励的边际效应递减。当保费补贴率达到一定程度后,非保费因素对农户购买农业保险的决策影响加大。

第五章 农业保险机构的运作效率分析[①]

除了农业保险的参与率外,高效的市场运作是我国农业保险采用政府市场合作型模式的目标,也是农业保险部分替代救济的一个重要理论支撑。因此,我国农业保险机构的运作效率是农业保险效率评价的又一个重要指标。

第一节 理论假说

一、研究回顾

目前,国内关于农业保险效率的研究非常少,且主要是对各地政策性农业保险试点进展情况的分析,揭示农业保险在运作过程中面临的问题(施红,2008;朱俊生、庹国柱,2009;王朋良等,2010)。由于研究对象局限在部分试点地区,研究方法多以描述性分析为主,已有研究结论的普适性迫切需要在更大的范围采用不同研究方法进行进一步论证。

前沿效率分析方法是国内外学者研究银行、保险等金融机构效率最常采用的方法。前沿效率分析方法根据是否需要估计前沿生产函数的参

---

① 本章主要内容载于《2012年中国农业保险发展报告》,中国农业出版社2012年出版。合作者:李佳。

数分为参数法和非参数法两大类。尽管参数法和非参数法都有各自的优缺点(Berger,Humphrey,1997),而且到目前为止也还没有关于哪种方法更好的一致认识(Cummins,Weiss,2000),但是,DEA方法因其突出的优点,被广泛应用于相对效率研究中①。Berger、Humphrey(1997)的研究表明,在用前沿效率分析方法研究美国存款金融机构的122个案例中,有69项研究用的是非参数估计法,其中62项采用的是DEA方法。Eling、Luhnen(2008)通过分析87篇保险机构效率研究的文献发现,其中50篇研究采用了DEA方法。

从研究内容看,前沿效率分析方法被用于分析许多重要的保险经济问题,如分析不同国家保险业的效率(Diacon,Stakey,O'Brien,2002),不同组织形式保险机构的效率(Cummins,Weiss,Zi,1999),不同规模保险公司的效率(Fecher,Perelman,Pestieau,1991),以及研究金融机构并购的经济效应(Cummins,Tennyson,Weiss,1999),等等。还有的文献对前沿效率分析方法本身进行了拓展性研究(Fenn等,2008)。

目前,国内外关于保险业的效率研究成果非常丰富。如Cummins及其合作者用多种方法对美国、意大利和西班牙等国保险业的技术效率、规模效率、成本效率等进行了大量研究;Fecher(1993)等人应用DEA方法研究了法国保险产业经营效率问题;Fenn等研究了欧洲国家保险公司的效率和市场机构的关系。近十年来,保险业效率研究的地域范围不断扩张,从最初关注的美国、欧洲发达国家扩展到澳大利亚以及许多发展中国家,如马来西亚、中国等。近些年来,国内对保险机构效率的研究取得了不少进展(黄薇,2009)。如吕秀萍(2007)、黄薇(2007)研究了中国保险业的整体技术效率。尽管各国研究的结论不完全一致,但是都普遍发现保险业存在明显的非效率,具有很大的效率提升空间(Eling,Lunhnen,2008)。

随着效率研究的不断深入,不同组织形式或不同规模保险机构的效率研究也日益得到重视。多数研究发现股份制公司比相互制公司更有效率,验证了费用偏好假说(Eling,Luhnen,2008)。然而,也有一些研究发现相互制公司比股份制公司更有效率。例如,Diacon、Starkey和O'Brien

---

① DEA方法具有无须确定生产函数形式,无须统一投入产出指标的量纲,能够为无效率公司提供具体改进方向等优点。

(2002)在对欧洲 15 个国家的比较研究中,发现相互制保险公司比股份制保险公司的技术效率更高。在市场结构对机构效率的影响方面,Fenn 等(2008)关注了有效市场结构假说,并研究发现拥有较大市场份额的大公司倾向于成本效率低下。

国内外关于保险机构效率的研究视角和研究方法为农业保险机构效率的研究提供了很好的借鉴。DEA 方法基于微观农业保险机构的投入产出,估计农业保险业的生产前沿,并对各农业保险经营机构进行相对效率评价。这使得我们能够对农业保险的整体运作效率进行评估,并比较不同组织形式农业保险机构的运作效率。

二、效率假说

截至 2011 年,我国经营农业保险的机构已达 22 家。其中,中国人民财产保险公司、中华联合保险公司,以及安信、安华、阳光和国元四家专业型保险公司是农业保险的主要经营主体,其市场份额共计占到 97% 以上。本研究以上述六家农业保险经营机构为研究对象,运用 DEA 分析方法,初步评估我国农业保险业的整体运作效率,探求不同组织形式、不同经营规模的保险机构在农业保险的运作效率方面是否存在差异,并根据研究结果提出促进农业保险发展的政策建议。

(一) 农业保险整体运作效率的假说

农业保险通常被认为具有"高风险、高成本、高赔付"的特点。尤其是在中国农户众多、分散经营的背景下,农业保险的成本效率非常低。这也是导致 20 世纪 90 年代以来农业保险业务不断萎缩的重要原因。2004年以来,为了推动农业保险的试点工作,中央及各级地方政府对农业保险给予了大力的扶持。如,各级政府对种、养两业保险给予保费补贴,组织、协调甚至参与农业保险试点工作,不少地方政府为了维持农业保险经营的可持续性,对农业保险经营机构的赔付责任作了限制,并且明确了政府在农业保险赔付中的责任。

各地政府推动农业保险的各项举措,一方面迅速扩大了农业保险的覆盖面,降低了农业保险经营风险;另一方面,大大减少了农业保险经营机构对农险的资本、人力和费用投入。通过深入分析当前我国农业保险试点的"政策性"特征及政府扶持措施,本研究提出关于农业保险整体运作效率的假说：

假说1：我国政策性农业保险的整体运作效率不会低于其他保险市场的效率。

（二）组织形式对农业保险机构效率影响的假说

费用偏好假说（Mester,1991）和管理者自主决策假说（Mayers 和 Smith,1988）是基于委托代理理论产生的关于组织形式效率的两个重要假说。

费用偏好理论认为相互制保险公司的效率要低于股份制保险公司。因为相互制保险公司协调所有者与管理者之间利益冲突的机制比较弱，相互制保险公司的管理者比股份制公司的更容易有机会主义行为，如享用更多的津贴性消费等。而股份制保险公司加强了对管理者的监督，因而有可能提高效率。管理者自主决策理论认为相互制保险公司在某些业务领域比股份制公司更有效率，比如标准保单或有良好的精算费率表的业务。这些保险业务比较少地依赖管理者的自主决策。

农业保险承保的对象是生物体。不同生物体的生长特性不同，即使同一生物体在不同环境、气候条件下的生长也会有所差别。农业保险标的的复杂性和多样性使得农业保险经营管理较多地依赖于管理者的决策。由此，本研究提出关于组织形式的效率假说：

假说2：股份制农业保险公司比相互制农业保险公司更有效率。

第二节　运作效率分析模型

一、效率指标体系

效率即投入占产出的比率，是对一个公司或行业经营情况的综合反映。效率研究中通常涉及经济效率、技术效率、配置效率、纯技术效率和规模效率5种效率指标。本研究将通过这5个效率指标反映农业保险业的整体效率及各经营机构的相对效率。

同时，为了识别农业保险经营机构在样本期内效率变动的原因，本研究采用 Malmquist(马姆奎斯特)的全要素生产率(Total Factor Productivity,

TFP)指数测算生产率变动。TFP 变动指标能将生产率的变动分解为效率变动、规模效率变动和技术进步。这揭示了农业保险机构生产率变动的三个根源：①在行业生产技术不变情况下,通过改进管理、提升技术来提高生产能力;②当处于效率前沿时,通过调整生产规模来提高生产率;③随着技术进步,生产可能性曲线向外推移,农业保险机构采用新技术来提高生产率。本研究将通过技术变化、效率改进和规模改进等指标的测算,分析导致我国农业保险市场及各农业保险经营机构效率变动的根源。

二、投入产出指标

选择恰当的评价指标体系是准确应用 DEA 方法的基础和前提。本研究运用 Cummins 和 Weiss(2000)提出的价值增加法,确定农业保险经营机构的投入产出指标。

(一) 产出变量

按照附加值法,赔款支出、准备金增量和投资收益是保险机构经营的主要产出变量。然而,我国的政策性农业保险在现阶段主要以补偿农户损失、建立巨灾风险准备金为目的,农业保险保费收入很少用于投资。因此,投资收益在本研究中不作为产出。此外,各保险公司农业保险准备金增量数据无法从公开统计数据中获得。鉴于此,本研究采用农业保险赔款支出作为产出变量[①]。

(二) 投入变量

本研究将农业保险机构的投入界定为资本、劳动力和费用三种类型。

第一,资本。保险人拥有一定规模的权益资本是保险公司履行赔付承诺的重要保障,也是为了满足监管的需要。在将保险视为风险负债的保险定价金融理论中,权益资本被认为是一种重要的投入。本研究选择"实收资本＋资本公积"作为金融资本的投入量,其价格采用资产负债比率表示,以公司资产负债表中负债/资产来表示(Jeng 等,2007)。

第二,劳动力。保险业是劳动密集型行业。劳动力的投入多寡对于保险机构经营业绩具有重要的影响。劳动力从理论上说,包括保险公司管理者、内部员工以及保险代理人。鉴于保险公司与保险代理人之间是

---

① 农业保险准备金变动数据的缺失可能会造成对公司效率的低估。

代理合同关系,保险公司以佣金形式支付代理人报酬,因此,保险代理人的劳动成本投入在本研究中归于费用之列。劳动力的投入数量以保险公司雇用的员工人数表示。为了测算成本效率,需要明确劳动力的价格。本研究以每年保险业平均工资作为劳动力价格。

第三,费用。保险公司的运作除了资本和劳动力投入外,经营管理费用也是保证保险公司正常运营的必备开支。经营管理费用支出的多寡一定程度上反映了保险公司管理水平的高低,保险公司在既定产出水平下的管理费用支出越少,其经营效率就越高。本研究将手续费及佣金支出、日常管理费用,以及营业税金及附加都包括在费用之列。根据《中国保险年鉴》,以"营业费用=员工人数×保险业平均工资+手续费及佣金支出+营业税金及附加"作为其他营业费用的测算。费用价格的界定比较复杂,本研究根据迟国泰等(2005)以及孙刚、刘璐(2010)对营业费用价格的界定,以营业费用除以总资产作为费用的价格。

三、样本选择

如前所述,尽管2011年底全国经营农业保险的公司已达22家,然而,农业保险市场呈现出了高度集中的态势。安信农业保险公司、安华农业保险公司、国元农业保险公司和阳光农业相互保险公司等4家专业型农业保险公司以及中国人民财产保险公司和中华联合财产保险公司的农业保险保费收入占到全国农险市场份额的97%以上。因此,本研究选择这"4+2"保险公司为研究对象,能够反映我国农业保险业的整体情况。同时,6家农业保险经营机构中既有专业型公司也有综合型公司,既有相互制公司也有股份制公司,公司规模也不同,样本具有较好的代表性。

本研究选取2006—2010年作为样本期间。由于保险年鉴中只有各公司投入的总量规模,而且,各公司在资本、劳动力及费用等投入过程中难以在各险种之间界定和分配各项投入量,因此如何衡量保险公司经营农业保险业务的各项投入成为本研究的一个难题。从保险公司角度看,农险业务尽管与其他业务存在诸多不同,但是在业务流程、风险控制等方面还是基本一致的。因此,本研究假定各公司对于各险种的投入与其业务规模成正比。即本研究采用农险保费收入占全部保费收入的比重作为权重计算保险公司经营农业保险时的资本、劳动力以及费用投入。

本研究采用的投入产出指标数据主要源于《中国保险年鉴》(2007—2011年)中上述6家农业保险经营机构历年的资产负债表、损益表和公司人员结构表,以及《中国劳动统计年鉴》(2007—2011年)中的各年份保险业平均工资表[①]。

第三节　整体运作效率分析

一、农业保险业的成本效率

本研究基于投入分析农业保险业的成本效率。2006—2010年我国农业保险业整体的成本效率平均值是0.781(见图5.1)。与其他保险市场相比较,农险业的经济效率较高[②]。尽管与人们对农业保险的直觉认识相悖,这个研究结论验证了本研究提出的理论假说1,即各级政府介入农业保险大大降低了农业保险的运作成本,提高了农业保险的运作效率。

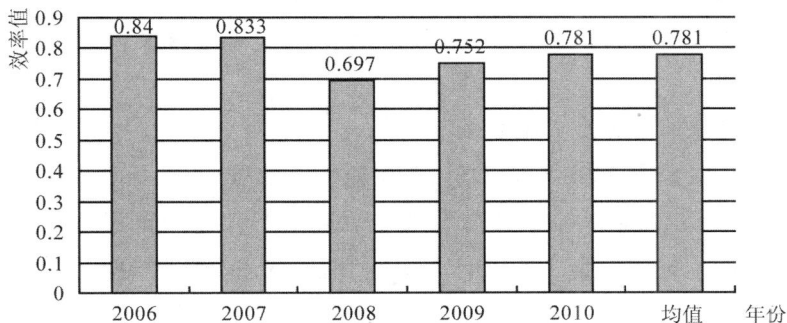

图5.1　2006—2010年农业保险业的成本效率

①　在样本期间,个别公司的数据不完整,在此特作说明:①国元农险公司于2008年成立,2008年保险统计年鉴中并未反映出当年该公司的农业保险赔款支出;②阳光农险2006年投入指标中的"实收资本＋资本公积"在统计年鉴中未反映,且2007年该公司农险赔款支出为负值,不符合DEA分析中各指标必须是正数的条件;③2010年中华联合保险公司的资本数据在保险统计年鉴中未反映。上述数据的缺失造成了相应公司效率值的缺失。

②　如Bikker、Van Leuvensteijn(2008)的研究指出,荷兰保险业整体的成本效率为75%;孙刚(2009)研究得出,1998—2007年间中国寿险业的平均成本效率为60.85%。

2006—2010 年,农业保险业的成本效率呈现 U 形的变动趋势,但是变动幅度不大。其中,2008 年全国农业保险业的成本效率最低,位于 U 形的底部。本研究认为,由于 2008 年农业保险保费收入的快速增长,农险在各公司的业务比重大幅提高。根据本研究对各项投入的确定方法,当年各农险经营机构在农险方面的投入也相应大幅增加。然而,同期的农险赔款支出增幅不大。这可能导致低估 2008 年农险业的成本效率。

二、农业保险业成本效率的变动

在政府推动下,我国农业保险呈现出了"低成本、高效率"的特点。究竟是什么因素决定了农业保险的高效率呢?从理论上看,短期内,当农业保险业的生产技术基本稳定时,其成本效率受到技术效率和配置效率的影响,其中:技术效率反映了农业保险业的物质生产能力;配置效率则反映了农业保险业在资本、劳动力等投入要素价格确定的条件下,选择最恰当的要素投入组合的能力。从长期来看,农业保险业的成本效率变动还可能源自技术进步。本研究通过配置效率和 Malmquist全要素生产率变动指数分析,探求 2006—2010 年我国农险业成本效率变动的原因。

(一)农业保险业的配置效率

从整体上看,农业保险市场的配置效率比较高,达到了 82.5％。与成本效率一样,农业保险业的配置效率也高于其他保险市场,如 1998—2007 年间中国寿险业的平均配置效率为 75.81％(孙刚,2009)。这反映了农业保险经营机构在既定的资本、劳动力等价格下,具有较好的选择配置要素投入的能力。

在样本期内,农业保险业的配置效率呈现了与成本效率类似的 U 形变动趋势。2009 年农业保险业的配置效率最低(见表 5.1)。

表 5.1　2006—2010 年农业保险业的配置效率

年　份	2006	2007	2008	2009	2010	均　值
配置效率	0.840	0.934	0.760	0.754	0.836	0.825

（二）全要素生产率变动

从表 5.2 可见，2006—2010 年期间，除了 2008 年，全国农业保险业在其余各年份相对于前一年的全要素生产率变化均大于 1。这表明从整体上看，全国农业保险业的运作效率逐年提升。Malmquist 全要素生产率变动指数将引起生产率变动的因素分解为技术进步、纯技术效率变动和规模效率变动。考察各年度农业保险业运作效率提升的来源，可以发现：

第一，技术进步对于农业保险业生产率提升的作用很有限，仅在 2007 年发挥了较大的作用。

第二，纯技术效率和规模效率的提升是推动农业保险业生产率提高的主要因素。这表明，一方面随着全国农业保险业务规模的扩张，农业保险业的规模经济效应逐步显现；另一方面，农业保险业通过加强管理，在现有技术条件下通过优化投入，提高了运作效率。

表 5.2　农业保险市场的全要素生产率变动

Malmquist 指数分解	技术效率变动	技术进步	纯技术效率变动	规模效率变动	全要素生产率变动
2006—2007	0.987	1.523	0.820	1.204	1.503
2007—2008	1.201	0.654	1.220	0.985	0.785
2008—2009	1.532	0.776	1.131	1.354	1.190
2009—2010	1.159	0.872	0.932	1.244	1.0□1
均　值	1.220	0.956	1.026	1.197	

第四节　保险机构效率比较

在分析农业保险业整体效率的基础上，本研究对"4＋2"农业保险经营机构的效率进行比较分析，探求不同组织形式的农业保险经营机构在成本效率上是否存在差异，并对可能导致成本效率差异的因素进行分析。

一、各农业保险机构的成本效率分析

就单个公司来看,阳光农险的表现最好,其成本效率在样本期内处于效率前沿。人保财险和中华联合在大部分年份也都处于成本效率前沿,这可能得益于两家公司长期从事农业保险业务积累的丰富经验和良好的成本控制能力。至于专业型农业保险公司,安华农险和安信农险表现相对较差。尽管如此,2008 年以后这两家公司的成本效率表现出了上升趋势,表明两家公司在合理控制投入方面做出了有效的努力;国元农险成立时间较短,在成本控制方面可能经验不足,其成本效率一直处于最低,远远低于其他农业保险机构(见图 5.2)。

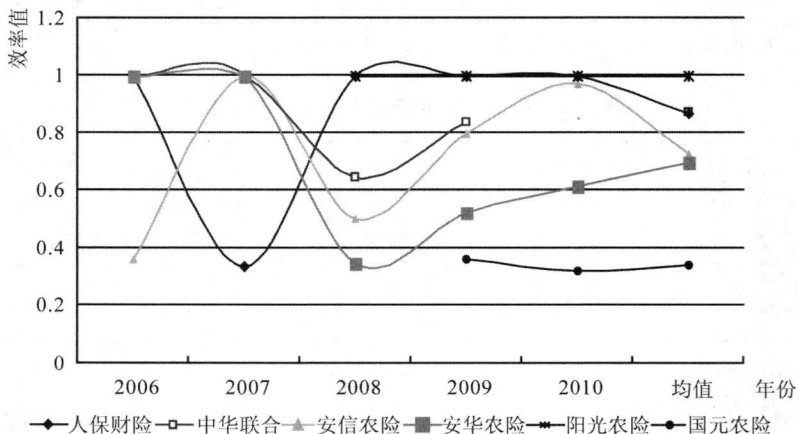

图 5.2 "4＋2"农业保险经营机构的成本效率

不同组织形式农业保险机构效率的比较分析结果并不支持本研究提出的假说 2,即股份制保险公司比相互制保险公司更有效率。

究其原因,本研究认为关于制度环境的差异导致组织形式效率的费用偏好假说和管理者自主决策假说在我国的适用性较差。西方学者提出的关于组织形式效率的两个假说是基于委托代理理论得出的,其假设前提是作为微观经营主体的公司具有完善的公司治理结构,委托代理关系清晰。而中国农业保险经营机构的公司治理结构尚不完善,委托代理关系存在一定程度的扭曲,尤其是在国有控股的保险公司。作为委托人的"国有"所有者缺乏足够的激励去监督管理者,协调与管理者之间的利益冲突。因此，在我国，股份制公司的效率优势无法实现。

本研究认为，运用交易成本理论可以更好地解释当前我国相互制农业保险公司比股份制农业保险公司更有效率的实证结果。阳光农业相互保险公司是在黑龙江垦区农业风险互助模式基础上改制建立的，具有良好的合作组织体系。合作组织模式有利于降低农业保险业务成本，减少农户的道德风险，从而提高了农业保险的运作效率。

二、各农业保险机构成本效率的变动分析

本研究分别从技术效率、配置效率和 Malmquist 全要素生产率变动等方面分析"4+2"农业保险经营机构经济效率的差异性，探求造成效率差异的原因。

（一）技术效率分析

2006—2010 年间阳光农业相互保险公司的技术效率始终处于效率前沿，国元保险公司紧随其后。而其他四家农业保险经营机构的技术效率相对较低，介于 70％和 80％之间。在可变规模报酬条件下，技术效率可分解为纯技术效率和规模效率。从表 5.3 可以看出，农业保险业纯技术效率总体表现较好，五年均值均大于 85％，安信农险、阳光农险和国元农险均处于效率前沿。尽管其他公司效率值稍低于此三家公司，但总体差距不大。这说明各家公司通过加强公司内部的投入管理都取得了较高的效率。

据此推断，各家公司的技术效率差异应主要归因于规模效率的不同。表 5.3 中各家公司的规模效率值差异比较大，证实了该推断。并且，各公司在不同年份所处的规模报酬阶段也不同。如人保财险和中华联合两家公司在多个年份处于规模报酬递减的状态。其他规模相对较小的专业型农业保险公司则多数处于规模报酬递增阶段。与股份制公司相比，阳光农业相互保险公司位于规模效率的前沿，处于最佳的生产规模。

表 5.3　2006—2010 年农业保险机构的技术效率、纯技术效率、规模效率和配置效率

技术效率

机构	2006 年	2007 年	2008 年	2009 年	2010 年	均　值	排　名
人保财险	1.000	0.442	0.440	0.734	1.000	0.723	5
中华联合	1.000	1.000	0.392	0.739	—	0.783	3
安信农险	1.000	1.000	0.407	0.481	1.000	0.778	4
安华农险	0.466	1.000	0.405	0.920	0.657	0.690	6
阳光农险	—	—	1.000	1.000	1.000	1.000	1
国元农险	—	—	—	0.967	1.000	0.984	2

纯技术效率

机构	2006 年	2007 年	2008 年	2009 年	2010 年	均　值	排　名
人保财险	1.000	0.452	1.000	1.000	1.000	0.890	5
中华联合	1.000	1.000	0.878	1.000	—	0.970	4
安信农险	1.000	1.000	1.000	1.000	1.000	1.000	1
安华农险	1.000	1.000	0.605	0.984	0.692	0.856	6
阳光农险	—	—	1.000	1.000	1.000	1.000	1
国元农险	—	—	—	1.000	1.000	1.000	1

规模效率

机构	2006 年		2007 年		2008 年		2009 年		2010 年		均　值	排　名
人保财险	1.000	crs	0.979	drs	0.440	drs	0.734	drs	1.000	crs	0.831	3
中华联合	1.000	crs	1.000	crs	0.446	drs	0.739	drs	—	—	0.796	5
安信农险	1.000	crs	1.000	crs	0.407	irs	0.481	irs	1.000	crs	0.778	6
安华农险	0.466	irs	1.000	crs	0.670	irs	0.935	drs	0.951	drs	0.804	4
阳光农险	—	—	—	—	1.000	crs	1.000	crs	1.000	crs	1.000	1
国元农险	—	—	—	—	—	—	0.967	irs	1.000	crs	0.984	2

配置效率

机构	2006 年	2007 年	2008 年	2009 年	2010 年	均　值	排　名
人保财险	1.000	0.736	1.000	1.000	1.000	0.947	2
中华联合	1.000	1.000	0.733	0.836	—	0.892	3
安信农险	0.359	1.000	0.501	0.794	0.974	0.726	5
安华农险	1.000	1.000	0.567	0.529	0.887	0.797	4
阳光农险	—	—	1.000	1.000	1.000	1.000	1
国元农险	—	—	—	0.362	0.320	0.341	6

（二）要素的配置效率分析

从配置效率看，阳光农险处于效率前沿，人保财险和中华联合紧随其后。安信农险和安华农险的配置效率相对较差，国元农险的配置效率最差，不到40%。结合各农业保险公司的技术效率状况，可以得出以下结论：

第一，阳光农险在技术效率和配置效率上都处于效率前沿，这决定了阳光农险成为所有样本公司中成本效率最高的公司。

第二，人保财险和中华联合较高的经济效率主要得益于其较高的配置效率。

第三，国元农险作为一家新成立的农险公司，在投入要素的配置方面效率极低，最终导致其成本效率低下。

（三）Malmquist 全要素生产率变动分析

从表5.4可以看出，除阳光农险以外，其他公司在大部分年份，Malmquist指数大于1，且样本期内的Malmquist全要素生产率变动均值也大于1。这表明，阳光农险在样本期内全要素生产率逐年下降，其他公司的农业保险生产率逐年提高。全要素生产率提高主要来源于技术效率提高和技术进步。前述分析表明，阳光农险技术效率一直处于前沿状态，因此，阳光农险的全要素生产率下降原因主要在于技术创新不足。

表5.4　2006—2010年农业保险机构的全要素生产率变动情况

机　构	2006—2007	2007—2008	2008—2009	2009—2010	均　值	排　名
人保财险	0.544	1.614	1.415	1.071	1.168	3
中华联合	1.127	0.922	1.206	—	1.085	5
安信农险	1.674	0.729	1.003	1.256	1.166	4
安华农险	4.973	0.345	1.927	0.763	2.002	1
阳光农险	—	—	0.723	0.710	0.717	6
国元农险	—	—	—	1.451	1.451	2
均　值	1.503	0.785	1.190	1.011	1.122	

第五节 主要结论及思考

一、主要结论

第一，当前我国农业保险业呈现出"高效率"的特点。中央和地方各级政府对农业保险的扶持举措推动了农业保险的快速发展，大大减少了农业保险经营机构对农险的各项投入，农业保险业整体的运作效率较高。

第二，样本期内农业保险运作的高效率主要得益于农业保险业生产率的逐年提升以及较高的配置效率。纯技术效率和规模效率的提升是推动农业保险业生产率提高的主要因素。这表明，一方面随着全国农业保险业务规模的扩张，农业保险业的规模经济效应逐步显现；另一方面，农业保险业通过加强管理，在现有技术条件下通过优化投入，提高了运作效率。

第三，样本期内相互制农业保险公司的运作效率高于股份制保险公司。这表明，在一定规模范围内，合作组织模式的成本优势和能够有效控制道德风险的制度优势发挥了作用，提高了农业保险的运作效率。

第四，农业保险业技术创新不足。样本期内农业保险业的技术创新不足阻碍了生产率的提高。这为今后提高农业保险的生产率提供了努力的方向，尤其是当农业保险市场达到一定规模，其规模经济效应逐渐减弱时。

二、几点思考

第一，准确界定政府与市场的边界，避免政府"越位"。实证研究表明，得益于政府扶持政策及其对农业保险微观经营环节的介入，中国农业保险业的运作效率较高。然而，政府介入农业保险的微观经营是一把"双刃剑"[①]。在"政府推动、市场运作"模式下，农业保险市场运作的主体应

---

① 基层乡镇干部的介入，为农业保险承保、理赔等工作的开展"披荆斩棘"，大大减少了交易成本，提高了运作效率。然而，各地政府对农业保险微观经营环节的介入也带来一些问题，如协议赔付、套取保费补贴等。

该是保险机构和农户、农业生产合作组织等农业风险承担者。试点初期通过政府介入,农户对农业保险的认知度和认可度得到明显提高,农业保险市场的需求主体初步形成。在此背景下,政府应让位于"市场",通过保险公司建立农村基层代理服务网点模式推进农业保险的持续发展。同时,继续培育农业合作组织,丰富农业保险市场需求主体,发挥其制度优势,提高农业保险运作效率。

第二,明确政府分担巨灾风险的责任边界及分担机制。政府与市场在巨灾损失发生时的责任边界界定不清晰,易造成保险公司对政府的过度依赖,也可能导致地方政府的农业保险推动工作裹足不前。本研究认为,在明确政府巨灾风险责任的同时,可以借鉴美国农作物保险 SRA 的思路,通过合同明确各主体的责任边界,并在巨灾风险责任分担比例上充分考虑地域风险及险种风险的差异性。同时,还应明确巨灾风险准备金不足时的融资机制。

第三,鼓励多种农业保险组织形式并存。研究表明,在 2006—2010 年五年试点期间,相互制保险公司的运作效率高于股份制保险公司。这证明了合作保险组织的优势。因此,应明确合作保险组织的农业保险供给主体地位,积极鼓励发展合作保险组织形式。

小 结

研究发现,我国农业保险机构表现出与商业性保险市场一样的高效率。究其原因,这主要得益于地方政府在人力、物力和财力等方面的大力投入,大大减少了农业保险机构的要素投入。然而,农业保险技术创新不足影响市场运作效率的进一步提高。因此,今后农业保险的发展迫切需要不断通过创新,提高农业保险市场运作效率。

第六章　农业保险对农户收入的稳定效应分析[①]

农业保险的效率研究包括诸多方面,如农业保险经营机构的运作效率,财政补贴对农业保险参保率的影响等。但是,究其根本,农业保险效率研究需回答的一个核心问题是:农业保险的开展是否有效降低了农户面临的农业风险,对农户收入起到了稳定作用?通过农业保险稳定农户收入是我国大力推进农业保险的初衷和目的。本章将从农户视角,基于田野调查的数据,采用风险度量方法,检验农业保险对农户农业收入的稳定效应。

第一节　理论假说

一、研究回顾

关于农业保险效率的研究,除了从政府视角研究政策性农业保险的财政补贴效率,关注财政补贴对农业保险参保率的影响外(Just,Calvin,Quiggin,1999;Makki,Somvaru,2001;Just,Calvin,1993;Glauber,

---

① 本章实证研究中的收入是指农户农业生产性收入,不包括其他形式的收入,如工资性收入或转移性财产收入等。

2004），研究者们从农户视角研究政策性农业保险稳定农户收入，增进农户福利的功效。农业保险社会福利效应的理论分析认为农业保险通过增加农产品供给，增进社会福利（Roumasset，1978；Hazell 等，1986）。与此同时，学者们对农业保险的效用开展实证研究，如 Yamauchi（1986）研究发现农民在购买农业保险后，保险赔款足以把农户灾后收入提高到正常年份的 70%。由此认为，农业保险赔款有助于平顺农户在不同时期的收入；Kraft（1996）研究认为农业保险通过保费和保险赔款影响着农户农业净收入的概率分布（庹国柱等，1996）；Wouter Zant（2008）关于印度辣椒种植指数保险的研究也证实了农业保险的收入稳定效用。

从研究方法看，马科维茨最早提出的"期望-方差"模型在农业保险效用分析中得到了较多的运用（Deng，2007）。该模型依赖于决策者的风险偏好。近些年来，随着风险理论和风险模型的发展，国外关于农业保险效率的研究方法和手段日益丰富。如在险价值（VaR），其可以反映一般情况下农业保险对减缓农户收入风险的作用。然而，由于 VaR 不是一个一致性风险度量指标，不满足次可加性的公理条件。因此，在 VaR 的基础上，许多学者提出了风险度量的其他方法。如期望尾部损失（EX），其度量损失的纵尾分布情况，可以用来测度农业保险在巨灾风险情况下的效用。研究工具的发展和农业保险长期开展积累的丰富数据，为国外学者们通过风险度量工具和计量方法，数量化地分析农业保险的效用提供了有力条件。如 Barnett（2004）通过多种风险度量工具，运用美国多个农作物主产区不同农作物的产量数据，分析农业气象指数保险对农户收入风险的稳定效应，其研究结果证实了农业气象指数保险在对冲农户收入风险上的显著性效果；Andrea Stoppa（2003）等利用雨量设计摩洛哥的气象指数保险时，为了评估其效用，采用了均值-方差模型、CERs 模型和 VaR模型进行检验。

目前，国内对保险机构效率的研究取得了不少进展（黄薇，2009），但是关于政策性农业保险效率的研究却才刚刚起步。现有研究主要是对各地政策性农业保险试点进展情况的分析，揭示农业保险在运作过程中面临的问题（施红，2008；王成丽，2008；朱俊生、庹国柱，2009；三朋良等，2010；赵元凤等，2013）。这些研究以部分试点地区为研究对象.研究方法多以描述性分析为主。对农业风险保障领域的定量研究主要集中在对农业风险的度量。如吴利红(2007)、郭兴旭(2010)、冯冠胜(2004)等运用变异系数等指标对当前我国农业风险现状进行度量和分析。

已有研究有助于了解当前我国农业保险的运作状况。但是,从效率研究角度看,现有研究在以下两方面存在不足:一是从研究内容上看,尚没有研究从农户层面对农业保险收入稳定效应进行分析。农业保险的本质属性在于通过财务安排,平滑农户不同时期的农业收入,减少收入的波动性。通过减少收入波动风险,激发农户增加农业生产要素投入,从而促进农业发展、农户增收。农业保险与农户增收之间是间接的关系,受到技术、土地资源等要素的约束。因此,研究农业保险的效用应以其是否发挥了收入稳定作用及作用大小为目标,而非收入增长。二是研究方法上,很少采用定量分析模型和方法,这在很大程度上影响了研究结论的科学性和普适性。

随着我国农业保险试点的不断深入和持续开展,运用风险模型定量研究我国农业保险效率问题成为可能。同时,风险度量方法的发展为我们科学地评价农业保险效率提供了有力的工具。本研究将基于我国农业保险的制度特征,运用风险度量模型,对农业保险的收入稳定效用开展定量研究。

二、理论假说

在自愿保险时,是否参与农业保险是一个基于农户个体的选择问题。预期效用理论认为,当农户购买农业保险后的期望效用不小于其保留效用时,农户才会购买农业保险。农户通过参加农业保险可以将大额的、不确定损失转化为小额的、确定的损失(即保费支出)。农业保险对于风险厌恶的农户起到了收入稳定的效用。这种稳定器的作用表现在时间和空间两个维度。国外学者 Yamauchi(1986)和 Kraft(1996)的实证研究验证了该理论(庹国柱、王国军,2002)。

然而,实践中一国农业保险稳定效用的发挥与否以及作用大小受到诸多因素的影响。如农业保险的保障程度、农户的保险认知水平、保险赔付的时效性及保费补贴率等,都会对农业保险的效用产生影响。农业保险的保障水平越高,农户在遭受损失后能获得的赔款也越多,对农户损失补偿的作用就越明显。农户对保险的认知水平越高,越能够正确看待保险购买和理赔行为,从而做出有利于自己的购买决定。保险赔款及时给付,才可能及时帮助农户恢复生产,有效发挥保险准备的功效。保费补贴率越高,农户的保费负担越轻,购买农业保险的期望效用也越高。

我国农业保险正处于试点初期,整个市场还很不成熟。我国农业保险险种以"保成本"为主,保障程度低,产量保险、产值保险等险种很少。较低的保障水平很难满足农户高额的风险保障需求。同时,根据我国农业生产特点,不少地区采用了"统保"的方式开展农业保险。"统保"有利于降低经营成本,推动农业保险的开展。但是,"统保"忽视了农户的选择权,对于一些风险管理能力较强、保留效用较高的农户来说可能并不能增加其福利。而且,"统保"也不利于农户农业保险意识的培育。此外,农业保险承保、理赔环节还处于不断完善过程中,尤其是定损的科学性和时效性有待加强。农业保险运作机制方面的不足将会影响农户对农业保险的满意度,从而影响其今后的购买决策。因此,尽管从整体看,我国农业保险规模已跃居世界第二,但从农业保险市场主体的成熟度和实施机制的完善程度看,我国农业保险仍需要一个很长时期的成长过程。

根据以上分析,结合当前农业保险补贴政策和运作模式.本研究认为:当前我国的农业保险应该能够起到减少农户农业收入波动的作用,但是"稳定器"的作用效果比较小。

我国农业保险种类繁多。截至 2013 年底,我国已经开设 90 多个农业保险险种。以下将分别以生猪保险和水稻保险为例,研究农业保险对农户收入的稳定效应。

第二节　养殖业保险的收入稳定效应
——以生猪保险为例

生猪是关系国计民生的重要农产品。我国是世界上最大的猪肉生产和消费国。在 2013 年全球生产和消费的 1.09 亿吨猪肉中,中国大约占到一半。因此,稳定的猪肉供应是关系我国城乡居民基本生活的一个重要内容。并且,生猪保险是中央财政最早开展财政补贴试点的险种之一。生猪保险覆盖面广,试点时间相对较长,农户的参保率也较高,有利于运用计量模型开展研究。出于以上两方面的考虑,本研究以生猪保险为例分析农业保险对农户农业收入的稳定效应。

一、生猪保险的运作模式及初步评价

我国的生猪养殖主要分布在四川、河北和湖南,其中四川生猪养殖规模位居第一,约占全国生猪出栏量的10%左右。全国生猪养殖以散养为主,规模化养殖程度较低。2004年,各地方政府开始试点政策性农业保险。2007年开始,中央财政对农业保险给予保费补贴,极大地推动了农业保险的发展。生猪保险的保费补贴范围也从最初的中西部地区扩大到东部省份。在"低保障、广覆盖"的指导思想下,各地生猪保险的运作模式十分相似。四川省作为率先开展中央财政支持下的政策性生猪保险试点的省份之一,其运作情况具有很强的代表性。因此,本研究选择四川省为例,分析生猪保险对农户农业收入的稳定效用。

(一) 生猪保险运作方式

2007年四川省启动政策性农业保险试点工作,试点品种为水稻、玉米和生猪。生猪保险试点采取了"自主自愿、市场运作、共同负担、稳步推进"的原则。财政补贴生猪保险保费70%,农户自负30%。政府通过保费补贴引导生猪养殖龙头企业、养殖大户和生猪养殖专业合作组织参保,也鼓励生猪养殖专业合作组织为其成员统一投保,鼓励以村为单位联户投保。

生猪保险包括能繁母猪保险和育肥猪保险。试点初期,育肥猪保险的保险金额为每头400元,2009年开始提高到每头500元。保额提高后,每头育肥猪农户仅需自付保费5.4元。在保费补贴政策激励下,2007年四川省生猪承保数据达1664万头,居全国首位,占全国总量的1/3左右。

生猪保险以自然灾害和疫病造成生猪死亡为保险责任,实行低保障保险。当生猪死亡后,生猪保险的赔款按以下规定赔付:第一,农户养殖的生猪因灾害事故或疾病死亡后,赔款以最高保险金额为限,同时每次事故要扣除100元免赔额。即每次事故农户可能获得的最高赔款为400元。第二,生猪死亡后如果有残余价值,该价值在核定生猪损失时扣除。第三,生猪保险赔付采用二次赔付的方式,即养殖户在生猪死亡后只能先从保险公司获得50%的保险赔款,剩余50%的保险赔款能否获得以及能否足额获得需要根据当年全市农业保险的理赔情况而定。为了控制农业保险的超赔风险,四川省农业保险赔款实行 3 倍封顶赔付政策。当各市或州的农业保险赔款额度未超过当年农业保险保费收入 3 倍时,农户在年末可以获得剩余 50% 的保险赔款。当农业保险赔款超过保费收入的 3 倍时,养殖户获得的赔款为核定保险赔款乘以封顶系数,并扣减预付赔款。其中,封顶赔付系数为全市农业保险保费总收入×3/全市总赔款。封顶赔付的方法在我国部分省份农业保险试点过程中先后被采用。

(二)保险效用的初步评价

第一,低保额和免赔额的规定导致养殖户获得的保险赔款只能弥补部分物化成本。以外购仔猪饲养来看,一头仔猪的购买成本约为 500元。根据当前合同条款,育肥猪死亡后保险公司最高赔付 400 元。这样的赔偿金额连购买一头仔猪的成本都不够。而且,在保险理赔中,损失核定时还要扣除生猪死亡后尸体的残值。这样,养猪户能得到的保险赔偿金更少。由此可见,当前"保成本"的生猪保险对养猪户的保障作用很有限。

第二,封顶赔付模式削弱了农业保险的稳定器作用。虽然,封顶赔付的做法有利于控制试点初期农业保险运作的整体风险,但却损害了农户的保险权益,导致养殖户在遭受巨灾损失后无法从保险公司获得合同约定的保险赔款,从而影响农户运用赔偿金恢复生产的能力。封顶责任的做法既缺乏理论依据,也不符合保险的契约精神。从保险费率角度看,农业保险在厘定费率的过程中,是以某类标的面临的风险为基础的。农业标的的损失既包括一般年景的损失,也包括巨灾年份的巨额损失。因此,农业保险的保费作为农户转移其因风险可能导致损失的一种对价,保险公司没有理由在收取全部风险保费后,仅承担部分赔付责任,而将巨额损失进行责任封顶。同时,封顶赔付的做法违背了契约精神,违反了保险合同的诚信和公平原则[①]。

为了更准确地检验生猪保险的效用,了解财政补贴资金的使用效果,以下通过两时期面板数据回归模型开展实证分析。

---

① 2013 年我国实施的《农业保险条例》明确禁止了封顶赔付模式。

二、回归模型

现实中影响农户收入稳定性的因素很多。除了农业保险外,农户农业收入稳定性的影响因素至少还包括三类:一是与农业生产及生产者相关的因素,如生产规模、农业生产经验、生产方式、兼业化程度等;二是农产品市场供求状况;三是天气、疫病等外在因素。

Cheng 等(2011)研究认为,生产规模越大,经营的稳定性也越好。然而,生产规模越大的农户,收入也越高。随着收入的提高,其风险厌恶程度会降低。这可能促使其采用一些较高风险的行为,从而加剧收入波动。首先,生产规模对收入稳定性的影响方向取决于这两个反方向作用力的共同结果。其次,农业生产方式是专业化、产业化生产还是家庭分散化经营影响着农业收入的稳定性。专业化、产业化生产方式下,农业生产的技术水平比较高,抵御灾害风险及疫病风险的能力较强,其生产收入也相对稳定。第三,农业生产经验影响着农户的生产管理手段。对于生产经验丰富的农业生产者,其应对生产过程中各种风险的能力较强,收入也就相对稳定。第四,随着农村劳动力的迁移和农村经济的多样化,农户的家庭收入结构在悄然改变。一般认为,随着农户兼业化程度的提高,农业收入占家庭生产性收入的比重下降,农户对农业生产性收入的依赖度下降。这可能影响农户对农业生产的风险管理程度,从而影响农业收入的稳定性。此外,农产品价格以及天气、疫病等外在因素也是影响农业收入稳定性的重要因素。

本研究将在控制农业生产规模、农业生产方式、兼业化程度等因素的情况下,运用两时期面板数据回归模型,检验生猪保险对农户养殖收入的稳定作用。面板数据将影响因变量的无法观测因素分为两类:一类不随时间变化,另一类随时间而变。通过一阶差分方法解决非观测效应与解释变量相关导致的遗漏变量问题。

回归模型具体如下:

$$Risk_{it} = \beta_0 + \beta_1 D_t + \beta_2 D_1 + X_{it}\gamma + \alpha_i + v_{it} \tag{6.1}$$

式(6.1)中,$Risk_{it}$ 表示第 i 个农户在 t 时刻的收入风险。β_0,β_1,β_2,γ 为各变量的回归系数。D_t 是一个表示时期的虚拟变量,政策实施前,$D_t = 0$;政策实施后,$D_t = 1$。D_1 是一个表示参保行为的二分虚拟变量。若农户未参保,

$D_I=0$;若农户参保,则$D_I=1$。X_{it}是控制变量向量,包括与农业生产本身相关的、影响农业收入稳定性的其他因素,即农业生产规模、生产方式和兼业化程度等。α_i+v_{it}是复合误差项。α_i表示所有影响农业收入稳定性但不随时间而变化的不可观测的个体效应(如农户的受教育年限等)。v_{it}表示农产品价格、天气、疫病等影响因素。

三、数据来源及变量选择

(一)数据来源

四川省江油市是畜牧业优势县区和国家瘦肉型商品猪生产基地。2011年,全市生猪出栏70万头,仔猪外销111万头。江油市的生猪养殖主要分布于太平、重华、武都等乡镇。从养殖方式看,江油市的生猪养殖以自繁自养为主,规模化养殖户较少。这与全国生猪养殖情况基本一致。本研究采用了整群抽样的方法,选取江油市太平镇为调查对象,对于太平镇所有2007—2011年间至少有一年参加生猪保险的生猪养殖户开展问卷调查。2012年初的问卷调查共发放生猪保险问卷300份,收回有效问卷245份。

2006—2011年期间,随着畜牧产业对于生猪养殖体系建设的加强以及猪肉价格的大幅上涨,养殖生猪的农户也越来越多。母猪存栏头数以及育肥猪存栏头数都在增加,其中育肥猪存栏头数的增幅十分明显。生猪养殖户的人均养猪收入也显著增加,翻了近一番。同时,各级政府的高额保费补贴激发了农户的投保积极性。2007年开始生猪保险试点后,全部被调查农户的生猪保险参保率由最初的6.8%迅速提高(见表6.1)。在调查期内,共有112户被调查生猪养殖农户因猪瘟等疾病、建筑物倒塌以及暴雨洪水等自然灾害受灾。灾害主要发生在2008年、2009年以及2010年。

表6.1 2007—2011年生猪保险参保率

年 份	2007	2008	2009	2010	2011
参保率	6.8%	24.3%	67.9%	83.9%	95.0%

农户购买农业保险的行为受到很多因素的影响,农业保险参与率的提高是一个渐进的过程。为了检验生猪保险的开展对农户收入的稳定效应,

需要选择合适的年份划分全部样本期间。本研究选择 2009 年为分割点,将全部样本期间划分为两个阶段。2006—2008 年为未参保时期,设为时期 1;2009—2011 年为参保时期,设为时期 2。回归模型以在 2006—2008 年期间未参加保险的生猪养殖户作为样本进行分析,样本量为 185 个。样本中的养殖户在时期 2 有一部分参加了生猪保险,另一部分仍然没有购买生猪保险。因此,在 2009 年前后两个时期,一直未参加生猪保险的农户组成了对照组,另一些在 2009 年前未参加保险,但是之后参加保险的农户形成了试验组。通过实验组和对照组农户购买保险前后养殖收入风险的比较,检验生猪保险稳定农业收入的作用。

(二)变量选择

1. 风险测度指标

研究农业保险对农户收入的稳定效应,首先需要选择合适的指标测度农业收入的波动性,即农业收入的风险水平。变异系数在我国农业风险度量的研究中常被采用[①]。变异系数大,则风险也大;反之亦然。在国外学者的研究中,风险水平更多地是以标准差、Value-at-Risk、确定性等值等指标测度。如 Ho, et al.(2013)、Cheng, et al.(2011)以资产收益率的标准差测度公司整体风险,以财产保险赔付率的标准差度量保险公司业务风险等。由于我国农业保险试点时间短,缺乏长期数据,难以采用Value-at-Risk、确定性等值等指标。同时,考虑到标准差和变异系数之间的高度相关性[②],本研究采用生猪养殖收入的标准差测度农户的收入风险,作为回归模型的因变量。其中,参保农户的收入为当年实际养殖收入减去保费加上从保险公司获得的赔款,然后计算标准差作为养殖收入的风险指标;未参保农户的养殖收入风险为各时期各年实际生猪养殖收入的标准差。由于农户每年的生猪出栏头数会不同,本研究计算每头猪养

---

① 参见冯冠胜《农业风险管理中政府介入问题研究——理论、方式与政策选择》,浙江大学 2004 年博士学位论文;郭兴旭《湖北省油菜种植风险与政策性保险研究》,华中农业大学 2010 年博士学位论文;李文芳《湖北水稻区域产量保险精算研究》,华中农业大学 2009 年博士学位论文。这些论文运用变异系数等指标对当前我国农业风险现状进行度量和分析。

② 根据样本分析,投保前后两个时期农户每头猪的收入标准差与变异系数的相关度分别为 0.9786 和 0.9793。

殖收入波动风险。

2. 自变量

回归模型中的自变量包括农户是否购买保险、养殖规模、养殖形式、兼业程度和雇工规模等。农户是否购买保险是一个二分虚拟变量,表示农户在不同时期的保险状态;养殖规模以农户生猪养殖出栏头数表示,养殖规模对收入稳定性的影响方向难以预测;养殖形式是指农户是自繁自养还是购买仔猪饲养。若自繁自养,取值为 1;反之,取值为 0。兼业化程度根据国家统计局农调队统计口径划分[①],本研究样本中没有纯农户和非农业户,因此,回归模型中兼业化程度设为一个二分变量。当农户为农业兼业户时,取值为 0;当农户为非农兼业户时,取值为 1。雇工规模是指在生猪养殖过程中雇佣帮工的数量。通过各变量之间相关关系的检验,发现所有自变量之间不存在显著的相关关系。

四、实证结果

在运用两时期面板数据回归模型时,根据 White 检验,发现农户收入风险存在异方差性。因此,在回归过程中,采用加权最小二乘法进行了异方差修正,回归结果见表 6.2。

实证结果表明,自变量"保险"的系数为负,表明购买生猪保险后农户收入的风险降低了。但是,这种降低风险的效果在统计上不显著。也就是说,在当前生猪保险政策和理赔模式下,生猪保险没有能够起到显著地稳定农户农业收入的效果。本研究认为,较低的保险金额和免赔额规定是影响生猪保险效用的两个主要原因,迫切需要根据农户需求做出相应的调整。

首先,应转变农业保险发展思路,根据农户需求和农业生产实际提高农业保险的保险金额。试点初期,为了稳步推进农业保险,各地普遍采取了"低保障"的做法。然而,随着农户保险意识的提升,越来越多的农户希望获得更高层次的、多样化的风险保障。调查发现,在所有被调查农户中,有 76% 的农户表示"每头猪的保险金额太低,不足以弥补损失",14%

[①] 按照农业收入占家庭生产性总收入的比例,将农户划分为四种兼业程度:农业收入占家庭生产性总收入的比例高于 95% 的农户为纯农户,50%~95% 为农业兼业户,5%~50% 为非农业兼业户,低于 5% 的是非农业户。

的农户认为"一般,基本能满足保障需求",只有 10％的农户认可当前保险金额。由此可见,提高生猪保险的保险金额已成为当前农户的普遍需求。通过提高农业保险金额,使得农户在遭受损失时能获得更多的赔偿,从而起到稳定收入的效果。因此,农业保险的发展应以"满足农户需求"为目标,不断完善风险保障制度。

其次,应取消生猪保险合同中关于免赔额的不合理规定。虽然,在保险实践中,免赔额在很多保险合同(如货物运输保险、医疗保险等)都有规定,以达到控制道德风险等目的。然而,生猪保险合同规定只有当生猪死亡时才能获得赔偿,并且较低的保险金额等规定都能很好地控制道德风险。因此,生猪保险合同中没有必要规定免赔额。而且,由于绝对免赔额的规定,使得农户的生猪死亡后获得的赔款进一步减少。

表 6.2 两时期面板数据回归分析结果

变 量	系 数	标准误	t 值	$Prob.$
常数	23.945	11.294	2.120	0.037
保险	−5.471	6.570	0.833	0.407
养殖规模	0.538	0.090	6.000	0.000
养殖形式	−3.159	1.486	−2.126	0.036
兼业程度	0.284	4.370	0.065	0.948
雇工	−0.579	2.27	−3.967	0.000
R^2	0.322			
调整后 R^2	0.294			
F 统计量	11.497			
DW 统计量	2.169			

此外,回归结果表明,养殖规模越大的农户,其参保后收入波动性比参保前显著地增加。这表明,对于生产规模大的农户,其风险厌恶程度下降带来的风险性行为激励较大,超过了生产规模大带来的收入稳定效应,从而表现出随着生产规模的扩大,农户参保后收入风险增加的情况。与自繁自养农户相比,购买仔猪饲养的农户在参加保险后,其收入风险显著减少,稳定性增加。兼业化程度不同的农户在参保后其收入风险没有显

著减少。雇工越多的农户在参加保险后其收入稳定性增强。

五、扩展研究

以上研究结果表明,现行的生猪保险政策及保障水平对农户的农业收入没有起到明显的"稳定器"的作用,这不仅影响了农户参保的积极性[1],也在一定程度上反映了政府财政补贴资金的使用效率有待提高。截至 2013 年,中央财政 7 年累计补贴农业保险保费 438 亿元。与此同时,各地政府也对农业保险保费给予配套补贴。生猪保险各级政府的保费补贴率达到 75%。因此,如何通过农业保险制度完善,发挥保险对农户农业收入的稳定器作用,提高财政补贴资金的使用效率,是当前亟待解决的一个重要问题。

如前所述,农户普遍希望提高生猪保险的保险金额。那么,保险金额提高后是否能有效发挥生猪保险对农户养殖收入的稳定作用呢? 以下通过在其他保险条款不变的情形下,假定将保险金额提高到与生猪养殖成本一致,即生猪保险采用足额保险,进一步检验生猪保险的效用。

(一) 足额保险假定

生猪的养殖成本一般根据猪粮比来计算。猪粮比是指生猪价格和作为生猪主要饲料的玉米价格的比值。按照我国相关规定,猪粮比在 6∶1 时,生猪养殖基本处于盈亏平衡点。猪粮比越高,说明养殖利润越好,反之则越差。但两者比值过大或过小都不正常。据此,以 2006—2012 年全国玉米平均价格(见表 6.3)和猪粮比值 6 来计算,每公斤育肥猪的平均养殖成本为 11.28 元,每头育肥猪出栏时的平均养殖成本约为 1128 元。

假定足额保险的保险金额为 1100 元。此保险金额已经超过了所有被调查农户每头猪的损失。这意味着在足额保险情况下,农户的所有损失都能够获得保险赔偿。因此,足额保险时,农户投保后的收入为每头生猪销售收入减去每头生猪的自负保费。足额保险情况下的农户收入风险为各年养殖收入的标准差。

---

① 调查发现,当农户被问及"第二年是否会继续购买生猪保险"时,有 26% 的农户表示"不确定,需要再看看",其中 5% 的农户明确表示"不会购买保险",选择退出农业保险市场。

表 6.3　2006—2012 年全国生猪、玉米价格及猪粮比　单位：元/公斤

年　份	2006	2007	2008	2009	2010	2011	2012	平均价格
生猪价格	8.64	12.26	14.95	11.43	11.47	17.03	15.01	12.97
玉米价格	1.36	1.62	1.72	1.69	2.01	2.29	2.45	1.88
猪粮比值	6.35	7.57	8.69	6.76	5.71	7.44	6.13	6.95

数据来源：中国农产品价格调查年鉴（2006—2012 年）

（二）足额保险的效用分析

在足额保险假定下，运用两时期面板数据对农户参保前后收入波动风险进行回归分析。结果表明（见表 6.4），足额保险情况下农户参加生猪保险后，其生猪养殖收入风险比未参保时明显减少。由此可见，当生猪保险的保障水平从当前的"保成本"提高到"足额保障"时，保险的稳定效用得到了很大的提升。保险"稳定器"功能的有效发挥将有利于农业生产和农户收入的稳定，实现政府支持农业保险的目标。

表 6.4　足额保险假定下两时期面板数据模拟回归结果

变　量	系　数	标准误	t 值	$Prob.$
常数	-4.848	12.904	-0.376	0.708
保险	-14.383	7.506	-1.916	0.058
养殖规模	0.121	0.103	1.181	0.241
养殖形式	0.557	1.698	0.328	0.744
兼业程度	15.293	4.993	3.063	0.003
雇工	-6.812	2.301	-2.963	0.003
R^2	0.234			
调整后 R^2	0.198			
F 统计量	7.749			
DW 统计量	1.613			

六、主要研究结论

农业保险对农户收入稳定效用的有效发挥是政府大力扶持农业保险发展的初衷和目的，也是农业保险持续发展的内在动力。本研究以生猪保险为例，利用微观数据，从农户层面研究农业保险的收入稳定效应。结

果表明,在"保成本"的保障水平下,农业保险对农户的农业收入波动风险没有起到明显的稳定作用。究其原因,农业保险的保险金额远远低于农业生产成本是根本原因,导致保险赔款难以有效补偿农户遭受的损失。同时,由于保障水平低,农户持续参加农业保险的意愿受到不利影响。因此,提高农业保险的保障水平,满足农户多层次的风险保障需求,激励农户持续购买农业保险是当前农业保险发展和完善过程中面临的一个迫切需要解决的问题。本研究模拟了将保险金额提高到足额保险的情况,结果显示生猪保险对农户的养殖收入起到了显著的稳定效用。这表明,提高农业保险的保障水平是农业保险制度完善和发展的一个重要方向。

然而,农业保险保险金额的提高,会相应提高农业保险的保费。在农户负担不变的情况下,需要更大规模的政府保费补贴支持。同时,保障水平的提高,会诱发农户的逆选择和道德风险。这需要保险经营机构进一步完善农业保险运作机制,通过创新承保和理赔机制,缓解逆选择和道德风险对农业保险的不利影响。因此,保障水平的提高牵涉到诸多方面,需要各方协同合作,逐步实现。

此外,本研究主要关注农业保险对农户养殖成本的风险保障。事实上,养殖户的养殖收入还受到市场价格的影响。从近些年我国生猪市场价格"过山车"式的波动来看,市场风险对农户农业收入的稳定,甚至对农户的农业生产决策有着更重要的影响。因此,需要考虑开展农产品价格风险保障的险种,如生猪价格指数保险,以更有效地发挥农业保险的稳定作用。

第三节　种植业保险的收入稳定效应
——以水稻保险为例[①]

关注粮食安全是我国的一个永恒课题。水稻作为主要粮食作物之一,我国有一半以上的人口以水稻为主要粮食。目前中国是世界上最大的稻米生产和消费国。2014 年,全国水稻播种面积占世界播种面积的

---

① 本节主要内容载于《2014 年中国农业保险研究》,中国农业出版社 2014 年出版。合作者:金玉珠。

20％，稻谷总产量占世界的 31％。从 2004 年农业保险试点开始，水稻保险就成为各地试点的主要品种之一。因此，本研究选择水稻保险，研究其对水稻种植户收入风险的稳定效用。

一、数据来源

研究数据由课题组通过对浙江和四川两省开展的问卷调查获得。在四川省发放水稻保险调查问卷 300 份，收回有效问卷 149 份。在浙江省发放调查问卷 300 份，收回有效问卷 186 份。同时，考虑到问卷调查中可能存在的调查误差，本研究根据水稻保险是村统一投保的情况，对水稻保险进行了以村为单位的调查。

水稻保险问卷调查内容包括三部分：第一部分为农户的基本情况，包括农户家庭人口、年龄、教育程度、种植规模等；第二部分为农户参加水稻保险的情况，包括农户购买保险的年数、自负保费、受灾以及损失、保险赔偿情况等；第三部分为农户对水稻保险的满意度，包括农户的保险认知、农户参与的意愿、农户对保险理赔的满意度等。

水稻保险的被调查农户中，种植水稻的耕地均属于自家所有。84％的被调查者将一部分种植水稻作为自家口粮，剩下部分用于出售赚钱；16％的样本仅将种植的水稻作为自家口粮。被调查样本中，水稻耕地面积最少 0.7 亩，最多 3 亩，水稻耕地平均亩产 600～750 千克，每年种植纯收入均值 1000 元左右。由于耕地面积不大，所有被调查农户都没有雇佣帮工。水稻保险采取了由村统一投保的方式，因此，几乎所有被调查的水稻种植户从 2007 年开始都连续参加了保险。2007—2011 年间，被调查中农户中共有 99 户受灾，其中 2008 年受灾农户数最多，受灾率达到 42％，主要的受灾原因是旱灾以及病虫害。

同时，本研究调查了江油市太平镇下属的 29 个行政村各村的水稻种植情况、水稻保险承保和理赔情况。各村对 2007—2011 历年的水稻种植面积、总产量、水稻保险、投保面积、保费、损失以及赔偿额度等数据均有记录。2007—2011 年期间各村的水稻平均产量和收入都逐年递增。从损失情况看，2008 年全镇 29 个村遭受了非常严重的损失，其损失额占到被调查期间 5 年损失总和的 60％以上。

本研究调查的水稻种植户的种植规模普遍比较小，部分农户种植水稻完全以满足自家粮食需求为目的。对于那些完全以满足自家粮食需求为目的的口粮种植户,本研究予以剔除。因为对于口粮种植户来说,虽然灾害事故发生致使粮食减产,可能会导致其购买商品粮的支出增加(可视为损失)。但是,难以度量其货币化收入的损失额度。剔除口粮种植户后,其余被调查农户都在 2007—2011 年连续参保。

二、研究方法

本研究分别采用变异系数和均值-半方差模型检验水稻保险对农户收入风险的稳定效用。

(一) 变异系数法

变异系数是以相对数形式表示的变异指标,较之标准差,变异系数不需要参照数据的平均值,可以为两组量纲不同或均值不同的数据提供对比的基础。农户收入的变异系数大,其收入风险也大;反之亦然。本研究根据农户参加保险与假定未参加保险时收入变异系数的变动程度,来测度农业保险对农户收入的稳定效用。当农户参加保险后的收入变异系数小于假定未参加保险时的收入变异系数,且两者存在显著差异时,则表明农业保险对农户的收入风险发挥了稳定器的作用。

然而,保险的效用除了受到风险大小的影响外,还受到农户风险态度的影响。对于同样的风险,风险厌恶程度高的农户其参加保险获得的效用也大。因此,本研究还将通过均值-半方差模型检验农户购买保险的效用。

(二) 均值-半方差模型

与常用于投资决策的均值-方差模型不同,在农业保险中,只有当农户的收入低于期望收益时,才会认为有损失发生,被视为是风险。当农户的收入高于期望收益时,没有损失发生,也就不被认为是风险。因比,对于农业保险效用的度量,均值-半方差模型比均值-方差模型更合适。

本研究将均值-半方差模型表示如下:

$$V = E(I) - \frac{1}{2}\rho Var_{semi}(I) \qquad (6.2)$$

式(6.2)中,V 表示农户的福利。$E(I)$ 表示农户的期望收入。ρ 是农户的相对风险厌恶系数,反映农户对风险的厌恶程度,ρ 越大,表示农户越厌恶风险。$Var_{semi}(I)$ 表示收入的半方差。

设 $\overline{I}$ 表示农户的期望收入,I_i 表示农户第 i 年的收入,则农户收入损失为

$$R_i = \text{Max}(\overline{I} - I_i, 0)$$

农户收入的半方差为

$$Var_{\text{semi}}(I) = \frac{1}{n} \sum R_i^2$$

均值-半方差模型表明了农户在面临农业生产风险时的决策原则。V 值越大,表明农户的福利越高。面对多个可选择的风险应对方案,农户将选择福利值最高的那个。由模型可见,农户的福利受到不同风险应对方案下的期望收入、自身的风险厌恶程度以及风险自身大小的影响。

均值-半方差模型下,本研究采用与变异系数类似的思路检验农业保险的效用。假定农户的风险厌恶程度一定的情况下,计算农户参加保险和假定未参加保险时的福利值。当农户参加保险后的福利值大于假定未参加保险时的福利值,且两者存在显著差异时,则表明农业保险对农户的收入风险发挥了稳定器的作用。

本研究采用配对样本 T 检验方法,检验参加水稻保险对农户收入的稳定性是否存在显著影响。考虑到水稻保险采用村一级统保的方式,本研究将利用村一级的数据再次检验参加保险对农户收入的稳定性是否存在显著影响。村一级的数据因逐年记录,更具真实性和可靠性。

三、实证研究结果

从农户个体层面看,水稻种植户参加保险与未参加保险时的收入稳定效用存在显著差异(见表 6.5 的 A 部分结果)。但是,这种差异表现为农户参加水稻保险后其收入的稳定性减弱。

本研究分析认为,出现这种情况可能有以下原因:一是农户在被调查期间各年的水稻实际亩产相当稳定[①]。稳定的水稻亩产也就意味着稳定的水稻种植收入。当农户参加水稻保险后,农业保险的保费支出和保险赔款的获得反而增强了各年收入的不一致,从而提高了收入的变异系

---

① 为了剔除价格波动风险,计算农户各年水稻种植收入均采用了 2011 年的水稻收购价格作为基准价格。

数。二是可能存在测量误差,即农户对 2007 年以来历年水稻产量的回忆可能出现偏差。通过分析样本数据发现,不少农户在对 2007—2011 年被调查的 5 年期间各年的水稻亩产收入呈现出一致性。为了进一步确认水稻历年收入一致是真实的还是出现了调查过程中的"记忆误差",本研究对江油市太平镇下属 29 个行政村进行了村一级的数据分析。从各村的情况看,水稻亩产量存在逐年递增的趋势,同时,各村在被调查的 5 年期间均有受灾情况发生。因此,各村水稻种植的亩产收入都存在一定的波动。由此推断,农户层面的水稻每亩收入有可能存在"记忆误差"。

　　表 6.5 的 B 部分在村一级层面分析了是否参加水稻保险对收入稳定性的影响差异。结果表明,以村为单位,各村在参加水稻保险后比(假定)不参加水稻保险时,其收入风险显著减少。农业保险的"稳定器"作用得到了验证。但是,水稻保险对各村水稻风险的减少作用比较小。CV 模型显示,各村在参加农业保险后,其收入稳定性仅增加了 15.5%。均值-半方差模型下,各村参加保险后的福利增加幅度为 7.8%(风险厌恶系数为 0.3 时)。

　　因此,尽管表 6.5 的结果在农户个体层面和村一级层面得出了相反的结论,但是,如上所分析,村一级层面的结论从统计可靠性上看更可靠。因此,本研究认为,水稻保险对农户的收入风险具有明显的稳定作用。

表 6.5　参保与未参保(假定)水稻保险农户的收入风险差异性

A. 农户层面						
	CV 模型			MSV 模型		
	均　值	t	Sig(双侧)		均　值	t	Sig(双侧)
参保—未参保	0.086	7.952	0.000	$\rho=0.1$	−290.634	−5.653	0.000
				$\rho=0.2$	−637.766	−5.970	0.000
				$\rho=0.3$	−984.898	−6.068	0.000

B. 村一级层面						
	CV 模型			MSV 模型		
	均　值	t	Sig(双侧)		均　值	t	Sig(双侧)
参保—未参保	−0.016	−11.819	0.000	$\rho=0.1$	13.740	2.569	0.016
				$\rho=0.2$	34.001	3.555	0.001
				$\rho=0.3$	54.260	3.932	0.001

四、主要研究结论

自从新一轮农业保险试点以来,我国的农业保险快速发展。政策性农业保险的效率问题,尤其是农业保险是否有效缓解了农户的收入风险问题受到了决策者和学者们的普遍关注。这关系到我国政策性农业保险支农目标是否实现。本研究从农户视角,基于田野调查的数据,运用风险度量方法,对水稻保险的"稳定器"效应进行分析,认为农户参加农业保险后,其农业收入的稳定性明显增强,这与理论分析一致。农业保险对于农户不同时期的收入起到了平滑作用,从而增加了农户福利。但是,从农业保险对农户福利增加的幅度看,农业保险带给农户的福利增幅非常小。这表明,为了更好地发挥农业保险的保障作用,当前农业保险制度存在较大的改进空间。

农业保险对农户福利改进很小的主要原因在于当前农业保险的保障程度偏低,导致农户在遭受损失后获得的赔款较少,对损失的补偿不充分。在农业保险试点初期,谨慎试点是必要的。然而,随着农户需求的不断显性化以及农户对农业保险认知的不断加深,提高农业保险的保障程度已成为当前进一步激发农户保险购买需求的有力手段,有助于农业保险深入开展和保障效用的发挥。同时,对于保险公司而言,农业保险实践经验的不断积累和风险控制技术的进步,也为提高农业保险保障程度奠定了基础。

简而言之,本研究认为,当前农业保险制度对农业的收入风险起到了"稳定器"的作用,但是作用幅度很小,并且在不同群体间存在一定的差异。为了更好地发挥农业保险的作用,提高农业保险保障程度是当前完善我国农业保险制度的一个重要方面。

第四节 农户对农业保险的满意度分析

农户对农业保险的认知度和满意度是影响其参保决策的重要因素。通常情况下,农户对农业保险的认知主要来自各类宣传及自身的参保体验。尤其是参加过农业保险的农户,其投保、理赔等经历增进了其对保险的认识,也影响着今后的购买行为。经过近十年的试点,农业保险的覆盖面不断扩大,越来越多的农户参加了农业保险。本节从农户主观评价角度出发,分析农户对农业保险的满意度。

一、农户对农业保险效用的整体评价

本次调查将农业保险的效用分为"帮助恢复农业生产"和"帮助稳定收入"两个方面,反映了农户对农业保险效用的主观评价(见表 6.6)。

表 6.6　农户对农业保险效用的评价

水稻保险					
	帮助很大	比较大	一般	比较小	没帮助
帮助恢复农业生产	1.72%	17.93%	46.56%	12.41%	21.38%
帮助稳定农业收入	1.72%	21.72%	34.49%	14.48%	27.59%
生猪保险					
	帮助很大	比较大	一般	比较小	没帮助
帮助恢复农业生产	0	43.79%	32.76%	16.89%	6.56%
帮助稳定农业收入	0	31.79%	46.79%	13.21%	8.21%

第一,农业保险"帮助恢复农业生产"的效用。在所有水稻保险的被调查农户中,19.65%的农户认为水稻保险对其恢复农业生产帮助比较大或很大,46.56%的农户认为帮助的效用一般,33.79%的农户认为现有水稻保险对农户恢复灾后生产帮助比较小或没有帮助。在所有生猪保险的被调查农户中,43.79%的农户认为生猪保险对农户恢复生产帮助比较大,32.76%的农户认为作用一般,23.45%的农户认为帮助比较小或没有帮助。调查结果表明,从整体上看,水稻保险和生猪保险对农户恢复农业生产发挥了作用。但是,仍有一部分农户认为农业保险基本没有发挥作用。尤其是水稻保险,约五分之一的农户认为没有帮助。

第二,农业保险对"帮助稳定农业收入"的效用。在所有水稻保险的被调查农户中,23.44%的农户认为水稻保险对于稳定收入有较大作用,34.49%认为作用一般,42.07%的农户认为基本没有作用。在所有生猪保险的农户中,31.79％的农户认为生猪保险起到了较大的稳定收入的作用,46.79％的农户认为作用一般,21.42％的农户认为基本没有作用。

无论是水稻保险还是生猪保险,调查结果表明,多数农户认为农业保险基本发挥了恢复农业生产和稳定农业收入的作用。但是,仍有约三分之一的农户认为农业保险基本没有发挥作用。这个结果与本章第三、四节中基于农户微观数据对于生猪保险和水稻保险效用分析的结论基本一致。即在"保成本"的保障水平下,农业保险发挥了稳定器的作用,但是对农户风险减少的幅度较小。

影响农户对农业保险效用感受的因素很多,基本可以归纳为农业保险合同条款和农业保险运作机制两方面。下面从这两方面分析农户对农业保险的满意度。

二、农户对保险合同条款的满意度

第一,保险金额和免赔率的满意度。保险金额的高低决定了农户在遭受损失时可能获得的最大赔款。当前,我国农业保险以"保成本"为主。水稻保险的被调查农户中,约一半的农户认为水稻保险的保险金额比较低或太低,难以满足其风险保障需求。没有一个被调查农户认为保险金额比较高或高。同时,超过三分之一的农户认为水稻保险合同的免赔率过高(见图 6.1)。其次,对生猪保险的养殖户的调查发现,超过八成的养殖户认为生猪保险的保险金额比较低或太低,无法满足其风险保障需求。同时,对于免赔率,多数养殖户认为一般或比较低可以接受,也有小部分养殖户认为过高了(见图 6.2)。

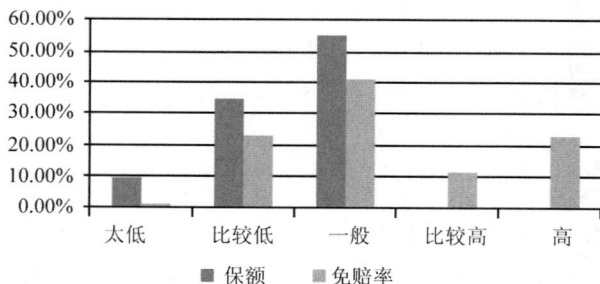

图 6.1　农户对水稻保险合同条款的评价

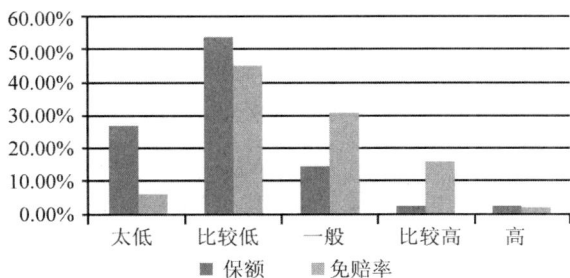

图 6.2 农户对生猪保险合同条款的评价

以上关于农业保险保险金额和免赔率的调查结果表明,"保成本"的农业保险保障水平已经难以满足日益多样化的农户风险保障需求。同时,过高的免赔率导致农户获得的保险赔款无法较好地弥补农户遭受的损失。因此,较低的保险金额和较高的免赔率很可能是影响农户对农业保险效用认知的重要合同因素。

第二,保费负担的高低。水稻和生猪是关系国计民生的两大农产品。各级财政对水稻保险和生猪保险的保费都给予了较高比例的补贴。如水稻保险,2007 年中央财政开始保费补贴时明确规定:"在补贴地区省级财政部门补贴 25％的保费后,财政部再补贴 35％的保费。"因此,从调查结果看,水稻保险的农户绝大多数都认为保费负担很轻或比较轻。相比较而言,生猪保险中有大约 20％的被调查农户认为保费负担比较重。这是由于生猪保险并不是中央财政补贴的品种。是否给予补贴以及给予多大幅度的保费补贴取决于地方政府的财力。平均来看,生猪保险的补贴率低于水稻保险。不过在有补贴后,多数的生猪保险养殖户认为保费负担一般或比较轻(见图 6.3)。

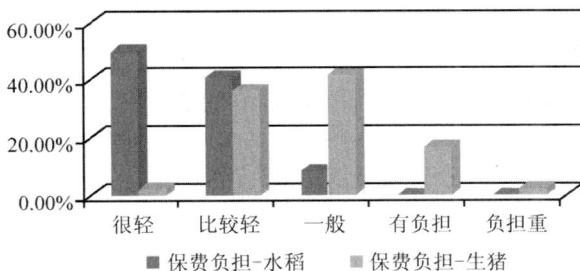

图 6.3 农业保险保费负担情况

三、农户对保险运作的满意度

第一,投保的便利性。从投保便利性看,参加水稻保险的被调查农户中,绝大多数人认为比较方便或很方便。同样,生猪养殖户也大多认为投保比较方便(见图 6.4)。这主要得益于农村基层干部的组织和参与。如水稻保险,不少地方采用了"统保"的方式,由村里统一购买保险。投保的便利性将有助于激励农户购买保险。

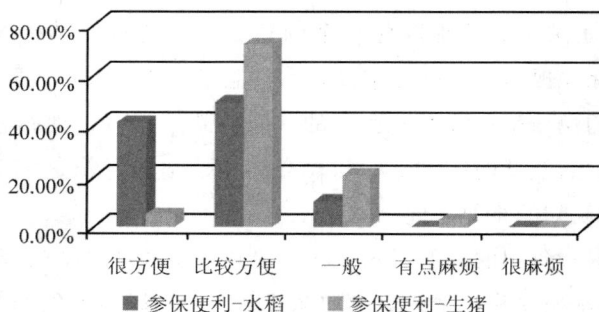

图 6.4　农户购买保险的便利性

第二,农户对理赔环节的满意度。从定损速度、理赔过程的透明度、赔款到位速度和对赔款额的满意度四个方面测度农户对农业保险理赔环节的满意度。从表 6.7 可见,无论是水稻保险还是生猪保险,保险公司定损人员在接到报案后都能够及时地进行定损。同时,理赔过程透明度较高。两个险种的农户中都有超过八成的被调查者认为理赔环节透明度较高或很高。并且,在定损后,八成以上的农户可以在 10 天内拿到赔款。农业保险赔款的迅速到位,能够及时帮助农户恢复农业生产。对于农业保险定损及时性、理赔透明度和赔款到位及时性方面,没有一个农户感到不满意。然而,对于赔款额度,水稻保险和生猪保险都有超过 6% 的农户对保险公司支付的赔款不太满意,认为赔款额度偏低,不足以弥补损失。

保险公司赔款额度受到保险金额、合同赔付条款(如免赔额等)的影响。部分农户对赔款额度的不满意,也进一步反映了农业保险合同条款的影响。

表 6.7　农户对农业保险理赔的满意度

	很迅速	比较迅速	一般	比较慢	很慢
定损速度-水稻	47.97%	50.01%	2.02%	0	0
定损速度-生猪	18.97%	77.59%	3.44%	0	0
	很透明	比较透明	一般	不太透明	很不透明
理赔透明度-水稻	41.12%	44.86%	14.02%	0	0
理赔透明度-生猪	63.48%	33.91%	2.61%	0	0
	很短	比较短	一般	比较长	很长
赔款到位速度-水稻	28.04%	57.01%	14.95%	0	0
赔款到位速度-生猪	0	89.38%	10.62%	0	0
	很满意	比较满意	一般	不太满意	很不满意
对赔款额的满意度-水稻	13.64%	50.0%	30.00%	6.36%	0
对赔款额的满意度-生猪	0	60.34%	33.62%	6.04%	0

通过以上分析,可见农户对农业保险效用的整体评价比较高,但是仍有部分农户认为农业保险没有发挥应有的作用。这也导致部分农户在连续多年参加农业保险后又退出了农业保险市场。农户对保险合同条款和保险运作的满意程度分析为改进农业保险合同及运作机制提供了方向。其中,提高农业保险的保障水平、降低免赔率和增加农业保险的补贴品种显得尤为迫切。

小　结

在"保成本"的保障水平下,农业保险对农户的收入波动风险起到了"稳定器"作用。但是,收入风险的降低幅度较小。当前我国农业保险较低的保障水平和有限的财政补贴品种,对农户持续参保的意愿产生不利影响。因此,提高保障水平、降低免赔率和增加财政补贴品种是今后农业保险发展的一个方向。

第七章 政府深度介入对农业保险的影响分析

农业保险是农业风险管理的重要工具,是各国农业支持保护体系的重要组成部分。当前,我国政府介入农业保险的深度和力度前所未有。政府深度介入在推动农业保险快速发展的同时,是否也埋下了不利于农业保险长期发展的隐患呢?

第一节 政府深度介入的表现

自从试点以来,中国政府前所未有地深度介入到农业保险的发展,不仅在制度设计层面发挥主导作用,而且在微观经营领域也广泛作为。

一、政府在宏观层面的主导作用

在新一轮农业保险试点过程中,政府在构建农业保险制度框架、出台扶持政策、规范市场运作等方面发挥主导作用。

第一,促进农业保险制度框架的构建。我国在探讨农业保险制度的时候,曾经根据国内外农业保险的发展经验,提出过 4 种模式:一是建立政府保险机构,经营农业保险;二是采用美国的农业保险模式,实行政府支持下农业保险市场化运作;三是学习日本农业保险合作模式;四是坚持农业保险商业化运作的道路。然而,过去几十年农业保险完全商业化运作的失败经历和我国农村合作组织的不成熟否定了后两种模式。

在中央全力推进市场化改革的背景下,政府扶持下的市场化运作模式成为农业保险的最优选择,确立了"政府推动、市场运作"的农业保险新试点模式。政府与市场合作的模式是政府大力推动的结果。在农业保险试点初期,不少保险机构由于过去经营亏损的经历,对于涉足农业保险心有余悸。然而,正是政府部门的大力推进,广泛协作,才形成了当前我国农业保险"政府引导、市场运作、自愿参保、协同推进"的模式。

第二,出台农业保险扶持政策。农业保险的推进离不开政策支持。在农业保险试点初期,农业保险发展面临着保险公司不愿意、农户不知道的不利局面。如何通过政策支持,激发农户的参保积极性和保险机构开展业务的热情是初期政府推进农业保险面临的一个问题。为此,各地政府在没有中央财政支持的情况下,依靠地方财政对农户农业保险的保费给予补贴,部分地区对保险机构的经营管理费用给予补贴,并构建了与保险机构共同承担大灾风险的机制。这些政策的出台,极大地激发了农户的参保积极性,缓解了保险公司经营农业保险面临的费用压力和风险压力,加快了农业保险市场主体的培育,促进了农业保险的开展。

此外,政府通过税收减免政策,鼓励农业保险机构注重风险基金的积累。如保险公司经营财政给予保费补贴的种植业险种,按照当年保费收入不超过 25% 的比例计提的巨灾风险准备金,保险公司可以准予在企业所得税前据实扣除。

第三,规范农业保险市场运作。为了规范农业保险的市场运作,保险监督管理部门从经营农业保险业务的公司资格、农业保险产品管理、业务管理、提高服务质量和加强监督等多方面对农业保险规范发展提出了要求。同时,各保监局通过与财政、税务、审计、农业、畜牧兽医等部门的协调与沟通,建立有效的工作联系制度,形成工作合力,督促保险机构切实做好农业保险工作。

政府多部门联合加强对农业保险补贴资金的监督。农业保险财政补贴资金是政府支农惠农政策的具体体现,是农户的一项基本权益。为了落实补贴资金专款专用,避免挪用、侵占补贴资金的情况,财政、保险监管等部门多次开展农业保险领域专项检查,查处了一批虚假理赔、挪用资金、套取财政补贴等违法违规案件。通过制度引导与行政处罚,农业保险市场秩序得以整肃,规范有序发展基本实现。

二、政府在微观领域的广泛作为

农业保险市场对政府的高度依赖为政府干预农业保险的微观经营活动提供了可能,也出现了地方政府随意干预制定农业保险市场规则,对保险机构承保、理赔等业务活动指手画脚等过度介入的情况。

第一,地方政府随意干预制定农业保险市场规则。基层政府部门直接插手农险市场活动,直接或者通过第三方控制农险市场资源、破坏市场规则。市场规则是参与市场活动的各方必须共同遵守的行为准则,包括准入规则、竞争规则和交易规则。明确的市场规则有利于保险公司规范经营行为,形成稳定预期,从而促进市场合理地配置资源,促进市场经济健康、有序运行。然而,有些地方政府却通过不同形式,随意制定市场规则。如某地政府操纵当地农业保险的招标,使得招标形同虚设;某地保险监管官员直接干预当地保险市场竞争,"分配"市场主体业务份额;某地政府部门引入中介公司参与农业保险业务招标,并授权由该中介公司分配市场资源(庹国柱,2013)。

第二,基层政府过度介入农业保险微观经营活动。农业保险面临着生产规模小、标的分散、理赔次数多等特点,导致高昂的运作费用。在农业保险推进过程中,除了保险公司的工作人员外,地方政府、农业行政主管部门、乡镇农经中心等都承担了很大部分的宣传、展业、收费、查勘、定损、理赔等工作。农业保险试点地区紧紧依靠乡镇干部和农技员等基层队伍,充分发挥农产品行业协会、农民专业合作社、农业龙头企业的作用,将服务网络延伸到行政村,降低了农业保险的承保、理赔成本,推动了农业保险的开展。

然而,有些基层政府部门过度介入农业保险的经营管理,干预保险承保和理赔活动,损害被保险人和保险人的利益。如有的地方政府干涉保险机构的业务活动,要求保险机构签订不合规范的保单,否则取消其在当地经营农业保险的资格;有的地方发生克扣、截留保险费的财政补贴款的情况;也有地方政府部门存在不规范地索取手续费、佣金问题;还有的地方政府以补贴资金拨付为武器,迫使保险公司"无灾也赔"、"小灾多赔",有的地方甚至出现地方政府和投保农户"联合起来吃保险"的现象,没有参保也要求赔付；也有的地方政府，在缺乏经验依据的条件下，过分压低保险费率，致使保险经营困难，迫使保险经营机构收缩业务。地方政府的过度干预致使保险经营机构正当的保险费收入减少，人为提高了保险赔付率，影响了农业保险基金的积累，甚至影响到给遭受灾损的投保农户足额赔付的能力。这不仅损害了保险人的合法利益，更损害了被保险人的利益，也必然影响农业保险的健康和可持续发展。

保险机构是农业保险经营的微观主体和保险合同的责任主体。虽然，我国农业生产和农村社会的特点，使得农业保险需要各部门的协同推进，然而，这并不能改变保险公司在农业保险经营活动中的主体地位。农业保险市场需要保险机构依据保险法律法规以及公司规范，遵循保险基本原则，自主开展保险活动。

第二节　政府深度介入是一把双刃剑

一、政府是当前农业保险发展的主要推手

农业保险是防范农业生产风险、化解农业灾害损失、创造良好农业生产环境的一项制度创新，也是创新财政支农方式、完善财政宏观调控措施的重要手段。农业保险是减轻农业灾害损失、稳定粮食等主要农产品市场供应的重要举措。在我国农民承担风险能力有限的情况下，由于缺乏规避自然灾害风险的手段，许多农业经营者害怕遭遇突发性自然灾害和相关灾害，不敢也不愿将更多的资金投入到农业生产，在一定程度上影响了农产品的供应，并进而影响农业现代化进程，削弱我国农产品在国际市场上的竞争力。因此，发展农业保险对农业生产加以保护和支持势在必行。

我国经济社会整体上已经进入以工补农的发展阶段，为政府支持下的农业保险发展创造了条件。以钱纳里和赛尔昆等设计的标准国家模式为基准，北京、上海、江苏、天津、浙江、广东等六省市已经达到了大规模反哺的国际参照指标值，中东部的其他省份正处于从转折期向大规模反哺期的过渡时期，西部 10 个省市的经济发展水平相对比较低，

有个别省份甚至没有达到转折期的国际参照指标值。由于各地经济发展不平衡,一些地方政府有限的财力限制了政府扶持农业保险的力度,导致政府对农户或保险公司的激励不足,农业保险风险配置机制设计存在缺陷。

在此背景下,2007年中央财政开始补贴农业保险。自2012年起,财政部进一步加大了对农业保险的支持力度,增加保费补贴品种,扩大保费补贴区域,支持提高保障水平。2013年又有更多的地区按规定新纳入到中央财政农业保险保费补贴范围,实现地区扩围的险种主要涉及养殖业保险和森林保险。中央财政与各级财政的共同支持推动了农业保险的快速发展。2009年以来,我国农业保险已经成为世界第二大市场,并为促进我国农业和农村经济发展做出了贡献。

二、政府深度介入对农业保险的危害

当前,我国政府介入农业保险的深度和力度前所未有,也明显有别于其他国家。美国等国家政府介入主要是在制度设计、政策制定等宏观层面。我国政府从中央到地方到基层,全面介入农业保险的各个领域。政府深度介入在推进农业保险高速发展的同时,也对农业保险发展带来了危害:

一是农业保险主体错位,导致保险机构缺乏主动服务农业的意识。在农业保险承保、理赔过程中,政府部门特别是基层乡镇和村委会"奋战"在第一线,保险机构退居二线,造成了农业保险中的主体错位。保险机构开展农业保险由依靠政府变为依赖政府,缺乏主动服务农业和农户的意识。对于农户多样化的风险保障需求,保险机构在保险险种和技术创新等方面动力不强。

二是政府过度干预市场运作,损害了农业保险市场运作效率。由于政绩压力和财力约束,基层政府在推进农业保险过程中,出现强制农户参保或拒绝参保,要求保险机构做不合理赔付的行为,严重损害了农户和保险机构的权益。而且,农业保险产品定价行政化现象明显。政府在推进农业保险业务过程中,自然地将条款设计和费率厘定一并纳入职责范围,压低险种费率,希望尽可能"少花钱、多办事"。政府介入农业保险费率厘定有一定的合理性。但是,过度压低农业保险费率将导致费率无法反映风险状况,势必影响农业保险的长期持续发展。同时,定价机制的行政化导致保险产品价格的僵化,难以反映风险状况变化对基金产生的影响。

三是权力寻租现象频发,导致财政补贴资金浪费。地方政府对农业保险市场准入的决定权和基层协保渠道的"垄断"地位,致使寻租现象频发,有的农业保险市场竞争正在演变为"寻租竞争"和手续费竞争。

中央财政补贴试点以来,频繁出现地方政府和保险机构勾结,通过虚报承保面积、做假保单等骗取财政补贴资金。审计署 2012 年第 2 号公告显示,审计署在中国人民保险集团股份有限公司审计中发现,2007 年至 2009 年,该公司所属人保财险湖南祁阳、汨罗支公司以及中华联合财产保险公司汨罗支公司 3 家保险机构,与当地政府相关部门联手,骗取农业保险财政补贴资金共计 3700 多万元,编造假赔案套取理赔款 3600 多万元。近些年,湖南、山东、黑龙江、河南等省份被骗取的财政补贴多达上亿元,造成了财政资金的浪费。

由此可见,政府深度介入不利于农业保险的市场培育和有效运作,为农业保险再发展埋下隐患。农业保险的进一步发展,需要破除体制机制的诸多制约,其中的关键是政府的合理定位。

第三节 案例研究:政府与市场的风险分担机制对农业保险的影响

20 世纪 90 年代,有学者开始关注农业保险经营主体——保险公司在财政补贴机制下的行为(Ker,2001;Miranda、Glauber,1997)。Skees(1999b)指出,如果政府没有足够重视,政府支持的农作物保险项目的收益可能会被寻租者攫取。商业型保险公司本身代表了新的寻租集团,有可能会降低农作物保险的效率(Ker,2001)。目前,一个关于财政补贴对保险公司行为影响的研究热点是商业型保险公司与政府如何合理地划分风险、分担责任。本节以浙江省政策性农业保险为例,研究农业保险中政府与市场的风险分担机制对相关主体行为的影响。

一、农业灾害情况

浙江省地处东南沿海,农业气象灾害具有种类多、频率高、强度大、灾情重等特点,主要灾种有台风、洪涝、干旱、低温冻害、寒潮大雪以及冰雹、大风等。其中,台风是浙江省最主要的农业气象灾害,其影响严重程度居气象灾害之首。如2005年,浙江省先后遭受低温冻害、干旱、暴雨、台风等灾害,尤其是7—10月间的台风接二连三,共有5个台风影响和登陆浙江省。2006年,浙江省遭受了强热带风暴"碧利斯"、超强台风"桑美"等6起大灾,2007年遭受了"圣帕"、"韦帕"、"罗莎"3次台风袭击,2008年1月份又遭受了50年一遇的雨雪冰冻灾害袭击,给全省农、林、牧、渔业造成重大损失。2013年的"菲特"台风尽管在福建登陆,但却让浙江省11个市超过80%以上的县(市、区)受灾,特别是温州、宁波、嘉兴等地农业遭受重挫。"菲特"台风导致洪涝灾害,造成直接经济损失124.05亿元,其中农、林、牧、渔业59.3亿元。全省农作物受灾面积781.4万亩,成灾面积395.8万亩,绝收96.1万亩;因灾死亡畜禽1070.4万(头、羽);农田、大棚等农业设施损毁6.7万亩。

表7.1反映了2003—2012年浙江省农作物受灾面积及造成的经济损失。浙江省每年平均农作物受灾面积达71万公顷,其中绝收面积年平均8.6万公顷,农业经济损失平均每年达到90亿元,是全国少数几个灾害高风险地区之一。

表 7.1　2003—2012 年浙江省农业灾害损失情况

年　份	农作物受灾面积/万公顷	绝收面积/万公顷	直接经济损失/亿元	农业经济损失/亿元
2003	79.57	13.27	62.95	42.85
2004	80.97	8.35	256.81	73.08
2005	109.32	13.18	441.56	166.19
2006	41.23	4.9	161.37	53
2007	84.63	11.8	196.16	96
2008	116.47	14.03	240.54	128.11
2009	44.47	5.77	119.87	47.28

续　表

年　份	农作物受灾面积/万公顷	绝收面积/万公顷	直接经济损失/亿元	农业经济损失/亿元
2010	58.93	6.33	112.72	63.52
2011	45.35	4.57	163.9	83.28
2012	53.62	4.28	313.01	150.24
合　计	714.56	86.48	2068.89	903.55

　　基于浙江省农业生产风险大、损失高的特点,2006 年浙江省开始政策性农业保险试点。试点初期建立了政策性农业保险共保体,通过多家保险公司共同承担风险的方式推进农业保险的试点工作。为了应对大灾损失,浙江省政策性农业保险建立了政府和共保体共同分担风险的机制。经过近十年的发展,浙江省政策性农业保险的风险分担机制也不断完善。从其发展过程看,可以分为三个阶段。

二、不同阶段的风险分担机制及其作用

(一)"政府分担、封顶责任、二次赔付"阶段

　　2006 年试点开始,浙江省政府与农业保险共保体之间对农业保险赔款分担明确了"封顶责任、二次赔付"的原则。全省农业保险赔款在当年农业保险保费 2 倍(含)以内的,由共保体承担全部赔付责任;赔款在当年农业保险保费 2~3 倍(含 3 倍)的部分,由共保体与政府按 1∶1 比例承担;赔款在当年农业保险保费 3~5 倍(含 5 倍)的部分,由共保体与政府按 1∶2 比例承担。政府承担的超赔责任由省与欠发达和海岛地区按 6∶4 比例分担,与其他地区按 4∶6 比例分担。各县(市、区)农业保险赔款总额超过当年农业保险保费 5 倍的情况下,实行先预摊,再年度结算,其中政府承担的预摊超赔责任,由省与县(市、区)政府按 2∶8 比例执行。在保险年度末统计全省全年总赔款后,再按全省范围内 5 倍封顶的要求,实行封顶系数(全省农业总保费×5/全省总赔款)转换后统一结算。

　　1. 运作效果

　　在试点初期,恰逢浙江省灾害天气频发,给全省农业生产带来了巨大

损失。农业保险的赔付率也非常高。这对经营农业保险的"共保体"带来了沉重的赔款负担。政府与共保体共同分担责任的机制,有效地缓解了保险经营机构面临的压力,有利于推动农业保险的发展。表7.2反映了浙江省农业保险试点最初两年各保险险种的经营情况。从表中可见,2006—2007年两年农业保险的平均赔付率为2.62,非常高。其中,水稻保险的平均赔付率甚至达到了4.55。如此高的赔付率下,如果没有各级政府分担赔款,浙江省农业保险共保体是难以为继的。

表7.2 2006—2007年度浙江省省定农业保险品种经营情况 单位:万元

保险险种	2006年度			2007年度			两年综合赔付率
	保费收入	赔款支出	赔付率	保费收入	赔款支出	赔付率	
水稻	174.71	88.33	0.51	552.96	3219.52	5.82	4.55
蔬菜大棚	260.34	571.69	2.20	656.44	529.85	0.81	1.20
露地西瓜	43.74	254.98	5.83	127	174.58	1.37	2.52
柑橘树	0.84	0.00	0	13.96	33.56	2.40	2.27
林木	10.8	0.80	0.07	24.4	28.24	1.16	0.83
生猪	364.52	1154.64	3.17	1046.22	2716.09	2.60	2.74
鸡	54.22	75.42	1.39	281.65	944.96	3.36	3.04
鸭	77.67	109.72	1.41	162.4	318.62	1.96	1.78
鹅	11.77	7.01	0.60	15.3	8.94	0.58	0.59
淡水养鱼	10.73	1.76	0.16	20.22	21.34	1.06	0.75
合 计	1009.33	2264.35	2.24	2900.56	7995.69	2.76	2.62

浙江省各个试点地区的风险差异较大。如温岭、瑞安地处浙江东部沿海,每年台风和暴雨灾害比较频繁。如2006年由于受"珍珠"台风、"碧丽斯"强热带风暴、"桑美"超强台风以及连续暴雨和洪水等自然灾害的影响,温岭、瑞安农业保险损失严重。平湖、德清地处杭嘉湖平原地区,自然灾害相对较少,农业保险赔付率也比较低。从图7.1反映的2006年浙江省各试点地区的赔付情况看,瑞安、温岭的赔付率很高,其中温岭农业保险的简单赔付率达到598%。平湖、德清的农业保险赔付率比较低,其中平湖农业保险的简单赔付率为60%,德清为52%。

不同地区赔付率的巨大差异,使得各地地方财政的农险赔付压力不同。浙江省政策性农业保险以县为核算单位,实行全省统筹。因此,农业保险基金在赔付本地区农险赔款后有结余的试点县,其结余的农险基金将用于支付赔付率较高的试点县的赔款支出。如龙游县生猪养殖规模比较大,管理比较规范,生猪的赔付率仅为 60%,保险基金有一定结余。但是,通过全省统筹,龙游农业保险基金结余全部用于沿海等地赔款支出,没有进行基金的积累。相较于县级统筹,农业保险基金全省统筹更有利于基金的稳定运行。

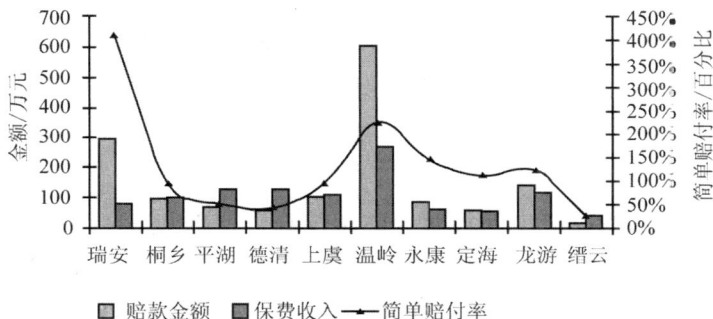

图 7.1　浙江省农业保险各试点地区业务情况

政府分担、责任封顶模式在政策性农业保险试点初期,农业保险赔付风险不确定的情况下,通过最高赔付责任的限制,有利于控制各方风险,推动农业保险的开展。

2. 存在的问题

然而,封顶责任的做法缺乏理论依据,也不符合保险的契约精神。首先,从保险费率角度看,农业保险在厘定费率的过程中,是以某类标的面临的风险为基础的。农业标的的损失既包括一般年景的损失,也包括巨灾年份的巨额损失。因此,农业保险的保费作为农户转移其因风险可能导致损失的一种对价,保险公司没有理由在收取全部风险保费后,仅承担部分赔付责任,而将巨额损失进行责任封顶。其次,违背了契约精神。封顶责任的做法违反了保险合同的诚信和公平原则。根据规定,只有在保险公司破产时,才能根据破产清算的规则,不再根据保险合同的赔付规定足额赔偿被保险人,而是根据清算资产的数额,按一定比例赔付被保险人的保险损失。因此,在保险合同期内发生的损失,政策性农业保险经营机构有责任按合同规定进行赔付。

由于责任封顶的规定,浙江省农业保险在理赔时需要进行"二次赔付",增加了运作成本。在农业保险标的发生损失,保险理赔人员定损后,农业保险共保体先根据应赔付金额的 50% 进行赔付,然后在保险年度结束后,根据全省农业保险的损失情况,确定最终的清算比例。当全省全年赔款总额超过全省农业保险保费收入的 5 倍时,计算封顶系数(全省农业总保费×5/全省总赔款),转换后统一结算。二次赔付使得农户获得保险赔款需要分两次得到,不仅增加了农户的理赔手续,也导致农业保险经营费用的增加,不利于鼓励农户参加保险,也不利于农业保险的高效运作。

(二)"政府分担、封顶责任、二次赔付、巨灾准备"阶段

为进一步健全政策性农业保险体系,有效应对巨灾风险,促进农业可持续发展,浙江省从 2011 年起开始建立政策性农业保险巨灾风险准备金制度。

巨灾风险准备金根据当年种植业保费 25% 比例提取筹集,涉及水稻、油菜、蔬菜(瓜果)大棚、林木火灾(包括公益林)、林木综合、露地西瓜、柑橘树 7 个种植业险种。为了确保当年度保险赔款的支付,浙江省对以上 7 个种植业险种提高了保险费率。如水稻保险费率从 5% 提高到 7.5%,大棚从 3%～5% 提高到 3.6%～6%。当历年积累超过当年种植业保费的 1.2 倍时,继续提取的资金作为政府超赔基金积累。

浙江省政策性农业保险共保体新增中央和省定种植业险种,同步纳入了政策性农业保险巨灾风险准备金制度。根据规定,当种植业参保品种全年赔款总额超过种植业保费的 1.3 倍时,政策性农业保险巨灾风险准备金负责承担 1.3～2 倍部分,超过 2 倍部分按原超赔方案进行分摊。由于种植业巨灾风险准备金的建立,浙江省政策性农业保险赔款调整了清算基础。原本根据种养两业总保费进行二次赔付清算调整为种植业和养殖业分别清算。政策性农业保险巨灾风险准备金实行"逐年积累、总量封顶、专户管理、专款专用",由省财政厅与省共保体首席承保人人保财险浙江省分公司共同管理。

巨灾准备金制度的建立,增强了浙江省政策性农业保险共保体的风险偿付能力,有利于农业保险的稳定运作。然而,浙江省各地农业风险差异大的特点也使得农业保险基金面临着"交叉补贴"的问题。

农业保险基金实行全省统筹,导致风险较低地区的地方政府没有积极性开展农业保险,即使试点期间不能退出试点,也可能会缺乏提高农业保险参与率的积极性。因为风险较低地区的农业保险业务规模越大,其积累的保险基金规模也可能越大。通过全省统筹,风险较低地区对风险较高地区可能作出的"贡献"也更大。从全省来看,全省统筹实现了农业风险在试点县之间的分散。但是,如上文指出的龙游农业保险基金对温岭等地的转移支付,造成了地方政府财政负担的不均衡。龙游是浙江省以农业为主的经济欠发达地区,温岭是经济发达地区,这在客观上形成了不发达地区对发达地区的财政"支持"。

其次,"交叉补贴"问题可能引起地方政府的逆选择行为。由于农业保险基金实行全省统筹,某个地区通过控制风险降低赔付而结余的保险基金有可能被其他高风险地区所用。这就可能导致风险较低地区的地方政府采取隐性的逆选择行为,如努力开展高风险险种。如果各地都开展高风险的农业保险险种,就会造成全省的农业保险的整体风险提高。当农业风险提高到一定程度后,就可能导致农业保险试点的失败(逆选择的最终结果)。因此,合理确定农险基金的统筹层次是一个基金安全与效率的权衡问题。较高的统筹层次有利于农业保险基金的安全。然而,在各地风险差异程度很高的情况下实行较高的统筹层次,需要确定以精算公平为基础的保险费率,以及以此为基础的保费补贴率。调整并合理确定有关险种的费率,实行各地保险基金基本平衡,是避免在不同试点地区之间农业保险基金较大规模转移的根本。

(三)"一次赔付、巨灾准备"阶段

2012 年 10 月 24 日《农业保险条例》颁布,并于 2013 年 3 月 1 日起开始施行。根据《农业保险条例》的精神,2012 年底,浙江省对政策性农业保险风险分担机制及相关政策作出调整。第一,取消政策性农业保险超赔五倍封顶,由省共保体按实际赔偿责任全额承担。第二,取消二次赔款赔付和年终封顶系数转换后结算方式,实行一次赔付。第三,取消政府超赔责任。浙江省政策性农业保险不再采用政府与市场分担风险的方式。对于农业保险赔偿责任,全部由农业保险共保体承担,省与县(市、区)政府不再分担超赔责任。第四,相应取消原巨灾风险准备金中政府超赔基金积累,超过当年农险保费 1.2 倍以上部分的政府超赔基金积累调整为政策性农业保险巨灾风险准备金积累。

　　至此,浙江省"风险共担、责任封顶"的政策性农业保险运作模式彻底改变,浙江省政策性农业保险进入了新的发展阶段,形成了"共保体自担风险、巨灾风险准备"的市场化的赔偿责任制度,农业保险的赔付责任全部由共保体的成员公司共担。农业保险超额赔款则由历年提取的巨灾风险准备金偿付。这种风险分担模式下,政府不再承担农业保险的超额赔付责任。政府对于农业保险的扶持主要体现在保费补贴、组织协调等方面。浙江省农业保险责任分担机制的转变,具有其必然性,但也不免让人有一丝担忧。

三、对风险分担机制的评价

　　第一,政府市场共担风险的机制维护了农业保险的稳定发展。浙江省农业保险试点初期正遇上灾害频发,导致农业保险的简单赔付率达到2.6。正是政府与农业保险共保体之间的巨灾损失分担制度,缓解了共保体的赔付压力,为农业保险的稳定开展提供了有力的保障。

　　第二,封顶责任的取消体现了契约精神。"封顶责任"的取消体现了对契约精神的尊重,也是对《保险法》和《农业保险条例》的实践,是农业保险试点发展到一定阶段的必然选择。"二次赔付"作为封顶责任模式下的副产品也随之取消。采用一次性赔付,不仅简化了赔付手续,也真正确保了农户在受灾后能迅速恢复生产,使得广大农户利益进一步得到保障。

　　第三,市场化的风险分担机制面临巨灾考验。根据《农业保险大灾风险准备金管理办法》,各保险机构提取保费准备金和利润准备金,逐年积累。在使用时,若省级保险机构提取的巨灾准备金不足以支付赔款,巨灾保险准备金可以在不同省级机构之间统筹使用。仅仅通过农业巨灾风险准备金应对未来可能的巨灾损失,在制度安排上略显单一和不足。当农业保险巨灾损失发生,导致保险公司重大亏损时,将打击保险机构持续开展农业保险的积极性,不利于农业保险的稳定运作[①]。中央和省级农业保险大灾风险保障机制的建立必不可少。

---

　　① 海南省于 2007 年启动了政策性农业保险试点,目前已推出 14 个农业保险险种。然而,海南省农业保险并没有蓬勃开展起来,反而陷入了业务规模不断萎缩的局面。如2010 年、2011 年、2012 年的海南省香蕉保险承保面积分别为 3.01 万亩、2.16 万亩、1.65 万亩。截至 2013 年 7 月,海南省当年度大棚瓜菜、烟叶、奶牛 3 个险种,一张保单也没有;甘蔗、玉米、制种水稻 3 个险种,投保完成率不足 3‰(海南日报,2013.9.11)。

小　结

农业保险是农业风险管理的重要工具,是各国农业支持保护体系的重要组成部分。在各级政府的重视和支持下,经过近十年的发展,我国农业保险已经成为世界第二大市场,并为促进我国农业和农村经济发展做出了贡献。但是,政府深度介入农业保险是一把双刃剑。

第八章 农业保险的运作效率反思及制度优化路径

近十年来,在各级政府的重视和支持下,我国农业保险得到快速发展,为农业和农村经济发展做出了重要贡献。但是,农业保险的进一步发展仍有诸多制约,须要深化改革。而且,今后农业规模化经营和新型农业经营体系构建的新形势,也将对农业保险发展提出新的要求。农业保险持续发展迫切需要转变发展方式。

第一节 农业保险的运作效率反思

农业保险是农业风险管理的重要工具,是各国农业支持保护体系的重要组成部分。在各级政府的重视和支持下,经过近十年的发展,农业保险实现跨越式发展,已经成为世界第二大农业保险市场。2004—2013年累计支付保险赔款760亿元。农业保险赔款成为农户恢复生产的重要资金来源,农户农业收入的稳定性增强。农业保险初步发挥了恢复农业生产、促进农业发展的功效。

各地地方政府领导、组织、协调本地区农业保险工作,建立了各方协同推进农业保险发展的工作机制,不仅农业保险的运作得到基层政府的大力支持,而且气象、水利等多部门通力合作参与农业生产风险评估、保险费率厘定以及产品创新等工作。协同机制的建立和有效运作,大大减少了保险机构对农业保险的各项投入,使得农业保险业整体的运作效率较高。随着全国农业保险业务规模的扩张,农业保险的规模经济效应逐步显现。然而,前文的实证研究表明,农业保险在发展过程中存在以下问题。

一、农业保险的收入稳定效用有待进一步发挥

农业保险发挥稳定农户收入、促进农业发展的功效是各国大力支持农业保险发展的根本目的。然而,当前我国农业保险并没有完全发挥其"稳定器"的功能。当前较低的保障水平远远不能满足农户的风险保障需求。随着农业生产成本的不断上涨和农户对农业保险认知水平的提高,农户迫切需要更高额度的农业风险保障,尤其是在经济发达地区的农户。同时,农业保险险种无法满足农户多样化风险保障需求。尽管我国目前开办的农业保险险种已经达 90 多种。但是,相较于农业生产,目前已有的险种远远不够,迫切需要开发适合其生产特点的、多样化的农业保险产品。

一个典型的例子是制种水稻种植。水稻制种是保障粮食安全的一个重要环节。制种水稻种植与一般水稻种植不同,具有成本高、风险大的特点。制种水稻种植的各项成本约是一般水稻种植的 3 倍。然而,有的地方没有开展水稻制种保险。制种农户只能购买一般水稻保险,不仅保障水平低,而且条款也不完全适合。

因此,需要加快农业保险的险种创新,不断满足农户多样亿的风险保障需求,提高农业保险对农户收入的稳定效用。

二、保险机构的创新动力有待增强

这些年来,保险机构的创新活动比较活跃。但是,与农业保险市场需求相比,农业保险机构的创新仍显不足。具体表现在:保险机构险和创新滞后于农户的风险需求;针对农户逆选择以及骗赔等道德风险[①],保险机构

---

① 投保一方利用投保农户和保险标的比较分散的特点和保险人对于保险标的风险精确识别和管理的困难或风险管理中的漏洞,偷梁换柱、有意混淆或更换保险标的,或将不同年龄和健康状况的畜群作选择性投保,病畜带病投保,养殖鱼虾发生疫情之后才投保等。种植业中,农户往往只愿意将处于较高风险的农田或作物参加农业保险,如农户把经常受灾的"坏地"投保,而对经常不受灾的"好地"不投保。在农业灾害事故发生后,有的农户将未投保的、死亡的能繁母猪冒充投保的母猪索要赔款等(庹国柱,2012)。

缺乏有效的应对机制。究其原因,保险机构创新动力不足主要源于:

第一,农户有效需求依然不足。尽管农户保障农业生产风险的意愿十分强烈,但是,农户对农业保险的有效需求依然不足。较低的收入水平使得农户自负全额保费比较困难。在没有保费补贴的情况下,农户对农业保险的自主需求很低。同时,在政府已经给予所有政策性农业保险险种保费补贴的情况下,农户对政府财政补贴的依赖心理比较严重,希望政府能够对所有新开办的险种都给予补贴,从而出现了隐藏支付意愿的逆选择现象,加剧了农业保险中农户的有效需求不足问题。其次,当前我国农户对于农业保险的认知水平依然比较低。尽管随着农业保险的推进,农户对农业保险的知晓率明显提高,但是,很多农户并不了解农业保险的运作机理,对农业保险功能的认识不正确。这直接导致农户不愿意购买农业保险,甚至出现已经参保的农户退出农业保险市场的现象。这些都导致农户有效需求不足,从而致使保险机构缺乏创新新险种的动力。

第二,历史数据资料缺乏。农业保险新险种的开发需要大量数据和资料的支撑。首先,农业保险产品的定价需要足够的历史数据。如产量保险需要农户的历史产量。但是,农户层面的数据往往很难获得。又如气象指数保险产品需要某一地区某种作物的产量和该地区的气象数据。为了保证基差风险尽可能小,需要尽可能多的气象站及相关气象数据。但是,由于很多地区气象站的变动以及地区行政区划的改变,使得历史数据的一致性无法满足。历史资料数据的缺乏,客观上给农业保险产品创新造成了很大困难,导致保险机构不愿意创新。

第三,技术创新面临较高风险

技术创新需要高额的、持续不断的研究开发经费的投入。然而,技术创新作为一种探索性活动,其失败率很高。由于技术创新涉及多要素和多过程,因此可能产生风险的环节也较多。概括来看,技术创新主要面临两类风险:技术性风险和社会性风险[①]。技术性风险是指技术系统的要素、要素之间以及整体技术与环境等之间的作用方式调整过程中面临的

---

① Myers 和 Sweezy 通过对 200 个技术创新失败样本的风险发现,技术因素仅占到 11.5%,剩下的失败原因都是社会原因,尤其是社会需求的约束(霍福广、陈建新,2004)。

不确定性。一方面,技术系统内部要素的多元化和要素组合方式的多样化,决定了技术创新途径、过程的多样化和选择性。这种不确定性使得技术创新有可能无法满足达到理想的技术系统要求。另一方面,技术创新必须满足社会需求,技术创新成功与否必须接受市场的检验,其本质是社会需求的检验。然而,社会需求的不确定性、多样性和满足需求方案的多样性,都从不同的侧面加剧了技术创新的风险。

简而言之,农户有效需求不足导致对无法对保险机构形成"需求拉动型"创新推动力;技术和社会风险因素使得保险机构"裹足不前",无法实现"技术推动型"创新;地方政府的深度介入使得农业保险经营过度依赖基层政府组织,导致保险机构创新意识不强。因此,我国农业保险迫切需要转变保险机构的创新动力机制,加快保险创新。

三、财政补贴资金运作效率有待提高

中央政府开始农业保险保费补贴试点后,多地出现了地方政府和保险机构勾结,通过虚报承保面积、做假保单等骗取财政补贴资金的情况。根据有关机构的审计结果,湖南、山东、黑龙江、河南等省份被骗取的财政补贴多达上亿元,造成了财政资金的浪费。

究其原因,首先是地方政府对农业保险的错误认识。地方政府没有正确认识到农业保险作为国家以工补农、促进农业发展的支农工具的重要性,没有认识到中央财政资金对推动农业保险发展的积极作用。因此,有的地方政府将农业保险视为增加地方收入的渠道,勾结或迫使保险机构共同造假,骗取补贴资金。地方政府深度介入农业保险后形成的强大影响力,为政府和保险机构联手骗取财政补贴资金提供了条件。同时,农业保险在发展过程中,缺乏对政府行为的监督和约束机制,导致"权力寻租"频现,财政补贴资金被浪费。

由此可见,为了推动农业保险的深入开展,需要不断完善农业保险制度,规范各方主体的行为。同时,需要深入把握未来农业发展对农业保险的新要求,适时转变农业保险的发展方式。

第二节　新时期农业保险面临的挑战

随着工业化、新型城镇化的快速发展以及现代农业建设的快速推进，今后我国将进入农业规模化经营的发展阶段，构建新型农业经营体系。

新型农业经营体系是应对当前农业经营方式面临新挑战的有效举措。当前我国农村正发生深刻变化，农业经营方式面临诸多问题，经营规模小、方式粗放、劳动力老龄化、组织化程度低、服务体系不健全是突出表现。农业生产经营组织创新是推进现代农业建设的核心和基础。构建集约化、专业化、组织化、社会化相结合的新型农业经营体系，大力培育专业大户、家庭农场、专业合作社等新型农业经营主体，发展多种形式的农业规模经营和社会化服务，有利于有效化解这些新问题和新挑战，保障我国农业健康发展。构建新型农业经营体系，集约化生产是目标，专业化管理是手段，组织化经营是路径，社会化服务是保障。创造条件鼓励土地向种田大户和家庭农场流转，发展适度规模经营；在专业大户和家庭农场的带领下，组建农民专业合作社和农产品协会，形成有规模生产能力、质量保证能力和风险应对能力的市场经营主体；同时，推动农业龙头企业做强做大，在"公司＋农户"等多种形式的产业化链条中发挥引导和带动作用。

农业规模化经营阶段和新型农业经营体系的形成将对今后农业保险的发展提出新的要求。专业大户、家庭农场等新型农业经营主体在农业生产投入、发展现代农业、开拓市场等方面都具有较高的主动性和积极性，也使其生产经营活动面临更加多样化的风险。农业保险不仅应发挥灾后补偿、稳定农业生产的作用，更应纳入到对农业经营主体全面支持体系的建设之中，为新型农业经营主体的要素投入、新技术采用及市场拓展风险提供相应保障[①]，成为实现以工补农、促进城乡一体化建设的重要渠道。

---

　　① 研究认为家庭农场面临着产量风险、市场风险、融资风险、法律与环境风险等多种风险（Huirne，Meuwissen，Hardacker，Anderson，2000），并且，风险之间相互关联（OECD，2010）。Leppälä，Murtonen，Kauranen（2012）提出了一个整体性的农业风险分析框架，认为农业风险管理是一个包含风险、风险间关联性、农户禀赋及风险态度、市场发展和政府行为等多种因素的复杂过程（OEDC，2009；Claire，2010；Kimura，Anton，2011）。

以家庭农场为例,截至 2012 年底,全国家庭农场已发展到 87.7 万个,经营耕种面积 1.76 亿亩,占全国承包耕地面积的 13.4%。2013 年以来连续 4 年的中央 1 号文件都高度重视家庭农场的发展,提出"积极培育"家庭农场。随着农村改革的深入,家庭农场将成为现代农业生产的一个重要组织形式(薛亮、杨永坤,2015)。在我国,家庭农场作为新生事物,还处在发展的起步阶段。家庭农场的发展面临着"天难测、地难弄、钱难找、人难请"等风险(任晓娜,2015),农村土地要素流动风险及有效资产难以形成等因素制约了家庭农场的投资能力(王春来,2014)。家庭农场的风险管理问题已成为学者和决策者们普遍关注的一个重要问题,关系着发展现代农业目标的实现。

为适应农业规模化经营阶段对农业保险的新要求,需要加强农业保险市场主体的培育,增强农户保险意识,激发保险机构创新动力;需要合理界定政府和市场的边界,实现政府适度介入,推动市场有效运作。加快市场培育、形成有效机制是农业保险再发展的保证。

农业规模化经营也为农业保险转变发展方式创造有利条件。规模化经营将克服现阶段农户小规模分散经营导致的农业保险高额运作成本问题,极大地减少保险机构对基层政府的依赖,使得农业保险业务市场亿运作成为必然。农业规模化经营为政府转变在农业保险中的角色创造了条件。随着农业保险业务的市场化运作,基层政府和村委会将可以退出农业保险业务第一线,逐步实现从业务"经办者"向市场"监管者"的角色转变。

因此,农业保险只有改变单纯依靠政府推动的现状,通过加快市场培育、提高市场运作效率,才可能实现持续健康发展。

第三节　农业保险制度的优化路径

为了实现农业保险的再发展,迫切需要不断完善农业保险制度。转变创新动力机制、完善激励机制和政府合理定位是农业保险制度完善的关键。

一、加快创新,转变创新动力机制

为满足农户多样化的风险保障需求、提高农业保险的运作效率,农业保险机构须加快农业保险创新、转变创新的动力机制。

加快农业保险创新包括加快险种创新、技术创新和运作机制创新。不断提高农业保险的保障水平、增加农业保险品种、加快指数型产品和价格保险产品的开发与试点,满足农户多层次、多样化的风险保障需求;不断加快技术创新,通过引进高科技的信息技术手段和设备,增加保险经营管理的信息透明度,提高农业保险的运作效率。通过农业保险运作机制的创新,完善农业保险承保、理赔机制,加强理赔管理,减少逆选择和道德风险对农业保险效率的损害。

农业保险创新需要强有力的动力机制来实现。首先,不断增强保险机构的创新意识。创新意识是人们对创新与创新的价值性、重要性的认识,是推动创新的精神力量。其次,完善保险机构的创新动力机制。加强创新动力要素,化解创新阻力,综合创新内外力对保险机构的创新活动产生推动力。

二、完善激励机制、实现内部监督

针对农业保险市场的信息不对称问题,通过机制设计减少因农户或保险机构隐藏信息或行动对农业保险运作效率的损害,以及实现农业保险内部的有效监督,是提高农业保险运作效率和政府财政补贴资金使用效率的关键。

在同时满足农户的参与约束和激励相容约束的条件下,高支付意愿的农户将获得信息租金。政府面临着信息租金与效率之间的权衡,即合理确定农业保险保费补贴的激励强度。农户支付意愿的分布状况、农业保险赔款的分布函数和不同支付意愿农户购买保险的边际成本的差异是影响农业保险保费补贴机制设计的主要因素。因此,中国政策性农业保险保费补贴的甄别机制应根据各地经济发展水平区别设计。

与此同时,为了使保险公司的努力行为和农业保险的政策目标相一致,政府与保险公司之间的报酬合同不仅要满足保险公司的参与激励,而且要满足激励相容约束。根据激励理论,控制保险公司道德风险的一个有效途径就是根据政府和保险公司的风险偏好,选择不同的风险分担合同。

此外,需要建立农户之间利益的关联机制。只有当农户之间利益存在相关性,其他农户不诚实的农业保险投保、理赔行为可能影响自身的利益时,"五公开、三到户"形成的信息传递机制才可能发挥作用,形成农户之间相互监督的内在激励,从而实现内部监督。

三、政府合理定位、完善实施机制

为实现农业保险再发展,迫切需要政府合理定位,将"政府主导"转变为"政府引导",避免政府在农业保险中的越位和缺位。当前,政府须做到"一退两进"。

所谓"一退"是指政府退出对农业保险市场运作的干预。地方政府应尊重农户自愿参保的权利和保险机构自主经营权,退出对农业保险微观经营活动的干预;地方政府应构建农业保险市场准入和退出机制,逐步减少对农业保险市场准入的影响;基层政府和机构应支持保险机构建立适应新型农业经营体系的基层服务体系,逐步实现从业务"经办员"到市场"监督员"的转变。所谓"两进"就是继续加大农业保险财政支持力度,尽快建立更高统筹层次的大灾风险保障制度。具体包括:一是财政补贴思路应逐步转变为"提高保障、集中重点",根据事权与财权匹配的原则,加大财政补贴力度。加大中央财政补贴力度,率先提高大宗农产品的保险保障水平,逐步从"保成本"变为"保产量";加大中央和省级财政对粮食大县、农业大县的保费补贴力度,逐步取消县级财政对关系国计民生农产品的补贴。二是尽快建立中央和省级的农业保险大灾风险分散机制。首先应明确中央和省级政府的农业保险大灾风险责任,尽快出台中央层面的大灾风险保障制度框架,促进省级政府构建与中央有机衔接的大灾风险保障制度,增进全社会抵御巨灾的能力,维护农业保险市场平稳运作。

法律法规与信誉机制是农业保险有效运作的保障机制。《农业保险条例》的颁布填补了农业保险领域的法律法规空白,标志着农业保险进入有法可依的新阶段,在多个领域实现了对现有农业保险体系的突破与创新。然而,我国农业保险发展快,新问题不断涌现,迫切需要通过制定细则加以完善和细化,真正使《农业保险条例》能够成为指导和引领我国农业保险发展的法律规范。同时,依法健全和完善对政府权力的监督约束机制。

与法律相比,信誉机制的实施成本更低。通过构建农业保险信息共享平台,完善信息传递机制。信息传递速度越快、越完全,越有利于农户和保险机构信誉机制的建立。通过逐步构建保险机构和国家两个层面的保险欺诈识别体系,加强对农业保险不诚信行为的惩戒,从而保障农业保险的持续健康发展。

小　结

尽管在政府推动下,我国农业保险实现了跨越式的发展。但是,农业保险在发展过程中仍面临着"稳定器"效用有待进一步发挥、保险机构创新动力不足和财政补贴资金运作效率有待提高等诸多问题,迫切需要完善农业保险制度。而且,今后我国农业规模化经营阶段和新型农业经营体系的新形势也对农业保险的发展提出了新的要求。加快市场培育和政府合理定位是今后一段时期内我国农业保险再发展的关键。

第九章　转变农业保险创新的动力机制

从经济增长理论角度,熊彼特提出了经济学意义上的创新。农业保险作为一项金融服务产品,其创新具有特殊性。鉴于我国农业保险当前所处的发展阶段及面临的问题,农业保险迫切需要加快以满足需求、提升效率为目标的创新。创新动力机制是创新机制的根本,也是创新的动力来源。加快农业保险创新需要转变保险机构的创新动力机制。

第一节　效率导向的保险创新

一、保险险种创新

如何满足农户多样化的风险保障需求是今后我国农业保险发展面临的一大挑战。农户多样化的风险保障需求不仅表现在保障程度的多样化,还体现在农业保险品种的多样化。因此,农业保险需要在以下三方面推进产品创新。

一是加快推进产量保险。当前的"物化成本"保险为农户的生产风险提供了基本的保障,也有利于地方政府财政补贴资金的及时到位。然而,"物化成本"保险无法满足农户较高风险保障的需求。因此,有必要在"物化成本"保险的基础上,加快产量保险的险种创新和应用,尤其是对于关系粮食安全和国计民生的大宗农产品,应首先提高保障水平,推行产量保险。有条件的地方可以开展特色作物的产量保险。

二是逐步开发特色险种。经济作物收入是中国农户重要的收入来源之一。马铃、刘晓昀(2013)研究发现,贫困农户经济作物纯收入明显低于非贫困农户。贫困农户与非贫困农户经济作物收入差距为1370.3元,占农业收入差距的41.3%。经济作物收入差距也是导致贫困农户与非贫困农户农业收入差距的一个重要方面。因此,发展经济作物是提高农户收入,帮助农户脱贫致富的一个重要途径。农业保险在发展过程中,根据地方生产特色,开发经济作物、特色农产品的保险险种,有利于促进农民收入的稳步增长。目前,我国不少地区已经开办了一些地方特色作物的农业保险。但是,险种仍十分有限,需要进一步开发特色险种。

三是积极探索新险种和新服务。积极探索气象指数保险、目标价格保险等新险种和新服务。农业气象指数保险将一个或几个气候条件对农作物的损害程度指数化,每个指数都有对应的农作物产量和损益,保险合同以这种损益为基础,当指数达到一定水平时,投保人就可以获得相应标准的赔偿。由于气象指数保险的赔款是基于某个指数而不是个体损失,所以道德风险和逆选择的不利影响会明显减小。气象指数保险被认为能够有效缓解传统农业保险面临经营成本高、道德风险大、定损难等问题。本研究附录三中以水稻为例,基于江苏省水稻生产和天气特征,设计了综合性的气象指数保险,并对该险种的收入稳定效用进行计量检验。结果表明,气象指数保险具有传统保险所不具备的多重优点,应该成为我国农业保险险种创新的一个方向。

目标价格保险是对农产品市场风险进行聚集、分散和转移的一种制度安排,有利于缓解价格剧烈波动对农户收入造成的不利影响。今后我国不断涌现的新型农业经营主体将迫切需要目标价格保险的保障。农产品目标价格保险可以分为农产品价格指数保险、农产品收益保险和农产品收入保险。与政府其他的价格支持政策相比,农产品目标价格保险更符合WTO规则,属于"绿箱政策"。我国已经建立起了小麦、玉米、稻谷、大豆、棉花等重要农产品的期货市场,为使用农产品期货价格作为价格保险中保障价格提供了依据。

二、运作机制创新

农业保险在承保、理赔等运作过程中,因农户、保险机构和政府部门相互之间的信息不对称而出现效率损失。因此,有必要构建对农户和保险机构的激励机制,减少信息成本;完善农业保险的内部监督机制,降低制度运行成本。

第一,构建激励机制。一方面,农户购买农业保险的支付意愿是私人信息,政府无法观测到,农户在农业保险活动中具有信息优势。在不对称信息情形下,政府为了扩大农业保险的承保范围,会积极鼓励支付意愿低的农户购买保险,由此产生了支付给高支付意愿农户的信息租金。这种信息租金对于农户来说是收益,对政府来说则是推动农业保险运作的成本。因此,为了提高农业保险的运作效率,有必要构建甄别农户支付意愿的保费补贴机制,减少信息租金。

另一方面,在政府组织、市场化运作模式下,政府与保险机构之间存在委托代理问题。保险公司作为代理人,具有信息优势。政府与保险公司在风险选择偏好、风险规模偏好以及风险容忍度等方面的差异,导致两种的目标不同。政府希望保险公司努力开展业务,尽可能承保足够多的农业风险,提高农业保险的参保率。但是,保险公司倾向于控制风险规模,选择"可保"风险,从而实现承保收益。由于高额的监督成本,政府无法清楚地了解保险公司的经营行为,不知道保险公司是否努力拓展业务,是否存在"偷懒"的情况。因此,需要建立保险机构的激励机制,包括低风险报酬和高风险报酬激励机制,从而尽可能使得农业保险机构的行为有利于实现政策性农业保险的政策目标。

第二,完善监督机制。在中国农村,社团规模比较小,村民之间相互认识,并且对村民的家庭、生产等情况比较了解。村民之间彼此非常熟悉,欺骗行为很容易识别,传递信息也比较容易。这种情况下,信息的分布出现了明显的内部和外部的不对称,内部相互之间的沟通多、时间长,距离短,而外来者很难得到信息。在互助合作保险中,农户既是保险人,也是被保险人。他们之间由于具有共同的利益,共同承担损失,很容易形成内部监督。

但是,商业保险公司经营农业保险的模式中,农户之间的信息成为私有信息,在保险机构与农户的关系中农户具有信息优势。因此,保险机构作为外部人,搜寻农户相关信息的成本较高。在这种情况下,为了实现农户之间的内部监督,建立正式的信息机制显得十分必要。正式的信息机制建立需要具备两个条件:私有信息向公共信息的转化机制以及农户利益的相关机制。

第二节　政府主导型创新模式面临的挑战

农业保险试点十多年来,政府是农业保险创新的主要推动者。正是各级政府的重视和推动,我国农业保险逐步形成了"政府推动、市场运作"的政府市场合作型农业保险模式,实现了农业保险制度的创新,成为国际农业保险运作模式的一个典型。

在当前的政府市场合作型农业保险模式下,政府是推动农业保险险种创新的主要力量。当农户对某类风险或某种作物(或养殖产品)的风险保障需求非常强烈,希望获得保险保障时,保险公司很少会为满足农户的需求主动开发新险种。通常,新开办的险种必须首先得到当地政府认可,允许该险种成为当地新增加的试点保险险种。然后,在报省级政府同意后,省或县级政府预算保费补贴资金。在新增农业保险险种得到政府保费补贴扶持后,保险公司才会根据省县两级政府开展新险种试点的规定及补贴资金预算,着手开发设计相应的农业保险条款。在整个险种创新过程中可以发现,地方政府起到了核心的作用,其中落实新险种的保费补贴资金是关键。对于县级特色农产品的保险险种,往往主要由县级财政承担保费补贴资金。政府推动农业保险险种创新的过程大致如图9.1所示。

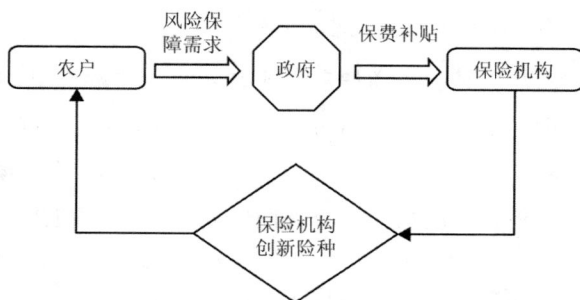

图 9.1　政府主导下的险种创新模式

随着农业保险试点品种的增加，试点范围的扩大，当前这种政府主导的农业保险创新模式开始受到挑战。

第一，政府推动的险种创新模式受到财力制约。我国农户在农业生产过程中面临着多种灾害风险和市场风险，农户对各类风险的保障需求十分强烈。由于当前农户收入水平普遍比较低，农户自负保费的能力有限。因此，对于农户的风险保障需求，保险公司主动开发设计新险种的动力不强。当前，如前所述，保险公司开发新险种的推动力主要来自地方政府。然而，不少县级政府已经感到农业保险保费补贴的压力，拿出更多的资金补贴农业保险面临较大困难。这也就导致某些地区的农业保险出现了"农户需求旺盛、保险供给滞后"的情况。

第二，政府难以激发保险机构的运作机制创新。当前，保险机构在农业保险承保、理赔等经营环节严重依赖基层政府。对于农户骗赔等道德风险行为，往往采取简单措施应对。如对于骗赔严重、赔付率超高的险种，保险机构大多采取停办的方式，而没有深入挖掘骗赔案件发生的原因，从机制或制度设计上研究长效的应对机制。保险机构对地方政府的依赖，导致其开展技术创新与运作机制创新的动力不足。

从长远来看，政府推动型的农业保险险种创新必将不可持续，迫切需要创新农业保险的动力机制，激发保险机构主动创新的积极性，实现农户需求与保险供给的直接对接。因此，农业保险持续发展迫切需要转变创新动力机制，构建激发保险机构自主创新的机制。

第三节　重构创新的动力模式

一、动力要素的构成

创新是一个系统工程。其中，创新的动力机制是根本。创新动力机制是创新的动力来源和作用方式，是能够推动创新实现优质、高效运行并为达到预定目标提供激励的一种机制。保险机构的创新行为受到诸多因素的影响。为了激发保险机构的创新行为，首先需要明确保险机构的创新动力要素。

20 世纪初,熊彼特在提出创新概念的同时,对企业开展技术创新活动动力也进行了分析。熊彼特认为经济创新主要来自企业自觉投入研发活动的结果。张伯伦等经济学家认为追求垄断利润和垄断地位是企业创新的动力,对经济创新活动提出了新的理论观点。根据何亮(1999)对创新动力要素的划分,本研究认为,农业保险机构的创新动力要素可以分为内力和外力两部分。内力可以分为内动力和内阻力,外力也分为外动力和外阻力。这些要素综合到一起,对保险机构的技术创新活动产生推动和影响。

保险机构创新的内动力主要是利润动力。在当前"政府推动、市场运作"制度框架下,农业保险机构逐利的本质属性得到各方认同。《农业保险大灾风险准备金管理办法》也明确了经营农业保险的保险机构可以享有与一般财产险业务相同利润率的农业保险利润,超出部分才纳入大灾风险准备金。因此,无论从制度规范还是公司目标看,追求利润的内在动力并不存在制度障碍。然而,为什么保险机构依然创新缓慢呢?技术风险和社会风险导致保险机构创新活动畏首畏尾,是影响保险机构创新的主要内部阻力。

此外,市场、金融、政策、技术和社会进步等因素也是外部动力的构成要素。其中,农业保险市场发育不完善是影响保险机构创新的主要外部因素。因此,需要从化解风险阻力和引入竞争机制两方面完善农业保险机构的创新动力要素。

二、农业保险创新的关键要素

第一,引入竞争动力。源于竞争的外在压力是保险机构创新的一个重要动力。农业保险市场是一个不完全市场。现阶段,我国以承包农户为基础、多种生产经营主体共存的农业经营格局,导致农业保险无法实现充分的市场竞争。但是,引入适度的竞争将有利于激发保险机构的创新积极性。正如张伯伦等指出的,农业保险机构之间的产品差异性、服务质量的不同在竞争中产生一种优势,而产品差异和服务质量的优势往往来自于企业产品和运作机制的创新。随着垄断竞争的展开,垄断企业为了保持其在创新中所确立的竞争地位,需要不断进行有效的创新活动,从而形成"经济创新—经济垄断—再次经济创新—再次经济垄断"的规律性经济运动。因此,我国农业保险市场需要尽快形成市场准入和退出机制,完善市场竞争体系。

第二,化解风险阻力。农业保险比其他保险经营面临更大的不稳定性。农业风险的系统性特点使得保险机构的经营利润呈现出较大的波动。当前,我国正处于推进农业现代化的新时期,农业生产逐步向适度规模经营转变,投入的规模更大,面临的风险更高,对农业保险的风险保障需求也必然更加强烈。但是,大灾风险分散机制不健全影响了农业保险体系运行的稳健性,制约了保险水平的提高和覆盖面的进一步扩大,成为农业保险下一步发展迫切需要解决的瓶颈问题。因此,激发保险机构的创新动力需要建立以下农业保险经营风险的分散机制:

一是非系统性风险的分散机制。非系统性风险主要是指与保险机构经营管理相关的风险。即保险机构经营的波动不是由于农业大灾风险事故的发生导致的行业性波动,而是保险机构自身由于承保等原因导致的波动风险。对于非系统性风险,保险机构应积极通过再保险市场分散。2014 年 11 月 21 日中国农业保险再保险共同体成立,为农业保险机构提供了一个很好的风险转移市场。为了激励保险机构积极采用再保险分散经营风险,中国农业保险再保险共同体应立足我国国情,通过制度化安排和市场化模式,充分整合国内保险行业资源,提升农业保险整体的风险管理水平,为农业保险提供持续稳定的再保险保障。

二是系统性风险的分散机制。对于因农业大灾风险导致的行业性的经营波动风险,仅仅依靠保险机构的力量是难以化解的。这也是困扰保险机构经营的一个难题。系统性风险极大地影响着保险机构的创新积极性。因此,需要加快建立农业保险大灾风险保障制度。除了公司层面的大灾风险准备金外,建立更高统筹层面的大灾风险准备金制度显得尤为必要。目前,在中央层面大灾风险准备金制度框架尚不明确的情况下,部分省市已经建立了省级的大灾风险准备金制度,如江苏、上海。从长远来看,我国需要逐步建立中央和省级两个层面的大灾风险保障机制,从而构建公司、省级和中央三重风险保障体系,为农业保险发展提供全面的风险保障。

三、创新动力要素综合作用的模式

农业保险微观机制的创新不能仅仅依靠政府,但也不是保险机构的一个孤立行为。道西认为,经济创新是一种解决实际问题的活动过程,是一个渐进的过程。创新活动实际上是一种社会活动,它不仅与技术系统相联系,更与市场紧密联系。卢森伯格等人对这种多因素相互作用的过程从企业内部和企业外部分别进行了系统的描述,形成了不同的创新模式学说①。创新动力从本质上看是内部外部动力要素综合作用的过程。农业保险持续创新的根本动力来源于农业保险机构内部。市场需求、技术推动和政策激励等都将通过内部动力要素发挥创新的驱动力。

第一,创新意识是决定创新活动的精神力量。创新意识是人们对创新与创新的价值性、重要性的一种认识水平、认识程度以及由此形成的对待创新的态度,并以这种态度来规范和调整自己的活动方向的一种稳定的精神态势。农业保险机构首先需要培养正确的创新意识,包括创新自觉意识、创新责任意识、创新道德意识和创新风险意识。创新意识是为保险机构产生稳定、持久创新需要、价值追求和思维定势以及理性自觉的推动力量,成为唤醒、激励和发挥人所蕴含的潜在本质力量的重要精神力量,进而推动保险机构的创新活动。

第二,利润动力和风险保障机制促使要素投入的增加。农业保险机构在利润推动下将增加对创新所需人力、物力和财力的投入。同时,农业保险大灾风险保障机制、农业保险再保险市场建立将有效缓解保险机构经营农业保险面临的风险,从而进一步推动各种创新要素的投入。要素投入的增加和创新活动的开展,将带来更多的创新成果。同时,保险机构通过政策激励要素,将员工的个人利益与公司创新相结合。通过制定各种激发员工创新积极性、鼓励员工创新的政策和措施,来推进保险机构不断创新发展。

第三,外部动力要素通过利润动力发挥作用。农业保险机构的创新

---

① 一是科学技术推进模式,认为科学技术的重大突破及其再生产中的应用,引发了技术创新活动。二是市场拉动模式,认为社会需求是导致技术创新的主要动力。三是技术推动-市场拉动综合作用模式,强调两者的配合与协调,认为它们相互依赖,相互作用。四是技术规范技术轨道模式,认为一项根本性技术创新后,会引起人们观念更新,从而演化为新的技术规范。这种技术规范形成后会在较长时间内发挥作用和影响并固化为"技术轨道"。技术创新将围绕这条轨道持续产生。五是 N-R 模式,认为创新的动因在于社会需求(Needs)和社会资源(Resources)之间的矛盾或"瓶颈"。这些创新动力模式都只注重外部动力要素对创新的推动作用,忽视了内部动力要素的重要作用。

目标以不断满足农户多样化风险保障需求,提高运作效率为目标,并实现尽可能高的利润。农户需求作为外部动力要素,通过内部动力要素利润最大化发挥作用。农业保险机构开发设计的险种如果正是农户所迫切需要的,则新险种就能被农户广泛接受。大量农户的参保,为农业保险的有效运作提供了必要的条件,也为农业保险合理定价、稳定经营创造了条件,最终实现保险机构利润目标。此外,科技推动保险创新。地理信息技术、遥感技术等发展日新月异,越来越多的先进科学技术直接服务于经济领域,从而促使保险机构不断采用先进科技进行适用性创新,应用到防灾防损、理赔等领域,提高农业保险的经营收入。外部动力要素通过利润目标的实现,推动保险机构的创新。

第四,市场竞争直接激发保险机构的创新活动。市场竞争将给保险机构造成实际威胁(如保险客户流失)和潜在威胁(如对手公司业务网点的延伸等),会迫使保险机构从事创新,战胜竞争对手,从而获得持续生存和发展。市场竞争引致的创新是农业保险机构创新的一个重要部分。

在内外部动力要素共同推动农业保险机构创新的过程中,政府依然发挥着重要的作用。尤其在当前农户收入水平较低、农业小规模分散经营为主的发展阶段,政府保费补贴和政策激励仍然是激励保险机构创新的重要举措。但是,随着农业规模化经营阶段的到来和新型农业经营体系的确立,农业保险市场的有效运作,市场动力要素的综合作用将成为主要的保险机构创新模式。图 9.2 反映了市场内、外部创新要素对创新活动的推动作用。

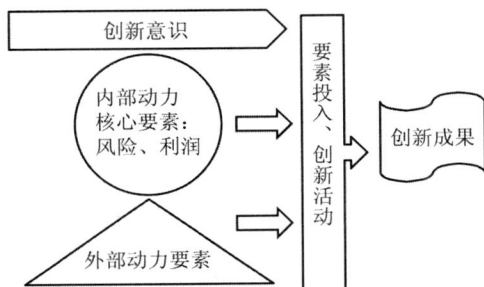

图 9.2　农业保险机构的创新动力模式

小　结

农业保险试点十多年来,政府是农业保险创新的主要推动者。但是,政府主导的农业保险创新日益受到挑战。农业保险的创新发展迫切需要转变创新的动力机制。当前,化解风险压力及引入竞争机制是激励保险机构增加要素投入、开展创新活动的关键要素。农业保险持续创新的根本动力来源于农业保险机构内部。市场需求、技术推动和政策激励等外在动力要素都将通过内部动力要素发挥创新的驱动力。

第十章 完善农业保险的激励和监督机制

农业保险市场的信息不对称是影响农业保险效率的重要因素。如何通过机制设计减少因农户与保险机构隐藏信息而对农业保险运作效率的损害以及实现农业保险内部的有效监督,是提高保险机构运作效率和政府财政补贴资金使用效率的关键。

第一节 构建甄别支付意愿的保费补贴机制

理论分析表明,农户支付意愿的分布状况、农业保险赔款的分布函数和不同支付意愿农户购买保险的边际成本的差异是影响农业保险保费补贴机制设计的主要因素。在中国地区经济发展不平衡的情形下,各地政府应根据地区经济发展情况确定保费补贴的机制设计,以及是否对不同支付意愿的农户进行甄别,以提高中国政策性农业保险的风险配置效率。

一、保费补贴对象和方式

保费补贴的对象是指能够享受保费补贴的农业项目及农户。政策目标决定了农业保险保费补贴的农业项目。现阶段,中国政策性农业保险的政策目标主要是保障粮食安全和促进农业发展。从保障粮食安全目标看,关系国计民生的农产品,包括粮食作物、油料、生猪等是农业保险保费补贴的农业品种。从促进地区农业发展目标看,各地具有地方特色的、对当地农业发展起到主导作用的农产品也应该是农业保险保费补贴的品种。

那么,是否耕种(或养殖)保险作物(或牲畜)的农户都可以购买农业保险,享受农业保险的保费补贴呢?从公平角度看,所有的种植或养殖保险产品的农户都应该获得享受保费补贴的资格。然而,中国农业生产具有小农经济的特点,农户众多且生产分散,农业生产规模比较小。如中国南方许多地区的水稻种植都只是为了满足"口粮",耕种面积很小,对国家粮食安全的影响微乎其微。而且,众多的"口粮"种植户购买保险,可能带来很高的交易成本。一方面是信息不对称导致的逆选择和道德风险问题将会很突出。农业生产的复杂性使得农业保险在自愿保险情形下,农户的逆选择行为难以控制。农户经营分散、规模很小、监督成本高昂使得农户的道德风险很难控制。另一方面,农户和保险公司之间为了签订保险合同可能要花费比较多的搜寻、谈判等成本。高额的交易成本将降低农业保险的运作效率。因此,在现阶段,中国农业保险保费补贴的对象以具有一定生产规模的农业企业、农业合作社或农户为宜。对于分散经营、规模较小的农户,实行以村为单位的"统保",能有效降低交易成本,提高农业保险运作效率。

农业保险保费补贴有定额补贴和比例补贴两种方式可以选择。由于比例补贴方式可以更好地引导农户购买农业保险的行为,激励农户购买更高额度的农业保险,因此,对于农业保险补贴的方式,以采取比例补贴方式为宜。一般来说,保费补贴比例越高,农业越愿意购买农业保险。当保费补贴率足够高时,风险中性的农户也可能购买农业保险以获取保费补贴收益。然而,这将导致农业保险的保费补贴成本巨大,造成政府财政的沉重负担。因此,如何针对不同农户的支付意愿给予相应的保费补贴,是政府介入后提高农业保险运作效率面临的一个重要问题,即保费补贴的激励强度问题。

在完全信息情形下,政府知道农户的支付意愿并且可以根据其支付意愿给予相应的保费补贴,从而既激励农户购买农业保险,又可以节约激励成本。但是,在不对称信息情形下,支付意愿是农户的私人信息,政府无法观察到。因此,为了区分不同支付意愿的农户,需要建立信号甄别机制。信号甄别机制可以将具有不同属性或特征的个体通过其主动的选择行为进行区分。本研究将构建甄别农户支付意愿的保费补贴机制，缓解农户隐藏支付意愿的行为对政策性农业保险运作效率的损害。

二、保费补贴激励强度的基本模型

第二章第三节揭示了农户隐藏支付意愿对农业保险运作效率的损害机理。在同时满足农户的参与约束和激励相容约束条件下，高支付意愿的农户将获得信息租金。政府面临着信息租金与效率之间的权衡。本节将探讨两种支付意愿类型的农户都将购买农业保险的分离均衡情形。

农户购买农业保险的参与约束为

$$EI(R_H) - \underline{\theta}R_H + R_H r_H s_H \geqslant 0 \tag{10.1}$$

$$EI(R_L) - \overline{\theta}R_L + R_L r_L s_L \geqslant 0 \tag{10.2}$$

让两种类型农户说"真话"的激励相容约束是

$$EI(R_H) - \underline{\theta}R_H + R_H r_H s_H \geqslant EI(R_L) - \underline{\theta}R_L + R_L r_L s_L \tag{10.3}$$

$$EI(R_L) - \overline{\theta}R_L + R_L r_L s_L \geqslant EI(R_H) - \overline{\theta}R_H + R_H r_H s_H \tag{10.4}$$

我们知道政府希望能够以最小的补贴成本激励农户购买农业保险。因此，以上四个约束式中，(10.1)式和(10.3)式的大于号不会同时成立，即上述两式中会有一个约束起作用。同样，(10.2)式和(10.4)式中也会有一个约束有效（即不等式取等号）。最终有效的约束应该是两个之中较为严格的一个。

由于 $\underline{\theta} < \overline{\theta}$，如果(10.2)式和(10.3)式成立，则(10.1)式成立。所以，高支付意愿农户的激励相容约束起作用，因而有

$$EI(R_H) - \underline{\theta}R_H + R_H r_H s_H = EI(R_L) - \underline{\theta}R_L + R_L r_L s_L \tag{10.5}$$

也就是说，为了让高支付意愿的农户放弃伪装成低支付意愿的农户以获得额外保费补贴，政府必须让高支付意愿的农户说"真话"时获得的效用高于说"假话"时的效用。当两者取等号时，政府支付的成本最低。

此外，$\underline{\theta} < \overline{\theta}$ 以及(10.5)式可以保证(10.4)式成立。因此，低支付意愿的农户不会试图伪装成高支付意愿的农户。

为了尽可能降低信息成本，(10.2)式等号约束起作用。于是有

$$EI(R_L) - \bar{\theta}R_L + R_L r_L s_L = 0 \tag{10.6}$$

由于政府必须在获知农户支付意愿前向农户提供一组契约,因此,政府的规划问题是

$$(P): \underset{\{(R_H, s_H), (R_L, s_L)\}}{\text{Max}} v[T(R_H) - R_H r_H s_H] + (1-v)[T(R_L) - R_L r_L s_L] \tag{10.7}$$

通过变量代换,政府的目标效用函数变为

$$(P'): \underset{(R_H, R_L)}{\text{Max}} v[T(R_H) + EI(R_H) - \underline{\theta}R_H] + (1-v)[T(R_L) + EI(R_L)$$
$$- \bar{\theta}R_L] - v\Delta\theta R_L \tag{10.8}$$

根据效用最大化的一阶条件可得

$$R'_H = \underline{\theta} \tag{10.9}$$

$$R'_L = \bar{\theta} + \frac{1-v}{v}\Delta\theta \tag{10.10}$$

由此可见,与完全信息情形相比,在不对称信息情形下政府对高支付意愿的农户购买的农业保险的保额并没有变化,但是要求低支付意愿农户购买农业保险的保额要低于完全信息条件时的保额。

针对不同保险金额的保险合同,政府应该给予怎样的保费补贴激励呢?

根据(10.5)式和(10.6)式可以得到

$$s_H = \frac{\underline{\theta}}{r_H} - \frac{EI(R_H)}{R_H r_H} + \frac{\Delta\theta R_L}{R_H r_H} \tag{10.11}$$

$$s_L = \frac{\bar{\theta}}{r_L} - \frac{EI(R_L)}{R_L r_L} \tag{10.12}$$

由(10.11)式可以看出,为了激励高支付意愿的农户购买较高保额的农业保险,政府需要给予比完全信息情形下更高的保费补贴率。$\frac{\Delta\theta R_L}{R_H r_H}$ 是政府为了激励高支付意愿的农户说"真话"而支付的边际信息租金。

从(10.12)式可以看出,政府激励低支付意愿的农户购买农业保险的保费补贴率的高低受到其购买的保额 R_L 扭曲程度的影响。

三、保费补贴激励强度的影响因素

从上述基本模型可以看出,政府激励农户购买农业保险的保费补贴强度受诸多因素的影响。

第一,农户支付意愿的分布状况 v。农户支付意愿的分布状况决定了政府是否需要甄别农户的支付意愿。

如果 v 很大,接近于 1,即高支付意愿的农户占绝大多数。此时,低支付意愿的农户是否购买保险对于农业保险的运作效率影响很小。为了节约信息租金,政府可以不必对农户的支付意愿进行甄别,而是根据高支付意愿农户的需求设计保单,统一提供高保额的农业保险。

如果 v 很小,支付意愿低的农户占绝大多数,对低支付意愿的农户购买的保险金额不向下扭曲,而是允许其购买在完全信息情形下的保险金额。这时,政府可以不必通过保险金额和保费补贴率的不同组合来甄别农户,而是可以根据低支付意愿农户的支付能力确定保险金额和相应的保费补贴率。由于高支付意愿农户数量很少,因此,政府支付给高支付意愿农户的信息租金也很小。

如果 v 介于 0 和 1 之间,不属于以上两种比较极端的情况时,政府就需要通过甄别农户的支付意愿在信息租金规模和农业保险运作效率之间做出权衡。因为,如果将低支付意愿农户购买的保险金额增加 dq,就可以增加配置效率。但同时,保险金额的微小增加同样增加了政府不得不支付给高支付意愿农户的信息租金,因而政府的期望效用减小。

第二,农业保险赔款的分布函数。农业保险赔款的分布函数决定了农户购买不同保险金额可能获得期望赔付率的高低。$\dfrac{EI(R)}{R \cdot r}$ 反映了农户购买不同保险金额的农业保险的期望赔付率。农业保险的期望赔付率越高,政府激励农户购买农业保险的保费补贴率就可以越低。

从(10.12)式可以看出,对于低支付意愿的农户,激励其购买农业保险的保费补贴率取决于其期望赔付率的高低。在分离均衡情形下,低支付意愿农户购买的农业保险金额向下扭曲。但是,这不一定意味着农户获得的期望赔付率降低。当农业保险的期望赔付率随着保险金额的下降而减少时,政府激励农户购买保险的保费补贴强度才会随着保险金额的下降而减弱。同样,政府激励高支付意愿农户的保费补贴率也受到农业保险期望赔付率的影响。简而言之,保费补贴激励强度与农业保险的期望赔付率呈反向变动的关系。

第三,不同支付意愿农户购买保险的边际成本的差异 $\Delta\theta$。在分离均衡情形下,不同支付愿意农户购买农业保险的边际成本差异越大,政府为了激励高支付意愿农户参保,就需要更高的保费补贴激励强度,给予的信息租金就也越高。

因此,农户支付意愿的分布状况、农业保险赔款的分布函数和不同支付意愿农户购买保险的边际成本的差异成为影响农业保险保费补贴机制设计的主要因素。其中,农业保险赔款的分布函数是外生因素,主要受到自然灾害损失分布的影响。不同地区农业灾害风险种类不同,灾害发生频率和损失分布都不同。农业风险区划作为一项基础性工作,对于农业保险的有效运作具有重要影响。

四、机制设计

农户支付意愿的分布状况,以及不同支付意愿购买保险的边际成本的差异受到地区经济发展水平的影响。因此,中国政策性农业保险保费补贴的甄别机制应根据各地经济发展水平区别设计。

在经济发达地区,农户的收入水平比较高,支付意愿相应较高,保障需求也比较高。而且,不同农户之间的收入水平差距可能比较大[①]。现阶段,以保障"物化成本"的低保障、低保额的农业保险很难满足一部分支付意愿较高农户的需求。因此,对于发达地区,政府应通过不同保险金额和不同保费补贴率的组合设计不同的农业保险合同,激发高支付意愿农户的购买意愿,同时通过甄别不同农户的支付意愿,节约保费补贴成本,提高政策性农业保险的运作效率。

在经济欠发达地区,农户收入水平普遍比较低,农户之间的收入差距也相对比较小。同时,经济欠发达地区的地方政府财力往往比较有限,有

---

① 如 2007 年作者对浙江省农户问卷调查的结果显示,所有被调查农户的家庭年平均农业收入为 41978.53 元,远远高于全国农村居民的家庭年平均农业收入。被调查农户的家庭年农业收入的标准差为 230744.31 元,表明被调查农户的年农业收入比较悬殊。

的甚至可能是"吃饭财政"。这时，政府可以通过提供统一的低保额的保单，采取统一的保费补贴率激励农户投保，而不必对农户的支付意愿进行甄别。

简而言之，政府应根据地区经济发展情况决定保费补贴机制设计，以及是否对不同支付意愿的农户进行甄别。

第二节　完善保险机构的报酬激励机制

理论分析表明，保险公司的风险规避程度、保险公司对激励的敏感度、参与率对保险公司努力的依赖程度以及参与率指标的不确定性程度是影响政府对保险公司的报酬激励机制设计的主要因素。根据政策性农业保险的特点，保险公司的报酬激励机制可以分为低风险的管理费用补贴机制和高风险的剩余索取机制。其中，剩余索取机制具有长期激励的效果，能有效缓解保险公司的道德风险，有助于提高农业保险的风险配置效率。

一、基本模型

在政府组织、市场化运作模式下，政府与保险公司之间形成了委托代理关系。根据激励理论，控制保险公司道德风险的有效途径就是根据政府和保险公司的风险偏好，选择不同的风险分担合同。当政府和保险公司都是风险厌恶时，由政府和保险公司分担风险是最优的选择。

激励合同的设计就是如何对保险公司进行激励，具体包括给多少和如何给。给多少是指政府为了吸引保险公司参与农业保险的经营应给予它们的报酬。这个问题就是委托代理理论中的"参与约束"问题，即保险公司参与农业保险获得的效用应不低于其不参与时的保留效用。给定报酬标准，保险公司如何得到这些报酬涉及激励相容问题。激励相容约束是指保险公司在实现自身利益的基础上实现了农业保险的政策目标。因此，为了使保险公司的努力行为和农业保险的政策目标相一致，报酬合同不仅要满足保险公司的参与激励，而且要满足激励相容约束。以下通过一个简单的模型说明影响保险公司报酬激励合同的因素[①]。

参与率是反映政策性农业保险目标实现程度的较好指标。然而,参与率的度量涉及对所有农户是否符合可保条件的判断,比较复杂。而农业保险保费收入是反映参与率的一个比较好度量的指标。因此,本研究假定随着农业保险保费收入的增加,参与率提高[②]。我们用 p 表示保费收入;用 a 表示保险公司的努力水平;k 是一个参数,衡量保险公司的努力程度对保费收入的贡献大小,我们称之为保险公司的边际生产率;θ 是一个均值为 0,方差为 σ^2 的正态分布的随机变量,我们用它表示不确定因素。则上述关系可以用下面的三个等式表达:

$$p = ka + \theta \qquad (10.13)$$
$$E(p) = E(ka + \theta) = ka \qquad (10.14)$$
$$Var(p) = \sigma^2 \qquad (10.15)$$

其中,(10.13)式表示保费收入受保险公司的努力程度和不确定因素影响;(10.14)式表示平均保费收入只受保险公司努力水平的影响;(10.15)式表示保费收入的方差只受不确定因素的影响。

假设保险公司是风险回避的,并且其风险态度不随收入的变化而变化。因此,保险公司的效用函数可以表示为

$$u = -e^{-\rho w} \qquad (10.16)$$

其中,ρ 表示保险公司的风险回避程度,其值越大表示保险公司越害怕风险;w 表示保险公司的净风险收入,它等于货币收入减去努力成本。假定政府决定采用以下支付合同:让保险公司的一部分收入固定不变,另一部分收入则依赖于保费收入情况。用公式表达是

$$s(p) = \alpha + \beta p \qquad (10.17)$$

因此,一个激励合同就可以用(α, β)表示。其中,α 表示固定收入,β 表示保费收入的补贴比例。

假定保险公司的努力成本可以用货币来衡量,其值为(其中 b 为参数)

---

① 模型构建参考了张维迎(2005:246-248)中关于激励报酬合同的基本模型。

② 一般来说,保费收入的增长与参与率的提高之间具有同向变动的关系。但是,在某些情况下,两者也可能出现不一致。如同一个农户对其种植作物选择了更高保障水平的保险险种。这时,农业保险保费收入增加,但是参与率不变。

$$c(a) = b\frac{a^2}{2} \tag{10.18}$$

因此,保险公司的净风险收入为

$$w = s(p) - c(a) = \alpha + \beta(ka + \theta) - b\frac{a^2}{2} \tag{10.19}$$

这一风险收入的确定性等价收入为

$$Ew - \frac{1}{2}\rho\beta^2\sigma^2 = \alpha + \beta ka - \frac{b}{2}a^2 - \frac{1}{2}\rho\beta^2\sigma^2 \tag{10.20}$$

对于政府而言,其目标是选择一个激励合同来最大化政策性农业保险的保费收入,即扣除支付给保险公司补贴后的保费收入。可以写成

$$\underset{\alpha,\beta}{\text{Max}}\, E(p - s(p)) = -\alpha + (1-\beta)ka \tag{10.21}$$

政府要实现这一目标,需要在满足保险公司参与约束和激励相容约束下进行。假定保险公司的保留效用为 $\bar{w}$。因此,参与约束要求

$$\alpha + \beta ka - \frac{b}{2}a^2 - \frac{1}{2}\rho\beta^2\sigma^2 \geqslant \bar{w} \tag{10.22}$$

激励约束需要使保险公司努力水平越高,收入越高。在支付合同 (α,β) 给定的条件下,保险公司的最优努力水平要求增加一分努力所带来的收入要等于多一分努力时的成本。因此,保险公司选择的努力水平将满足

$$a = \frac{k}{b}\beta \tag{10.23}$$

根据这一条件,我们发现激励和努力水平之间的关系:补贴比例 β 越高,表明激励强度越高,从而保险公司的努力水平也越高。

那么,政府为了实现保费收入最大化,应该把补贴比例 β 确定在何种水平呢?解由(10.21)式至(10.23)式构成的约束条件下的极值问题,可以得到最优的 β 值

$$\beta = \frac{k^2}{k^2 + b\rho\sigma^2} \tag{10.24}$$

$$\alpha = \bar{w} - \beta ka + \frac{1}{2}\rho\beta^2\sigma^2 + \frac{1}{2}ba^2 \tag{10.25}$$

考察(10.24)式,我们发现,最优激励强度与保险公司的风险回避程度和保费收入的风险程度成反比;最优激励强度和保险公司的边际生产

率成正比,即保险公司的边际生产率越高,激励强度就越趋提高。保险公司的风险厌恶程度、保费收入的风险程度、保险公司的边际生产率等是影响政府对保险公司激励强度选择的主要因素。

第一,保险公司的风险回避程度。如果保险公司的风险规避程度比较大,则为了满足保险公司的参与约束,就需要提高没有风险的固定收入部分,降低具有风险的可变收入部分。由于保险公司的风险态度很大程度上受到公司决策者心理因素的影响,不易观察到,不害怕风险的保险公司也可能假装害怕风险要求给予补偿。因而,提供具有不同风险的报酬方案供保险公司选择是一种解决方法。

第二,保险公司对激励的敏感度。保险公司对激励越敏感,说明其努力的成本系数越低,越愿意努力工作。当努力的成本系数较高时,说明保险公司害怕努力工作,对激励的敏感度不高,为了激励其努力工作就要付给较高的报酬。这时,为了提高政策性农业保险的运作效率,政府让保险公司选择较低努力水平以换取激励成本的节约可能是最好的。

第三,参与率对保险公司努力的依赖程度。如果政策性农业保险的参与率对保险公司努力的依赖程度很高,则政府应加强对保险公司的激励强度。在当前中国政策性农业保险试点初期,保险公司的努力程度对农户参保决策的影响较大。如中国农户对农业保险的知晓率很低,有的甚至没有听说过农业保险。因此,通过保险公司的宣传、引导,让更多的农户知道并且认同农业保险,对于提高农业保险的参与率具有重要影响。

第四,参与率指标的不确定性程度。这是指政策性农业保险的参与率受到不确定因素影响的程度。参与率受不确定性因素的影响越大,激励强度就应越弱。因为保险公司是风险规避的,给定相同的等价收入,风险较高的风险收入所要求的风险溢价就会提高。因此,从节约激励成本的角度考虑,就需要提高固定收入部分,降低可变收入部分,但这使激励强度下降。

二、机制设计

根据以上对保险公司激励合同影响因素的分析,结合中国政策性农业保险的特点,政府对保险公司的报酬激励机制可以分为低风险报酬激励和高风险报酬激励两个部分。

（一）低风险报酬激励

低风险报酬激励是指政府对保险公司经营农业保险的管理费用给予固定比例的财政补贴。由于农业生产的复杂性和分散性，保险公司开展农业保险的交易成本很高，主要表现在保险合同签订之前的搜寻、谈判等成本，以及损失发生后的定损、理赔成本。因此，在自愿保险的情况下，与其他商业性险种相比较而言，农业保险的经营管理成本较高。根据保险收入的一定比例对保险公司经营管理费用进行补贴，有利于激励保险公司扩大业务规模，增加保费收入，提高农业保险的参与率。

合理确定经营管理费用的补贴率是低风险报酬激励需要解决的一个主要问题。因为，经营费用补贴率的高低直接影响到保险公司开展农业保险的努力程度。在试点初期，随着保险公司业务规模的扩大，其边际费用率逐渐降低。当保险公司经营农险的边际费用率低于补贴率时，保险公司会积极拓展农险业务。然而，在政策性农业保险业务达到一定规模以后，保险公司经营的边际费用率将逐渐提高。当保险公司的边际费用率等于管理费用补贴率时，保险公司的努力水平将不再提高。因此，揭示保险公司真实的经营费用率至关重要。

政府部门可以通过招标的方式为保险公司真实的经营管理费用率提供一个"信号发送"机制，或者政府部门通过设计不同经营管理补贴率的合同供保险公司选择，提供一个"信号甄别"机制，从而确定合理的管理费用补贴率。

虽然经营管理费用补贴能够激发保险公司努力扩展保险业务的积极性，但是，农业保险的高风险特点使得保险公司的经营面临亏损。因此，低风险收入对保险公司的激励作用是十分有限的。为了激励保险公司长期努力开展政策性农业保险，必须给予更高强度的、具有长期激励效果的报酬激励。

（二）高风险报酬激励

根据产权理论，产权具有将外部性内在化的配置作用，是一种长期激励机制。因此，明确保险公司对保险剩余的控制权和剩余索取权（包括基金剩余的分配和超额赔款的分担），可以激励保险公司努力经营保险业务，降低保险公司的道德风险，实现对保险公司的长期激励。

政策性农业保险中，政府对保险公司实施高风险收入激励的本质就是政府与保险公司之间具有激励兼容特征的收益(或损失)的分享(或分担)机制的建立。政府与保险公司之间分享或分担收益与损失的方式有两种:共同保险和再保险。共同保险类似于合伙制。共同保险形式下,政府与保险公司按约定比例对所有农业保险的赔款承担赔偿责任,同时享有基金剩余。再保险是保险公司将部分风险转移给政府,并支付分保费,政府分担部分赔偿的形式。共同保险和再保险,哪一种方式更适合农业保险的报酬激励合同呢?

当保险公司和政府的行为对于政策性农业保险目标的实现都具有相当大的影响,同时,双方的行为都比较难以监督时,采用共同保险形式比较合适。这时,政府和保险公司之间承担连带责任,互为委托代理关系[①]。然而,中国政策性农业保险普遍采取的"政府推动、市场运作"模式中,政策性农业保险由保险公司经营,政府实际上不参与政策性农业保险的实务过程。保险公司拥有剩余控制权,其行为难以监督,对政策性农业保险的影响比较大。所以,为了激励有剩余控制权的保险公司努力工作,做出帕累托最优的决策,就必须让其拥有剩余索取权。因此,在政府和保险公司之间通过再保险形成收益(或损失)的分享(或分担)机制是比较合适的选择。

再保险合同就是政府与保险公司之间的一个风险分担合同。这里涉及三个问题:一是保险公司是否有风险选择权?即保险公司是否可以根据险种、地域等分类标准,决定不同的分出份额?二是分保方式的选择问题,是比例再保险还是非比例再保险?三是如何确定分保比例或责任?

第一,保险公司的风险选择权。在商业性保险市场上,保险公司有权

---

① 例如,1991年湖南省在全省11个县试点,采取将农业保险险种与其他商业性险种捆绑一起,实行单独立账、独立核算、责任在政府和保险公司之间五五分担的模式。这种模式把地方政府和保险公司、投保农户三方利益结合在一起,以农村保险业务的结余来弥补农业保险的亏损,使业务一度得到了较大的发展。然而,1993年,湖南遭受大水灾,一些县把前两年积累的农业保险基金全赔光,仍无法全部兑现赔款,县政府拿不出资金来承担应负的赔款,只好由县人保公司向省公司折借。问题显现出来:县政府可以共盈,但无法共亏。这一模式不久夭折(庹国柱、李军,2003)。

选择风险[①]，风险选择机制保障了保险公司获利的可能性。然而，保险公司经营政策性农业保险往往面临着制度约束，即保险公司没有权力确定农业保险险种的费率，并且不得拒绝农民的投保。这实际上限制了保险公司的风险选择权，使得保险公司面临极大的风险。因此，再保险合同是否允许保险公司在分出业务上具有风险选择权将对保险公司产生不同的激励效果。风险选择机制确保了保险公司索取剩余的可能性。但是，应该注意到，如果允许保险公司在分保时进行风险选择，有可能会出现保险公司"逆选择"的情况。即保险公司将风险高的业务险种分给政府，将风险低的业务自留，出现政府赔款数额剧增，而保险公司获得可观利润的情况[②]。

第二，分保方式的选择。农业保险再保险的分保方式主要有成数分保、溢额分保、超额赔付率分保等几种。各种分保方式各有特点，并且不同的分保方式下，政府与保险公司之间的利益分配也不一样。

在成数分保方式下，政府与保险公司之间存在真正的共同利益，不论业务质量如何、经营结果盈亏，双方利益一致。而且，成数分保方式手续简化，节省人力和费用。溢额分保是由保险公司对每一危险单位先确定一个自留额，当保险金额超过自留额时，由政府承担的再保险方式。保险公司是否将其承保的农业保险风险分出，关键在于危险单位的保险金额是否超过自留额。因此，保险公司可以通过自留额的确定，选择承担风险的额度。溢额分保方式赋予了保险公司的风险选择权。但是，溢额分保相对于成数分保，手续比较复杂。农业保险试点初期，保险公司缺乏统计资料与实践经验，农业保险经营存在较大风险，比较适宜采用成数再保险。成数分保和溢额分保方式都是对保险金额限度内损失或风险的配置

---

① 保险公司对于风险很高的投保人可以拒绝承保，或者通过费率调整，使得保险公司承担的风险与收益相当。而且，对于已经承保的风险，保险公司可以通过再保险将部分风险和责任转嫁出去。

② 如1992年美国农业保险再保险（SRA）合同改革，改变了保险公司分担风险的条件，将全部农业保险分为三个基金，允许保险公司在不同基金下，确定不同的自留比例。这使得保险公司经营农业保险有了一定的业务选择权利。美国农作物保险出现了保险公司收益不断增强与财政负担日益沉重的局面。因此，美国农业部监察总署认为SRA使得更多的财政资金流向了私人保险公司，而不是帮助农户弥补保险损失。

方式。

　　然而,农业风险的相关性导致保费精算公平性比较差,农业保险赔付率通常比较高[①],超额赔款的分担机制成为影响保险公司行为的重要因素。超额赔付率再保险是按年度赔款与保费的比例计算保险公司自负责任与政府应承担的责任的一种方式。当农业保险赔款超过一定比例时,由政府和保险公司分担损失。这种再保险方式将保险公司某一年度经营农业保险的赔付率控制在一定的标准内,有利于维护保险公司经营的稳定性。因此,农业保险再保险的方式通常应由超额赔付率分保方式与成数分保或溢额分保方式相互配合、混合使用。

　　第三,分保比例的确定。政府与保险公司之间分保比例的确定决定了风险和利益在两者之间的分配。参与约束要求从长期看,保险公司经营农业保险的期望收益应不低于其保留效用。换句话说,保险公司对农业保险基金的期望剩余应大于其保留效用。期望剩余是指在一定农业灾害损失分布下,保险公司经营农业保险可能获得的剩余期望值。它反映了从长期看,保险人经营农业保险所能获得的平均剩余。在农业保险赔付率分布一定的情形下,分保比例决定了保险公司可能获得的期望剩余。农业保险赔付率的分布是一个由农业风险的发生状况、赔付分布等决定的外生变量。各个国家的农业保险赔付率分布不同,不同农业保险险种的赔付率分布也不同。

　　令 t 表示某农业保险险种的赔付率,$f(t)$ 表示该险种赔付率的分布函数,则 $E(t) = \int tf(t)\mathrm{d}t$,$E(t)$ 表示农业保险的期望赔付率。从各国农业保险实践看,$E(t)$ 通常大于 1,即农业保险长期的平均赔付率大于 1。

　　令 $g(t)$ 表示不同赔付率情形下政府与保险公司之间的分保比例函数。则为了激励保险公司努力开展农业保险业务,$g(t)$ 必须满足以下条件:

$$\int (1-t)f(t)g(t)\mathrm{d}t \geqslant 0 \qquad (10.26)$$

　　也就是说,根据不同农业保险险种赔付率的分布状况,可以确定分保比例函数 $g(t)$。

_____

① 如美国 1981—2003 年农作物保险的简单赔付率平均为 1.11,其中 1981—1993 年农作物保险的简单赔付率平均为 1.52。

保险公司开展农业保险的效用为

$$U = U(P \cdot \int (1-t) f(t) g(t) \mathrm{d}t) \tag{10.27}$$

其中，P 表示农业保险保费收入。当满足条件 $\int (1-t) f(t) g(t) \mathrm{d}t \geqslant 0$ 时，保险公司获得的剩余不仅受到剩余索取率的影响，而且受到农业保险保费收入的影响。农业保险保费收入规模越大，保险公司经营农业保险可能获得的期望剩余越多。因此，$g(t)$ 的分保比例函数不仅满足了保险公司的参与约束，而且激励保险公司努力开展业务，避免保险公司"偷懒"的道德风险。

从政策性农业保险作为"以工补农"的一种政策工具的角度看，以上分保比例的确定有利于实现政策性农业保险"工业反哺农业"的政策目标。政府在上述分保比例的再保险合同中，其获得的期望剩余为

$$P \cdot \int (1-t) f(t) (1-g(t)) \mathrm{d}t$$

$$= P \cdot \left[\int (1-t) f(t) \mathrm{d}t - \int (1-t) f(t) g(t) \mathrm{d}t \right]$$

$$= P \cdot \left[1 - E(t) - \int (1-t) f(t) g(t) \mathrm{d}t \right] \tag{10.28}$$

由于 $E(x)$ 通常大于 1，$\int (1-t) f(t) g(t) \mathrm{d}t \geqslant 0$，因此，政府在农业保险合同中获得的期望剩余是负的，即政府通过财政补贴分担了农业保险赔款。农业风险通过保险形式实现了从农业部门向其他部门的转移，实现了从农户向社会公众（财政资金来自纳税人缴纳的税赋）转移的过程。这将原本聚集在农户个体的风险分散成由众多纳税人共同负担的小额风险。因此，政府在正常年份，其期望剩余小于零的分担机制体现了"工业反哺农业"的内涵。

第三节　完善农业保险的内部监督机制

商业保险公司经营农业保险的模式中，农户之间的信息是私有信息，农户具有信息优势。保险机构作为外部人，搜寻农户相关信息的成本较

高。在这种情况下,有必要建立有效的信息传递机制,实现农业保险的内部监督。

已有研究表明,解决信息不对称的途径有提高私有信息拥有者的信息披露水平(如提高上市公司的信息披露),或发展市场信息中介,提高市场信息中介对信息的关注和披露等。然而,中国农业保险试点初期,既没有强制性的规定要求农户披露信息,也缺乏发展信息中介市场的条件。因此,要将农户购买农业保险的私人信息转化为公共信息的一个途径就是通过保险公司公开农户保险的相关信息,尤其是理赔信息。保险监管部门要求保险公司在承保、理赔中要做到"五公开、三到户"。保险机构需要切实做到将各农户的损失情况、理赔金额等信息张榜公布,让农户了解同村其他农户的损失和理赔情况。将农户拥有的私人信息转化成了所有农户共同掌握的共有信息,既为农户之间内部监督机制的建立奠定基础,也是农户了解财政补贴资金使用情况,监督地方政府行为的需要。

但是,本研究附录四通过对浙江省的调查发现土地细碎地区农业保险"三到户"的要求难以落实,且有其内在原因。即使农业保险"三到户"落实到位,农户之间掌握相互之间的保险投保、理赔等信息也并不能从根本上形成农户之间的相互监督,无法实现农户对基层政府行为的监督。

因此,需要建立农户之间利益的关联机制。只有当农户之间利益存在相关性,其他农户不诚实的农业保险投保、理赔行为可能影响自身的利益时,"五公开、三到户"形成的信息传递机制才可能发挥作用,形成农户之间相互监督的内在激励。

"信息是个人行为受到监督的基础"(张维迎,2001:6)。在一个社会中,如果一个人的行为能被一部分人群以相对低的信息成本观察到,而其他人群观察该行为的成本较高,那么,让信息成本较低的人群行使监督的权利就可以大大节约监督成本。进一步,如果制度规定具有信息优势的人群同时必须对被监督对象的行为承担连带责任(风险),这部分人群也就获得了监督他人的激励和名义(张维迎、邓峰,2003)。基于信息优势的连带责任能够比较有效地建立起农户之间的利益相关机制。

　　因此,保险公司应建立农业保险代理人队伍。各村的村干部是农业保险代理人的合适人选。村干部通常比较了解本村的农业生产、农田分布等基本情况,具有信息优势。同时,村干部也从事农业生产活动,与外部代理人相比,他们还具有专业优势。因此,可以将村干部聘用为农业保险代理人,代为查勘损失规模较小的理赔案件。但是,如何通过农业保险的定损代理人建立农户之间利益的关联性呢? 如何避免保险定损代理人与农户串谋,损害保险公司利益呢? 这就需要建立对保险定损代理人的监督和惩罚机制。

　　抽查制度和惩罚的连带责任制能够比较有效地约束定损代理人的行为,并在农户之间形成内部监督的激励。保险机构通过随机抽查了解保险定损代理人的定损情况。一旦发现保险定损代理人夸大损失,则被抽查农户的农业保险损失根据实际损失和夸大损失的比例进行赔付,以此作为对该农户与保险定损代理人(如村干部)的惩罚。不仅如此,所有由该村干部定损的农户,其赔款都将按比例赔付,得到不足额的补偿。换句话说,村干部与某个农户的"共谋",会对所有其他农户的利益造成损害。连带责任制使得农户之间有了相互监督的内在激励。随着农业保险的逐步开展,保险业务范围的扩大,农业保险的理赔定损中介机构将逐步发展起来。与试点初期的村干部定损的连带责任制度不同,保险理赔定损中介机构将以自身的信誉来约束其理赔定损人员的行为。这时,农户的内部监督将逐步由中介机构的外部监督所代替。

　　连带责任制是实现第三方实施与第二方实施相互转化的机制。第三方实施通常需要信息的可观察性和可验证性在信息不对称的条件下常常无法得到满足。连带责任的出现把第二方实施引入了第三方实施的框架中,使第三方实施所需要的信息要求在一定程度上降低(郑志刚,2004)。

小　结

　　本章对甄别农户支付意愿的保费补贴机制和保险公司的报酬激励机制展开分析,认为在中国地区经济发展不平衡的情形下,各地政府应根据地区经济发展情况确定保费补贴的机制设计,以及是否对不同支付意愿的农户进行甄别。同时,指出保险公司的报酬激励机制应包括低风险的管理费用补贴机制和高风险的剩余索取机制。其中,剩余索取机制具有长期激励的效果。通过机制设计缓解信息不对称对政策性农业保险运作效率的损害,实现农业保险优化风险配置的功效。通过连带责任制建立农户之间利益的关联机制,从而形成农户间内部监督的激励。然而,农业保险的风险配置机制总是不完全的,有必要建立和完善实施机制。

第十一章 政府在农业保险中的定位及作为

为适应农业规模化发展阶段对农业保险的新要求,实现农业保险的再发展,迫切需要政府合理定位,将"政府主导"转变为"政府引导",避免政府在农业保险中的越位和缺位。同时,应加强对政府权力的约束,建立信誉机制,完善农业保险市场有效运作的保障机制。

第一节 政府在农业保险中须"一退两进"

一、退出对微观活动的干预

第一,尊重市场主体的权利,退出对微观决策的干预。由于政绩压力和财力约束,基层政府在推进农业保险过程中,出现了强制农户参保或拒绝参保、要求保险机构做不合理赔付、压低险种定价等行为,损害了农户和保险机构的权益,破坏了农业保险市场运作秩序,导致农业保险基金应对大灾风险能力不足。地方政府应尊重农户自愿参保的权利和保险机构自主经营权,退出对农业保险微观经营活动的干预。

第二,完善市场准入机制,减少不必要的审批。2013 年发布的《关于加强农业保险业务经营资格管理的通知》,详细规定了农业保险业务的准入门槛,而且对七种可能被取消经营资格的违法违规行为予以明确列举。

我国农业保险业务的准入和退出机制得以进一步完善。然而,保险公司经保监会批准经营农业保险业务只是获取了经营资格,并不意味着可以向其他商业性市场一样自主开展农业保险业务经营。保险经营机构还必须获得拟开展业务的当地政府的同意,才能开展农业保险业务。农业保险市场并不是完全开放的。目前各地农业保险市场准入规则并未形成。行政审批成为决定保险机构能够进入农业保险市场的关键。然而,政府行政审批制正是滋生权力寻租的土壤。因此,消除权力寻租首先需要改革农业保险市场进入的审批制。

从必要性看,在保险监督管理部门没有出台相关规定的情况下,政府审批农业保险经营主体资格的做法是必要的,有助于保障当地农业保险市场的经营秩序和稳定发展。在保险监管部门出台相关管理规定后,地方政府对有资格经营农业保险的机构进行再次审核,则有过度用权之嫌。因此,需要协调保险监管部门与地方政府的管理权责,完善农业保险市场的准入机制和退出机制。

第三,建立新型基层服务体系,逐步退出微观经营活动。在农业保险承保、理赔过程中,政府部门特别是基层乡镇和村委会"奋战"在第一线,保险机构退居二线,造成了农业保险中的主体错位。保险机构开展农业保险由依靠政府变为依赖政府,缺乏主动服务农业和农户的意识。当前的局面是我国农业保险发展初期政府深度介入的一个必然结果。但是,随着农业规模化经营阶段的到来和新型农业经营体系的构建,农业保险的微观经营方式将发生根本性的转变。

农业规模化经营为农业保险转变发展方式创造有利条件。规模化经营将克服现阶段农户小规模分散经营导致的农业保险高额运作成本问题,极大地减少保险机构对基层政府的依赖,使得农业保险业务市场化运作、基层政府退出微观经营成为必然。因此,基层政府和机构应支持保险机构建立适应新型农业经营体系的基层服务体系,逐步实现从业务"经办员"到市场"监督员"的转变。

二、加大财政支持力度

财政补贴是推动农业保险发展的一项重要扶持政策,对于激发农户购买农业保险的积极性,培育农户的保险意识具有很重要的作用。当前,农户对农业保险的需求日益多样化,迫切需要更高水平的保险保障和更多样的保险险种。因此,我国各级政府应积极转变财政补贴思路,逐步转变为"提高保障、集中重点",根据事权与财权匹配的原则,加大财政补贴力度。

加大中央财政补贴力度,率先提高大宗农产品的保险保障水平,逐步从"保成本"变为"保产量",使农业保险真正发挥对农业和农户的保障作用。如农产品的产量保险或收入保险可以让农民从保险补偿中获得大部分的农业正常收益。保险保障水平的提高,势必会提高保险保费。在农户负担不变的情况下,提高的保费需要更多的财政补贴资金的支持。

加大中央和省级财政对粮食大县、农业大县的保费补贴力度,逐步取消县级财政对关系国计民生农产品的补贴。粮食大县、农业大县往往也是财政的贫困县。逐级配套进行财政补贴的制度安排对粮食大县、农业大县造成比较沉重的财政负担,限制了农业保险的深入开展,也是导致基层政府在补贴后联合保险公司骗取补贴资金的一个很重要的原因。因此,对于关系国计民生的农产品,从保障粮食安全角度看,需要由中央政府或省级政府给予保费补贴。

三、构建政府层面的大灾风险保障机制

根据我国实际情况,农业保险的大灾风险保障机制应分为三个层面,即保险机构层面、省级层面和中央一级。当前我国已经初步确立公司层面的农业保险大灾风险准备金制度。但是,从过去的实践来看,没有更高层面的大灾风险准备金,使得保险公司在大灾发生后,无力足额赔偿受灾农户的损失,致使投保农民的利益遭到不应有的损害。

因此,必须尽快建立中央和省级的农业保险大灾风险分散机制,明确中央和省级政府的农业保险大灾风险责任,尽快出台中央层面的大灾风险保障制度框架,促进省级政府构建与中央有机衔接的大灾风险保障制度,包括筹资安排、资金运作与管理等。多层次的大灾风险保障机制的建立,有利于增进全社会抵御巨灾的能力,维护农业保险市场平稳运作。

第二节 健全和完善权力约束机制

农业保险法律体系的完善,是农业保险市场规范发展的保证,也是规范和约束政府权力的基础。农业保险立法的完善,有助于构建农业保险活动的秩序,实现农业保险的政策目标;有利于明确农业保险主体的行为模式,保障效率的实现;有利于规范行为主体的权利义务及法律责任,兼顾公平和效率。

一、尽快出台实施细则

法律作为正式制度,能够给行为人以合理与稳定的预期,诱导当事人事前采取从社会角度看最优的行动,对微观主体行为具有激励功能。哈耶克(1989:125)指出:"因为司法和立法发展了各种用途的标准合同,它们不但非常实用易懂,而且确定了事实上能订立的合同的解释,并被用来填补所有事实上能订立的合同的空缺。"因此,完善的农业保险立法是农业保险有效运作的根本保障。

《农业保险条例》的出台,为规范农业保险各方主体行为提供了法律依据。然而,在农业保险的监管对象和监督主体方面有待进一步细化和明确。

一是农业保险的监管对象。不同于一般商业性保险,农业保险的参与主体不仅是保险机构和投保人。政府作为参与风险配置的主体,也是农业保险的一个主体。因此,农业保险的监管对象就不仅包括保险人和投保人,也包括政府部门。对于保险人的监管,会涉及保险机构的市场行为、偿付能力和公司治理结构等方面的监管。然而,对于政府部门在农业保险中行为的监管仍需要进一步明确。

二是农业保险的监管主体。中国保险监督管理委员会是农业保险的监督管理主体。然而,农业保险在各地推进过程中,地方政府多个机构都参与其中,且各司其职。《农业保险条例》只是概括性地规定了"国务院保险监督管理机构对农业保险业务实施监督管理。国务院财政、农业、林业、发展改革、税务、民政等有关部门按照各自的职责,负责农业保险推进、管理的相关工作"。这个规定明确了农业保险业务的主管机构,但是,对于其他机构是否具有监管的职责,并未作明确规定。农业保险涉及高额的财政补贴,因此,财政部门被授予了一定的监管权力。但是,如何监管尚未明确。

因此,在《农业保险条例》的基础上,针对我国农业保险发展过程中出现的新问题、新情况,应及时出台相应的政策、法规,逐步完善农业保险法律体系。

二、加强对政府权力的制约

农业保险法律体系的不断完善,为加强对农业保险中政府权力的约束和监督提供了法律依据。在农业保险的监管对象中,政府也是一个应该被纳入监管的主体。将政府的权力关进制度的笼子,首先须要明确哪些是政府在农业保险中必须拥有的权力,然后通过制度安排规范和约束政府机构的用权行为。

从当前情况来看,要按市场经济规律办事,削减政府行政权力,放权于市场和基层,摈弃计划经济时期高度集权的管理的办法。尽快协调保险监管部门与地方政府的管理权责,完善农业保险市场的准入机制和退出机制。逐步建立新型基层服务体系,打破基层协保渠道的"垄断"地位。对于政府各机构具有的管理权力,应以制度规范政府机构的用权行为。掌握权力的人容易滥用权力,必须用制度加以约束,特别是在法制建设不十分完善的情况下,更要靠制度加以补充和规范。首先,要把制度建立在每一个重点用权环节上。在明确分工各负其责的基础上,必须明确规定每个领导干部在自己所分管工作的范围内有多大的权力,都必须有明确具体可操作的规定。同时,要制定程序性制度,对领导干部行使权力的全过程都作出相应的规定。其次,要制定跟踪检查监督和责任追究制度。对有章不循、违反制度的用权行为实行责任追究,做到监督检查到位。

疏通权力运行渠道,保障权力规范有序运行,是建立权力约束机制不可或缺的必要条件。而要疏通权力运行渠道,必须着力调整领导干部的用权结构,加强对权力的管理,适度分解权力,形成互相制约的权力机制。

第三节　完善农业保险的实施机制

与法律相比,信誉机制是一种成本更低的维持交易秩序的机制。特别是,在许多情况下法律是无能为力的,只有信誉能起作用(张维迎,2002)。契约的私人自我实施机制主要是通过对交易一方的违约行为施加一种私人惩罚来保证交易的正常进行。市场信誉机制的建立是私人惩罚的前提,也是契约的私人自我实施机制的基础。给定法律制度和激励合约的条件下,建立农业保险中农户、保险公司信誉机制的关键是建立信息共享平台和加大惩戒不诚信行为。

一、构建农业保险信息共享平台

如果一个人或企业的不诚信行为不会被发现,那么他们就没有讲信用的动机。欺骗带来的短期利益将激励他们总是采取"一锤子买卖"的方式进行交易。因此,构建一种能够使个人或企业的不诚实行为被其他潜在的交易者很方便、迅速了解的平台将激励个人和企业重视信誉。农业保险信息共享平台就是一个对行为主体提供全面信用信息的系统,政府有必要加快推进信息平台的建设。

要加紧研究制订信息管理法律框架,从数据开放、消费者隐私权保护到规范信息管理等方面都要做出明确的法律规定。通过数据保护法明确可以采集和使用的信息范围,界定与政府信用信息相关的国家秘密、与保险机构信用信息相关的商业秘密以及与消费者个人信用信息相关的个人隐私,明确对国家秘密、商业秘密和个人隐私等特殊信用信息的保护措施,明确政府部门及其相关机构信用信息公开的内容、范围和具体方式等。通过信用机构法,对信用中介机构的市场准入、信用管理和服务活动(如信用评估、信用征集、信用调查、信用咨询、信用评级等)进行规范。

农业保险信息共享平台是一项庞大的系统工程,不仅仅是农业保险业务系统的建设,还涉及政策、法律、制度、技术等方面,以及金融、法律、税收、工商等很多部门。因此,政府需要尽快明确一个具体主管部门,明确我国农业保险信息平台建设的总体方案。信息平台建立有利于推进全社会信用机制的建立,是一项社会收益显著的工程。因此,财政资金应成为信息平台建设资金的主要来源。

农业保险信息共享平台作为一个高效的信息传递渠道,是对农户、保险公司的不诚信行为进行惩戒的基础。信息传递速度越快,信息传递越完全,越有利于农户、保险公司信誉机制的建立。

二、建立保险欺诈识别体系

农户的道德风险可以归为两类:疏于管理和保险欺诈。保险欺诈可以分为"硬欺诈"(Hard Fraud)和"软欺诈"(Soft Fraud)[①](Hunsoo Kim, Kwon,2006)。农户参加保险后,由于农业保险对损失的补偿功能可能使农户对于参保的农作物疏于管理。在灾害事故发生后,农户疏于管理的行为将导致损失规模的扩大。无论农户疏于管理还是保险欺诈都会导致保险赔款的不必要支出,增加理赔成本。然而,农户这两类道德风险行为的事后可观察性是不同的。农业生产过程的复杂性使得农户在农业生产过程中疏于管理的行为以及"软欺诈"很难被观察到[②]。相比较来看,保险欺诈中的"硬欺诈"由于虚构保险损失,通过保险欺诈识别系统比较容易在事后被识别。保险欺诈识别系统的构建有利于及时发现欺诈行为,减少不必要的赔款支出,也是惩戒农户欺诈行为的基础。

(一)保险欺诈识别体系的构成

保险欺诈识别系统是对于农户提出索赔的所有案件,通过一定的机制进行识别,从而对保险欺诈行为进行监督。保险欺诈识别系统的建立可以分为三个层面:一是在保险公司和保险行业层面建立保险欺诈识别系统;二是在国家层面建立保险欺诈识别系统;三是国际层面的保险欺诈识别支持。

---

① 保险欺诈是指农户有意提供虚假信息以获取保险赔款的行为。"硬欺诈"是指被保险人提供虚假的索赔材料,通过虚构或制造保险事故来骗取保险赔款;"软欺诈"是指在发生保险事故后,被保险人通过夸大损失程度来骗取更多的保险赔款。

② 如当农业损失发生后,如果农户提出索赔时确定的损失大于保险公司理赔人员审核确定的损失,可能存在两种情况:一是农户可能在各种确定经济价值的方式中选择了能够使损失最大化的方法;二是农户明知实际损失额度,故意夸大损失以获取更多赔款的主观故意。然而,保险理赔人员很难区分农户夸大损失是否存在"主观故意"。

保险公司层面的保险欺诈识别系统通常是通过保险公司内部的数据系统,将保险公司业务人员的专业知识、经验与数据评估相结合,用来识别可能存在欺诈嫌疑的农业保险案件。同时,被识别的保险欺诈手段反过来促进农业保险实务过程中的制度完善,提高保险公司理赔人员的识别能力[①]。保险行业层面的保险欺诈识别系统主要是通过行业内部数据共享,实现反欺诈的目的。然而,保险公司或行业层面的保险欺诈识别系统由于同享数据的有限性,可能无法发现不同保险公司之间或不同保险险种之间的欺诈。因此,为了更有效地识别保险欺诈,需要一个更高层次的数据共享,需要更多主体的合作来发展一个系统的、全面的、能够集中赔案数据的管理和欺诈识别的机制。

政府层面的保险欺诈识别系统是建立在全国性的保险数据库基础上对保险欺诈进行识别。政府层面的保险欺诈识别系统利用的数据更全面,数据覆盖的范围更广泛(如覆盖不同险种的数据)。因此,它的分析结果更可靠,欺诈识别系统也更有效。政府层面的保险欺诈识别系统在某些发达国家已经初步建立[②]。

随着世界经济一体化的发展,跨国金融犯罪也日益增多。2003 年国际保险监督官学会采用了一条核心原则(ICP 27),规定"保险监督机构要求保险人和中介机构采取必要的措施防范、识别和弥补保险欺诈"。然而,地区性或全球性的保险监管者合作几乎没有。OECD 曾指出"在国际层面只有非常有限的可以进行比较的信息"。尽管如此,保险公司层面、政府层面以及国际层面的保险欺诈识别机制构成了一个完整的保险欺诈识别体系。

(二) 保险公司欺诈识别系统的构建

中国保险业对保险欺诈识别系统的建立尚处于保险公司层面,处于

---

① 如美国旅行者保险公司的电子欺诈识别系统(EFD)(Major, Riedinger, 2002)。还有的保险公司使用声音重音分析软件,通过分析来电者的声音来识别欺诈,如英国的 Halifax 综合保险公司、德国的安联保险公司、瑞士的苏黎世金融服务公司。

② 如 1999 年韩国金融监管服务机构(FSS)针对道德风险问题,建立全国性的保险欺诈数据库和欺诈识别系统。再如,美国农业部的风险管理局在 2000 年成立,是一个农作物保险领域欺诈的预先分析机构。它在最初的 3 年里,发现保险欺诈证据的案件金额高达 2.5 亿美元。

起步阶段。保险公司对保险欺诈的识别主要依靠保险理赔人员的责任心和经验，并且主要集中于对机动车辆保险欺诈的识别，对于其他领域，如农业保险的识别系统基本没有。为了保障我国农业保险的长期发展，有必要在试点初期就着手建立保险欺诈识别系统。

首先，建立和完善保险公司内部的保险欺诈识别系统。在保险公司财务数据系统的基础上，增加数据分析和处理的能力，建立保险欺诈的预警和识别功能。然后，逐步建立国家层面的保险欺诈识别系统。保险公司层面或国家层面的保险欺诈识别系统从运作机制看基本一致，主要包括了数据库生成、数据分析、提交报告等几个环节。其中，数据分析包括基础分析、扩展分析和相关分析。

保险公司层面的数据库主要是将保险公司承保的全部农业保险保单和所有索赔案件都集中在同一个系统中。国家层面的数据库是指各家保险公司，无论寿险、非寿险还是农业保险，提供与保单和索赔有关的全部信息，建立一个多险种的、涵盖所有赔案的数据库。管理机构每月通过互联网搜集数据。

保险公司或国家层面识别系统的管理机构在收到新的索赔案件时，将运用保险欺诈识别系统进行一系列的分析。首先是旨在识别保险欺诈嫌疑人的保险欺诈指数分析。通过一系列指标对索赔案件确定指数，系统将所有欺诈指数相加，然后对所有欺诈指数超过系统设定初始值的索赔人进行暂时的区分。农业保险的保险欺诈识别系统通过明确保险欺诈指数因素，并根据这些因素可能影响欺诈赔案的频率或严重程度，赋予一个权重。系统通过对保单持有人或索赔人、保险代理人、保险理赔代理人等类型计算欺诈指数值。

保险公司反欺诈人员或国家层面保险欺诈识别系统的管理人员根据上一阶段的分析结果，扩大调查范围。根据个人的保险欺诈指数、保单信息和事故报告等，针对嫌疑人开展更仔细的调查。扩展分析的主要目标是发现并且确认嫌疑人的轨迹和保险索赔的特征，从而为相关分析奠定基础。相关分析将揭示有组织的保险欺诈犯罪或某一主体的多次保险欺诈之间存在的内在联系，可以缩短调查的时间。相关分析的形象结果使得调查者能够更好地理解隐藏在调查数据背后的结构。

根据数据分析的结果，保险欺诈识别系统对一个嫌犯或一个团体生成报告。有了保险欺诈识别系统,保险行业就有了一个近乎完整的数据库,农业保险机构可以更有效地反欺诈。然而,仅仅通过保险公司内部或国家层面的保险欺诈识别系统来识别保险欺诈行为是不够的。对于已经发现的保险欺诈,需要有足够的调查保险欺诈的力量,并采取及时的法律行动。否则,保险欺诈识别系统将无法发挥对农户道德风险行为的威慑作用。

三、加大惩戒不诚信行为力度

农业保险信息共享平台的建立和完善,将为农业保险中农户、保险公司、政府等主体选择潜在交易对象提供信息。但是,如果农户、保险公司等主体缺乏对不诚信行为的惩罚积极性和可能性,则信誉机制依然无法建立,农户、保险公司和政府获得的有关潜在交易对象的诚信信息并不能发挥作用。因此,为了构建信誉机制,还需要建立对农户、保险公司不诚信行为的惩罚机制。

农业保险中农户的道德风险导致农业保险赔款增加,增加了保险公司的经营成本。因此,从惩罚实施主体看,保险公司具有惩罚农户不诚信行为的内在激励。然而,农业保险中农户的不诚信行为仅仅受到保险公司的惩罚是不够的,不足以对农户形成足够的威慑力。对于农户不诚信行为的惩罚主体还应该包括所有可能与农户进行交易的潜在主体,尤其是可能形成信用关系的主体,如银行、农村信用社或国家专项贷款机构等。这些机构通过农业保险信息共享平台了解到农户的个人信息后,鉴于该农户以往的不诚信行为,可能拒绝与其建立契约关系,或通过经济手段对其不诚信行为进行惩罚。如金融机构根据农户信用等级决定是否发放贷款,或者是确定有差别的贷款利率,或给予不同的信用期。只有当农户在农业保险中的不诚信行为可能对其今后其他的经济行为产生广泛的不利影响时(即受到惩罚),农户的信誉机制才可能得以建立。

保险公司的不诚信行为将损害农户或政府的利益。因此,农户或政府应成为对保险公司进行惩罚的主体。由于农户与政府在利益受损主体的"确定性"上的不同,两者对保险公司实施惩罚的积极性也很可能不一样。农户作为利益受损的个体,其利益归属是明确的、清晰的。只要农户实施惩罚的成本比较低,农户就有对保险公司实施惩罚的积极性。当保险公司的不诚信行为影响到农户对保险公司履行合同的信心时,农户对保险公司会采取用"脚"投票的方式进行惩罚,不再购买不诚信保险公司的产品。当保险公司的不诚信行为严重影响到农户对保险业的信心时,农户可能不再购买任何保险产品。这时,农户对某个保险公司的惩罚行为实际上形成了对保险行业的惩罚。换句话说,对于某个保险公司不诚信的行为,其他保险公司承担了事后的连带责任。事后的连带责任会形成保险行业内的相互监督。

与农户不同,政府利益受损是一个比较模糊的概念。当保险公司的道德风险行为造成财政补贴的耗散时,政府是否有积极性对保险公司进行惩罚呢?如果受害者是"公家"的话,惩罚的积极性就可能是一个问题(张维迎,2002)。因此,政府需要明确保险公司违规经营时的惩罚细则。同时,对于保险公司不诚信行为的惩罚主体应该扩展到所有可能与其进行交易的潜在主体。也就是说,通过农业保险信息共享平台,个人和企业可以低成本地、迅速地了解保险公司的信用情况,并据此决定是否与其进行交易。如果保险公司在农业保险经营中的不诚信行为将对其所有的业务和经营产生不利影响,这样的惩罚机制才足以让保险公司重视信誉机制的建立。

法律与信誉是维护农业保险激励合约履行的两个基本机制,是农业保险风险配置功能得以实现的保障机制。在法律和信誉机制都处于发展初期,尚不健全时,两者之间更多地表现为互补关系。中国农业保险中的法律与信誉的关系也是如此。

法律与信誉的互补性表现在农业保险合同、风险分担合同的实施需要法律和信誉同时起作用,缺失任何一个都不行。如对于可以通过保险欺诈识别系统或外部监管体系观察到,并且可以验证的农户"硬欺诈"的道德风险行为,可以通过法律实施机制强制合同的执行。对于不具备事后可观察性、可验证性的农户疏于管理或"软欺诈"的道德风险行为,可以通过信誉机制激励合同的执行。法律与信誉的互补性还表现在信誉是法律的基础。法律制度越健全,不讲信誉的成本就越大,人们就越讲信誉。反过来,法律制度的运行本身离不开信誉基础。只有在一个人们比较重视信誉的社会里,法律才能真正发挥作用。因此,不断完善法律和信誉机制是农业保险持续发展的外部保证。

小　结

农业保险的深入发展需要合理界定政府与市场的边界，发挥市场对资源配置的主导作用。当前，政府在农业保险中须做到"一退两进"。同时，通过健全和完善权力约束机制，规范政府行为；通过构建农业保险信息共享平台和保险欺诈识别体系，加强对不诚信行为的惩戒，维护市场运行秩序。

展望：中国农业保险的未来

一、中国农业保险的政府市场合作模式创新迸发出强大的生命力

农业保险是农业风险管理的重要工具，是各国农业支持保护体系的重要组成部分。2004 年开始，我国各地农业保险先后开展新一轮试点。各级政府把推进农业保险作为政府部门的"民生工程"，有效协作，强力推进，逐步形成了"政府引导、市场运作、自愿参保、协同推进"的农业保险模式。政府市场合作型农业保险模式符合我国农业和农村实际，能够充分发挥各方资源和优势，是我国农业保险制度的一大创新，为农业保险的推进和发展注入了强大的生命力。

2007 年开始，中央财政补贴农业保险。十年来中央和地方政府累计投入保费补贴约 800 亿元，极大地激励了农户的投保积极性。在各级政府的重视和支持下，农业保险实现跨越式发展。2004 年，我国农业保险的保费收入 3.77 亿元，到 2013 年底农业保险的保费收入增至 306.7 亿元，增长了近 80 倍。从 2009 年开始，我国已经成为世界第二大农业保险市场。各级政府的扶持举措也激发了农业保险创新。目前，农业保险承保农作物品种达 90 多个，已经覆盖了农、林、牧、副、渔的各个方面。同时，保险机构加快经营机制的创新，从保险服务、行业规范、灾害预防等方面广泛创新，不断完善农业保险运作制度。

农业保险的发展为缓解受灾农民的生产生活困难和促进当地社会稳

定作出了积极贡献。2004—2013年,农业保险机构累计支付保险赔款760亿元。农业保险赔款已经成为农户恢复生产的重要资金来源。农业保险初步发挥了恢复农业生产、稳定农户收入、促进农业发展的功效。同时,农业保险与农村信贷相结合,改善了农村信用环境,有效激活农村金融服务链,促进了信贷对农业的支持。因此,作为农业风险保障体系的重要支柱,我国农业保险已经成为保障粮食安全、促进农业生产的一个重要举措,成为改善农户信用环境、健全农村金融体系的一个重要环节。

二、未来农业规模化经营趋势为农业保险提供新的发展机遇

随着工业化、新型城镇化的快速发展以及现代农业建设的快速推进,今后我国将进入农业规模化经营的发展阶段,形成新型农业经营体系。

农业规模化经营阶段和新型农业经营体系将对农业保险提出新要求。专业大户、家庭农场等新型农业经营主体在农业生产投入、发展现代农业、开拓市场等方面都具有较高的主动性和积极性,也使其生产经营活动面临更加多样化的风险。农业保险不仅应发挥灾后补偿、稳定农业生产的作用,更应纳入对农业经营主体全面支持体系的建设之中,为新型农业经营主体的要素投入、新技术采用及市场拓展风险提供相应保障,成为实现以工补农、促进城乡一体化建设的重要渠道。

农业规模化经营为农业保险转变发展方式创造有利条件。规模化经营将克服现阶段农户小规模分散经营导致的农业保险高额运作成本问题,促进农业保险发展方式的转变,为农业保险进一步深入发展奠定基础。

因此,未来我国农业保险将从促进农业发展的政策工具,逐步发展成为增进农户福利的社会保障体系的一个组成部分。农业保险政策目标的提升将大大拓展农业保险的发展空间,为农业保险发展创造了新的机遇。

三、加快市场培育并形成有效机制是今后农业保险持续高效发展的根本保证

为适应农业规模化经营和新型农业经营体系对农业保险的新要求,农业保险须要加快市场培育并形成有效机制,提高农业保险的运行效率;须要政府合理定位,实现从"政府主导"向"政府引导"的转变,避免政府越

位或缺位；须要不断完善农业保险的实施机制，保障市场有效运作。

培养保险机构的创新意识，减少保险机构对地方政府的依赖。加快农业保险险种和市场监督机制的创新。转变农业保险机构的创新动力机制。当前，须要从化解风险阻力和引入竞争压力两方面改善创新动力要素。政府层面的农业保险大灾风险保障机制和农业保险再保险市场的发展，将为缓解保险机构的创新风险提供新渠道，激励保险机构增加创新要素的投入；引入适度竞争，推动保险机构为追求农业保险险种、服务等方面的差异性开展创新活动，构建农业保险机构创新动力新模式。利润动力是农业保险持续创新的根本内部动力。市场需求、技术推动和政策激励等都将通过内部动力要素发挥创新的驱动力。

实现合理定位，当前政府须要做到"一退两进"。所谓"一退"是指政府退出对农业保险市场运作的干预。"两进"就是继续加大农业保险财政支持力度，保持农户持续参保的积极性；尽快建立中央和省级的农业保险大灾风险分散机制，形成公司、省级和中央三个层面的大灾风险体系，提高全社会应对大灾风险的能力。

不断完善市场有效运行的保障机制。法律与信誉是维护农业保险合约履行的基本机制，是农业保险市场有效运作的根本保障。尽快出台《农业保险条例》的实施细则，为规范农业保险各方行为提供更具操作性的法律依据。明确在农业保险的监管对象中，政府也是一个应该被纳入监管的主体。建立权力约束机制，着力调整用权结构，加强对权力的管理，适度分解权力，形成互相制约的权力结构。与法律相比，信誉机制是一种成本更低的维持交易秩序的机制，有必要加快建立。当前，建立农业保险中农户、保险公司信誉机制的关键是构建农业保险信息共享平台和保险欺诈识别体系，加大惩戒不诚信行为。法律与信誉互为补充，缺一不可，共同保障农业保险市场的有效运作。

随着农业发展进入新阶段，我们相信在政府的引导下，农业保险市场体系将日趋完善，农业保险必将迈入一个新的发展阶段，迎来辉煌的明天！

附录一 农业保险市场失灵理论研究回顾

　　中国的农业保险于 20 世纪 20 年代初期由西方国家传入。1934 年，金陵大学与上海银行联合开办的安徽和县乌江耕牛会的耕牛保险，开始了中国农业保险的实践。随着农业保险的发展，理论界对中国农业保险的研究也逐步深入。从王世颖（1935）对中国农业保险组织与经营形式的研究至今，中国农业保险的理论研究已有 70 多年（张跃华，2006）。中国农业保险在整个 20 世纪的发展起起落落，历尽艰辛。20 世纪 90 年代以后，中国农业保险业务逐步萎缩。中国农业保险走向衰败的趋势引起了学者对农业保险问题的深切关注，他们试图从理论层面揭示农业保险的本质属性及其衰败根源。

　　纵观世界上其他国家的农业保险发展历程，如美国、加拿大等，农业保险在 20 世纪初期的市场化经营中同样经历失败。Valgen（1922）在分析了 1917 年以及 20 年代初期在达科他州和蒙大拿州提供农业保险的火灾保险公司惨重失败的经历后，认为农业保险的市场化经营尝试是失败的。Wright 和 Hewitt（1990）的研究也发现，历史上由私人保险公司来承担农业保险多重险和一切险的尝试无一幸存。对于农业多重险和一切险的保险，基本上都由政府来直接或间接经营。

　　农业保险的市场失灵引起了国内外学者对开展政府主导的农业保险的思考。Roumasset（1976）和 Hazell（1981）等人较早运用福利经济学对政府补贴农业保险进行分析，其中 Hazell 提出农业保险具有收益外溢的正外部性特点。由此,农业保险正外部性导致的市场失灵理论被普遍接受,成为政府对农业保险给予财政补贴的理论基础。但是,随着研究的深入,学者从不同角度对农业保险市场失灵提出了新的解释。概括而言,主要有四种观点:第一种观点认为农业保险的准公共品属性导致农业保险市场失灵;第二种观点认为道德风险和逆选择导致农业保险市场失灵;第三种观点认为农业风险的系统性导致农业保险分散风险的功能无法实现;第四种观点认为农业保险的需求不足导致农业保险市场未能发展起来。

一、农业保险的准公共品属性

Roumasset(1976)和 Hazell(1981)等人较早运用福利经济学对政府补贴农业保险进行福利效应分析,其中 Hazell 认为:"农业保险带来的产出增加不仅有利于生产者(农户),也有利于消费者。如果需求曲线是缺乏弹性的,农场主的平均收入可能会降低,而农业保险带来的收益将被消费者全部占有。"从而提出农业保险具有收益外溢特点的正外部性存在。

国内学者关于农业保险性质的认识基本相同,认为农业保险是准公共产品。李军(1996)认为农业保险是准公共品属性的原因在于农业保险具有社会效益高而自身效益低的特点,反映了它具有明显的公益性;同时它又具有一定的排他性,即必须符合一定的条件才能参加农业保险。因此农业保险不属于私人物品而应当属于准公共产品。庹国柱、王国军(2002)认为农业保险产品是介于私人物品和公共物品之间的一种物品,但更趋于公共物品。冯文丽(2004)撰文分析我国农业保险市场失灵与制度供给时,以农业保险双重外部性为理论基础[①],认为"农民购买农业保险,保险公司提供农业保险,保证农业生产顺利进行,可使全体社会成员享受农业稳定、农产品价格低廉的好处,因而,农业保险是一种具有正外部性的准公共产品"。张跃华、顾海英(2004)认为农业保险在微观层面上具有一定程度的准公共产品性质。农业保险作为一种商品,在消费的过程中确实可能出现一定程度上的非排他性和非竞争性。陈璐(2004)提出

---

① 冯文丽认为:农业保险的正外部性体现在农民对农险"消费"(或需求)和保险公司对农险"生产"(或供给)两个方面,具有供给和需求双重的正外部性。

了农业保险的混合产品属性①,认为从公共经济学的角度看,农业保险属于混合产品中的第三种类型,是具有利益外溢特征的产品。刘京生(2000)从马克思政治经济学产品的两重属性角度认为农业保险具有保险的商品性和非商品性两重性。

农业保险的准公共品属性成为政策制定者和学者主张对农业保险给予财政补贴的重要理论依据之一。

二、农业风险的系统性

保险作为分散风险的机制,对风险具有一定的要求。通常把能够通过保险形式进行分散的风险称为"可保风险"。可保风险一般要满足几个条件,其中最重要的就是具有"大量同质独立风险单位的存在",即可保风险必须满足风险单位是独立的,一个风险事故的发生与否对另一个同类事故的发生没有影响。然而,研究表明农作物损失在农业生产者之间是趋于正相关的(Miranda,Glauber,1997),农业风险具有系统性的特点。农业风险的相关性削弱了保险人通过农户、作物、地域使承保风险多样化的能力,阻碍了保险在个体间分散风险的本质功能的实现。

Miranda 和 Glauber(1997)研究指出系统性风险,而不是不对称信息导致了农业保险市场的失灵。他们利用统计模型计算出美国最大 10 家农业保险人的玉米、小麦、大豆保险赔款支出的变异系数后得出结论,认为农业保险人面临的系统性风险非常大,其保单组合的风险是经营一般业务保险人的 10 倍左右②。如果没有再保险支持,保险人必须准备巨额

---

① 混合产品有三种类型:一是边际生产成本和边际拥挤成本都为零的产品;二是边际生产成本为零、边际拥挤成本不为零的产品;三是具有利益外溢特征的产品。该类产品具体是指产品所提供的利益的一部分由其所有者享有,是可分的,从而具有私人产品的特征;但其利益的另一部分可以由所有者以外的人享有,是不可分的,所以又具有公共产品的特征。这种现象被称为利益外溢现象(黄恒学,2002)。在现实生活中,更为常见的产品是位于两个极点之间的、兼有公共产品和私人产品的某些性质,这类产品被称为混合产品(蒋洪,2000)。

② Miranda 和 Glauder 也计算出一般保险人的赔付率的变异系数百分比,火灾保险为 6%,机动车保险为 5%,农业雹灾保险为 15% 等。这些保险人的加权平均变异系数百分比为 8.6%,而农业保险人的这一比率为 84%。因此,农业保险人保单组合风险是一般保险人的 10 倍左右。

准备金以应付巨额损失,因此,需要更多的附加保险费来补偿保险人资金的机会成本损失。

三、农业保险的道德风险和逆选择

20 世纪 70 年代开始的研究关注两种可能导致私人市场失灵的原因:保险人和被保险人之间因不对称信息引起的逆选择和道德风险(Kramer,1983;Chambers,1989;Nelson,Loehman,1987)。

Arrow(1970)指出逆选择来自隐藏信息。在农作物保险中,逆选择一般被认为源于农场内在风险的差异,这种差异来自诸如土地类型、管理能力等因素。1976 年 Rothschild 和 Stiglitz 的论文是关于逆选择的经典文献。他们研究了针对两种不同类型的潜在被保险人的保险市场均衡的可能性(混同均衡和分离均衡),发现逆选择可能削弱保险市场的任何一种均衡。Ashan,Ali 和 Kurian(1982)将 Rothschild 和 Stiglitz 的研究扩展到单一投入的农业生产过程的保险合同。在假设保险人可以观测到投入数量时,他们发现逆选择的存在排除了农业保险市场分离均衡的可能性,但是混同均衡仍可能存在。Ashan,Ali 和 Kurian 认为政府补贴和政府提供农业保险是发展保险功效的必需条件。Nelson 和 Loehman(1987)认为政府补贴只是解决逆选择问题的几种次优方法之一,政府花费成本搜集信息以改善保险合同结构的回报可能比政府补贴保险的回报更大。Goodwin(1993:383)指出:"逆选择的出现与保险费率反映损失可能性的精确程度直接相关。"虽然农业保险的保险人通过更精确地划分风险可以减少逆选择行为,但是实施成本很高(就像为减少道德风险而花费的监督成本)。强制保险形式可以消除逆选择,但是会造成某些农户的福利损失。因此,农业保险采取强制保险形式在政治上不受欢迎(Appel,1999)。

Chambers(1989)把 Holstrom(1979)和 Raviv(1979)关于一般保险市场的分析扩展到农作物保险,考察了道德风险对农业收入保险可保性的影响。Chambers 的研究表明,如果提供保险的成本与被保险人风险分散的收益高度相关,即使信息对称,这个市场也不可保。Chambers 进一步指出由于被保险人不可观测的机会主义行为减少了保险人的收益,因此,道德风险增加了不可保的可能性。农户通过在高风险地区种植,减少化肥等投入物的使用量，用优良土地的产量数据计算平均产出，但却在较贫瘠的土地上种植等方式，减少生产成本的投入，增加保险赔款的数额。Just 和 Calvin(1993)的研究证实了农户道德风险的存在，并且估计 1992 年美国 MPCI 赔款中，80% 小麦赔款、73% 谷物赔款和 9% 玉米赔款由农户的道德风险造成。Coble 等(1997)利用 1986—1990 年 Kansas 小麦农场的数据估计道德风险对赔款的影响时发现在 5 个 MPCI 遭受重大损失的农作物保险年度，道德风险对赔款有显著影响。

然而，Wright 和 Hewitt(1990：13)批评将道德风险和逆选择作为私人农业保险一切险市场失灵的解释。他们认为主要问题是"从长期看，如果所有成本都由保费补偿，则一切险农作物保险不值得"。他们认为由于其他风险处理方式的存在，通过农业保险，风险混同的收益比许多农业经济学家认为的小。

四、农业保险需求不足

农户对于农业保险的需求相对比较低是导致农业保险市场未能发展起来的一个原因。国内外学者对影响农民对农业保险需求的因素进行了分析，概括起来有以下几个主要的影响因素。

第一，农业风险管理工具的多样性和替代性。除农业保险以外，农民分散农业风险可以选择的管理工具有很多，如期货和期权市场、产销合同合约、减少农作物损失的改良方法（如灌溉、使用杀虫剂等）、农作物种植和牲畜养殖的多样化、非农收入、储蓄、政府灾害救济等。这些农业风险管理工具对农业保险具有替代性。1989 年美国农业部针对未参加联邦农作物保险的农户做了一项全国调查，分析了他们之所以不参加保险的原因，并进行排序(Wright，Hewitt，1990)。结果发现，前五位原因分别是保障太低、保费太高、更愿意自己承担风险、农场是分散化经营的、拥有其他农作物保险，前五位原因占比高达 84.9%。面对各种农业风险（自然风险和市场风险），农户和农场主会利用多种风险管理工具来分散风险(U.S. GAO，1999)，其中许多风险管理工具都与农业保险计划相竞争。庹国柱(2002)和刘京生(2000)分析了中国农户除农业保险以外的其他传统风险分散途径，如中国农户土地规模的分散化以及种植的多样化等，客观上产生了一种内在的风险调节和分担机制，从而使农民对农业保险的需求出现下降。张跃华(2004)调查发现,对于较小的风险农民可以在日常生活中利用种植结构以及亲朋邻里之间进行风险分散。

第二,农民收入的制约。丁少群、庹国柱(1997)、刘宽(1999)等人发现,农业发展水平低下、农民收入低下同保险费率高昂的矛盾导致了农业保险有效需求不足。另一方面,即使在发达地区,农民的收入达到了一定的水平也不一定能够保证其参与农业保险,根据庹国柱等人在广东和上海的调查发现,由于农民收入中源于种植业和养殖业收入的下降,在保障水平不高(低于 70 %)的情况下,这种补偿收入的预期很小,农民没有动力进行参加保险。更重要的是,庹国柱和王国军等认为导致农民对农业保险的需求较低的重要原因之一是由于农民一般不是风险规避者。张跃华(2004)通过对河南省 62 户农户问卷调查的实证分析,认为中国农业保险的需求很难在短期内启动起来。

第三,农户对农业保险的认识不足。Just、Calvin 和 Quiggin(1999)研究发现,农户参加农作物保险的主要动力来自于保费补贴带来的预期收益,规避风险是其很次要的原因。Serra 和 Goodwin 等(2003)在对农业保险需求的实证研究中发现,对于美国农户,当其初始财富达到一定程度后,随着财富的增加,其风险规避减弱,因而购买农业保险的需求降低。Luz、Maria、Bassoco 等人 1986 年对墨西哥农业保险补贴问题进行研究时发现,当农作物保险保费补贴低于保费的 2/3 时,农业保险对农业生产者就缺乏足够的吸引力。加拿大政府给农作物保险补贴全部管理费用和 50% 的保费时,农民的自愿参保率才达到 54%(庹国柱、王国军,2002)。

第四,农业保险费率高昂。对农业保险的供给方来说,由于道德风险和逆选择的存在,使得农业保险市场的发展受到严重的限制。为了避免道德风险,保险合同通常规定免赔额与共保条款,或者建立损失由保险人和被保险人共同分担的其他机制。但是,由于农业生产的监督成本很高,私人农业保险公司就需要制定相当高的免赔额或收取高额的保险费。这些规定都会降低农户从农业保险中获得预期收益,导致农户的农业保险需求减少(Goodwin,Smith,1995)。

此外,也有一些研究估算了农作物保险的需求水平(Knight,Coble,1997;Goodwin,Smith,1995)。如有的学者认为农作物保险需求弹性很小,一般在 $-0.92 \sim -0.2$。

市场失灵的程度与产品特性、市场交易双方信息不对称的严重程度等因素相关。农业保险的准公共品属性、农业风险的系统性、逆选择和道德风险以及农业保险需求等问题在其他保险市场中也存在。但是,这些问题在农业保险中尤为突出。除了某些特定的局部市场和特定的区域外,对于大多数保险人来说,农业保险的成本是很高的,以至于可能会出现没有足够多的农业保险保险人来支持一个有效的农业保险市场的运行的情况。在高风险地区,农业保险的成本可以高到令农业生产者无法负担的地步。

五、研究述评

农业保险的市场失灵理论为政府介入农业保险提供了必要性,为今后学者进一步研究此问题提供了坚实的基础。为了发挥农业保险的风险保障功能,各国普遍开始采用政策扶持的方式推动农业保险的开展,其中,财政补贴是各国最常用的政策扶持手段。然而,现有研究在以下三方面存在不足,有待进一步深入。

第一,政府介入农业保险的内生性研究不够。已有文献关于农业保险市场失灵原因的理论研究为政府介入农业保险提供了必要性。但是,市场失灵并不能成为政府介入农业保险的充分条件。学者试图从福利改进的思路论证政府通过财政补贴介入农业保险的必要性和合理性。然而,学者运用消费者剩余分析方法分析政府财政补贴农业保险的社会福利时,由于各自假设条件的不同得出了截然相反的结论。效用最大化分析方法考虑了风险规避增加的效用,但是,仍然无法回答关于农业保险财政补贴是会提高社会福利还是可能造成社会福利耗散的问题。这导致政府介入农业保险的理论依据不足。关于农业保险财政补贴效果的实证研究结论的不同,更加剧了学者之间关于政府是否应该介入农业保险的争论。

本研究认为,已有研究在农业保险财政补贴的福利分析框架中,将政府仅仅视为财政转移支付的主体而剥离在农业保险福利分析之外,试图比较微观层面的农户效用增进与财政补贴支出规模的大小。事实上,政府财政补贴带来的社会福利的改变不仅包括微观层面农户的效用增加,还包括由于农业保险的"稳定器"功能发挥,对农业产业和国民经济发展带来的社会福利增进。因此,在研究政府介入农业保险的内生性时,必须综合考虑政府补贴在宏观层面的效用和微观层面的效用增进,以此分析政府补贴对社会福利的改变。

第二,政府在农业保险中的定位研究不足。已有文献的研究都是以某一国家或地区的农业保险为研究对象的。政府介入后的农业保险被视为是给定的制度安排,并以此展开研究。在实践中,不同国家或地区政府介入农业保险的方式和政府定位有所不同。理论研究的不足和实践的多样性,导致学者对于政策性农业保险概念无法形成统一的认识。政策性农业保险概念的模糊进一步影响到政府部门对农业保险相关政策的制订和完善。因此,应明确政府在农业保险中的定位,进而形成对政策性农业保险概念的统一认识。

第三,政府介入后信息不对称问题研究缺乏。信息不对称引起的道德风险和逆选择是导致农业保险市场失灵的根源之一,也是政府介入农业保险面临的重要问题。相关文献对农业保险中农户的逆选择和道德风险进行了理论和实证研究。但是,政府介入农业保险后,不对称信息的内容有所改变。保费补贴机制下,农户在农业保险中的逆选择不仅表现为隐藏风险类型,还可能隐藏其支付意愿,以获得更多的保费补贴。在政府委托保险公司经营农业保险的模式下,保险公司的道德风险和逆选择不可避免。农户、保险公司的逆选择和道德风险会增加政府介入后农业保险的交易成本,损害农业保险的风险配置效率。因此,政府介入农业保险后,信息不对称问题的研究有待进一步深入。

附录二　美国农业保险财政补贴政策的经验与教训

一、美国农业保险财政补贴制度的演变

美国联邦农作物保险是在 1938 年的《农业调整法》第 5 条授权后实行的。最初，美国政府承担了农作物保险计划的所有行政费用和运营费用，并投资了 2000 万美元用于启动小麦保险。由于农作物保险的费率很高，很多农户不愿意参加保险。1939 年只有 13% 的小麦种植户参加了保险(完全自愿)。参保农户数量很少，导致美国联邦农作物保险公司(简称 FCIC)的经营管理成本居高不下。在随后的 40 年里，联邦农作物保险的业务规模很小。到 1980 年，农作物保险的开展范围仅限于美国 50% 的县和 26 种农作物，只有 2600 万英亩土地投保(Chite,1988)。

为了提高农作物保险的参与率，美国联邦政府分别在 1980 年、1994年和 2000 年三次修改了农作物保险的相关法案，不断提高农作物保险的保费补贴率，鼓励农户参加农作物保险。1980 年《联邦农作物保险法》首次对农户投保农作物保险的保费给予补贴。然而，农作物保险计划在整个 20 世纪 80 年代增长仍然缓慢。1994 年，美国国会通过了《农作物保险改革法》。1994 年法案提高了农作物保险的保费补贴率，鼓励农户参加高保障水平的险种。从 1995 年开始，较高保障农业保险的参与率逐年提高。2000 年美国通过了《农业风险保障法》，再次提高了对较高保障保险参与者的保费补贴率。到 2004 年，美国农作物保险计划的参与率达到

了 80％,共承保了 2.15 亿英亩土地(Davidson,2004)。

为了改变一直以来美国联邦农作物保险公司直接经营农作物保险的成本居高不下的局面,并鼓励创新,1980 年法案不仅允许私人保险公司经营联邦农作物保险,而且首次要求私人保险公司承担保单的责任。FCIC 通过标准再保险合同(简称 SRA)和私人保险公司之间建立了"分担损失,分享收益"的风险分担机制。1992 年以来,为了提高保险公司分担风险的比例,SRA 又进行了多次修改(1993 年、1994 年、1995 年、1998年、2004 年)。到 2003 年,私人保险公司承担的农作物保险的最大责任达到 23.88 亿美元,占全部保单责任的 17.4％。

综上所述,1994 年以来,美国农作物保险立法的改革,增加了政府对农作物保险的财政支出,提高了农户的参与率,推动了农作物保险的快速发展。与此同时,高额的财政补贴也对农户、保险公司等微观主体的行为产生影响,出现了一些农作物保险政策制定者未曾预料到的结果。

二、财政补贴对农户及保险公司的微观影响

1. 保费补贴对农作物保险计划及农户行为的影响

通过保费补贴提高农户参加农作物保险的积极性,提高较高保障水平农作物保险的参与率,是美国农户政策的主要目标之一。Just,Calvin,Quiggin(1999)研究发现,保费补贴对农户参加农作物保险的激励比较明显。并且,不同险种保费补贴率的差异对农户选择不同保险险种具有明显的影响(Makki,Somvaru,2001)。

但是,保费补贴可能对农户的行为产生反向激励,促使农户承担更多的风险(Makki,Somvaru,2001)。而且,随着保费补贴率的逐步提高,学者产生了对农作物保险可能误导农户生产决策的担心。Orden(2001)对关于农作物保险对产量影响的研究进行了总结,认为 1998—2000 年农作物保险补贴对农作物生产的影响大概是增加产出 0.28％～4.1％。高保障、高补贴的农作物保险计划对农户种植决策的影响是农作物保险决策者未曾预料到的。

2. SRA 对农作物保险计划及保险公司行为的影响

SRA 对保险公司提供经营管理费用补贴,并在政府与保险公司之间建立了类似于商业保险市场的风险分担机制(Ker,2001)。SRA 通过分

享收益,激励保险公司参与农作物保险计划,要求分担损失,促使保险公司在承保和理赔时更仔细(Bohn,Hall,1999)。

但是,由于 FCIC 承担了大部分农作物损失的风险责任,财政补贴没有能够对保险公司产生适当的激励,使其能以维护政府利益为出发点来管理农作物保险计划。相反,保险公司积极地通过对农户提供"有利"的赔款来维持客户关系。而且,保险公司为了获得尽可能多的经营管理费用补贴,纷纷销售保费收入高的险种(如收入保障保险),或者向规模较大的农场主销售农作物保险保单,对于生产规模较小的农户则不愿意销售保单或者提供保险服务(USDA/OIG,1999:4)。这在巨灾保险上表现得尤为明显①。纳税人额外支出的成本并没有使更多的农户受到保障(Skees,2001)。

三、美国农业保险财政补贴的经验和教训

1. 政策效果不尽如人意

第一,保费的精算公平性不断恶化。尽管自 20 世纪 90 年代以来,美国农作物保险费率定价机制的改革减少了逆选择和道德风险的情况,但是农户购买保险后收益的不均衡性仍然存在。美国农作物保险的保费补贴结构对高风险农户有利。而且,高额的经营管理费用补贴导致"交叉补贴"情况普遍存在。因此,在某些地区即使经营亏损,保险公司也没有动力解决保费的精算公平问题。

第二,农作物保险作为收入安全网的效率被部分抵消。由于农作物保险计划对农户生产决策的影响,造成保险作物产量的提高。农作物产量提高导致市场价格下跌。补贴给农户带来的收入利益被下跌的市场价格部分抵消,降低了农作物保险收入安全网的效率,尤其是对没有参加农作物保险的农户造成了收入损失。2001—2010 年美国 8 种主要农作物生产者估计因此损失 2.5 亿美元(Yong,Vandeveer,Schnepf,2001)。

---

① 1998 年规模较小农户和资源有限的农户的巨灾保险保单持有率比 1997 年下降了 78%(USDA/OIG 05801-2-AT:10)。但是,巨灾保险的经营成本却不断增加。1995 年,政府支付给保险公司销售 CAT 的成本大约每张保单 203 美元(76 美元管理费用和 127 美元的承保收益)。到 1998 年,CAT 计划的每张保单的成本已经翻了一倍多,提高到了 443 美元。

2. 财政补贴的耗散问题突出[①]

农户和保险公司的道德风险导致美国联邦农作物保险在实施过程中存在财政补贴耗散的情况。农户通过在高风险地区种植,减少化肥等投入物的使用量,用优良土地的产量数据计算平均产出但却在较贫瘠的土地上种植等方式,减少生产成本的投入,增加保险赔款的数额。Just 和 Calvin(1993b)的研究证实了农户道德风险的存在,并且估计 1992 年美国 MPCI 赔款中,80％小麦赔款、73％谷物赔款和 9％玉米赔款由农户的道德风险造成。

另一方面,保险公司为了维持与大农场的业务关系,往往对被保险农户提供"有利"的赔款。保险公司很少监督定损员的行为,对于一些有问题的赔款也给予赔偿。美国农业部监察总署(1999：17)指出在他们检查的共 1100 万美元的已决赔款中,发现有问题的赔款金额达 98 万美元。保险公司在理赔上疏于管理的行为造成美国政府的农作物保险赔款成本迅速增长。然而,在农作物保险赔款不断增长的同时,保险公司仍然获得了高额的承保收益和经营管理费用补贴(Glauber,Collins,2002)。因此,美国农业部监察总署认为 SRA 使得更多的财政资金流向了私人保险公司,而不是帮助农户弥补保险损失。

3. 财政压力不断加大

随着农作物保险计划的不断推进,美国政府负担的农作物保险成本迅速增长,给财政造成了较大的压力[②]。从 1981—2003 年,美国联邦农作物保险计划的总成本超过了 260 亿美元(Glauber,2004),20 世纪 90 年代以来的立法改革使农作物保险计划的成本不断增长。

一是保费补贴成本不断增加。由于农作物保险的需求弹性很小,保费补贴率的不断提高,导致农作物保险的保费补贴成本不断增加。从 1981—1993 年对农户的保费补贴平均每年 1.3 亿美元,增加到 1994—2003 年保费补贴平均每年 12.29 亿美元。

二是保险公司的经营管理费用补贴和经营净收入不断增加。1931—

---

①　在此,判断财政补贴耗散的依据是在整个农作物保险的承保和理赔环节是否存在财政补贴漏出的情况。

②　农作物保险计划的总成本包括保费补贴、对保险公司的经营管理费用补贴、承担的超额损失以及保险公司的经营净收益。

2003 年美国政府对保险公司的全部补贴支出达到 93.44 亿美元
(Glauber,2004)。一方面,保险公司的经营管理费用补贴随着保费收入
的增加而不断提高。政府对保险公司的经营管理费用补贴支出从 1992
年的 2.4 亿美元增长到 2003 年的 7.34 亿美元。另一方面,随着保险公司
精算水平的提高,保险公司经营农作物保险获得了大量收益。20 世纪 90
年代末,保险公司平均每年获得超过 2.5 亿美元的经营收益。这些收益
加上费用补偿平均约为 1990—1999 年计划总成本年平均数的 50%。

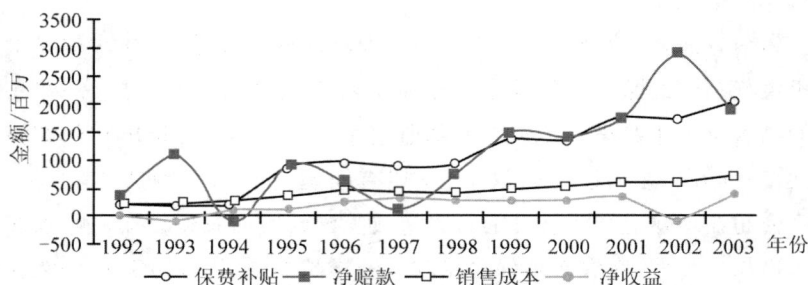

1992—2003 年美国农作物保险财政补贴情况

高额的成本成为美国农作物保险发展的重要制约因素,也引起了政
府有关部门、国内外学者的批评和对美国农作物保险计划的质疑。美国
的农作物保险计划到底是用来分散农业风险,还是利用所谓的"市场机
制"来提供更多的补贴给农户和保险公司? 农作物保险的效率和公平问
题受到越来越多的关注和思考。

附录三 险种创新：水稻气象指数保险的收入稳定效应

　　农作物保险，作为一项风险管理工具已经在全世界得到了广泛的运用。然而，传统农作物保险面临着严重的道德风险和定损费用高昂的问题（Just，Calvin，1993b；Coble 等，1997），传统农作物保险的效率受到质疑。

　　因此，有必要重新考虑传统农作物保险的实施（Makki，2002）。与此同时，Miranda 和 Coble（1997）认为与不对称信息问题相比，系统性风险可能是造成农作物保险市场失灵的更重要的原因。由此，人们开始研究不同的农业保险项目。其中，气象指数保险得到了广泛的关注。指数保险合同的目的在于转移风险而不是风险混同。因此，系统性风险不再成为一个困扰农业保险的问题。事实上，当转移的风险具有一定的相关性时，指数保险合同的效用更显著（Vedenov，Barnett，2004）。而且，由于气象指数保险的赔款是基于某个指数而不是个体损失，所以道德风险和逆选择的不利影响会明显减小（Turvey，2006）。气象指数保险被认为是经济的、市场透明度更高的险种。目前，气象指数保险已经在加拿大等一些发达国家和一些发展中国家，如印度、马拉维和摩洛哥等国试点（Skees 等，2001；Pratt，2009）。

　　气象指数保险的这些优点对中国农业保险市场充满了吸引力。中国农业保险市场，作为全球第二大市场，正面临着农业保险稳定器作用无法充分发挥的问题（施红，2012）。导致这个问题的一个主要原因是农业保险的保险金额太低，无法有效弥补农户的损失。因此，提高保险金额是改善农业保险运行效率的一个途径。可是，尽管农户对提高农业保险金额的愿望十分迫切,在实践中,我国农业保险经营机构并不愿意提高保险金额,因为他们缺乏经济有效的管理技术应对农户的道德风险问题。气象指数保险的引入希望能够解决农户需求与保险公司能力之间的不匹配的问题。目前,在中国有一些气象指数保险的试点。但是,这些指数保险都是基于单一风险,很难满足农户的风险保障需求。因此,农业生产活动总是面临多种风险。

本研究以水稻为例,构建综合指数保险合同,并验证综合指数保险对稳定农户收入风险的效用。本研究希望能为今后综合气象指数保险产品的设计和开展提供思路与方法。不过,综合气象指数保险将增加指数计算的复杂性。

一、数据来源

本研究以我国水稻为例研究指数保险的效用。水稻是中国十分重要的粮食作物。中国水稻产量占到全世界产量的 29%(USDA,2014)。江苏省是我国重要的粮食主产区之一。本研究的水稻产量数据来自江苏省 9 个水稻生产县[①]。样本期间为 1991—2011 年。根据 1991—2011 年江苏省各地级市年鉴,单季晚稻在江苏省的种植面积占比较大。本研究以无锡市、常州市以及苏州市三个地级市的单季晚稻数据为准,三地年单晚稻总产量约占江苏省总单晚稻产量五成左右,较为可观。本研究所采用的数据精确到县一级。

天气数据资料来源于中国气象数据共享服务网,包括气压、风速、温度、降水量、日照等数据。根据水稻专家的意见,影响晚稻生长的因素主要为日照、温度和降水。因此,本研究采用这三类指标。每个县的单产数据和与距离其最近的气象站数据相匹配,尽可能地减少长距离带来的测量误差。根据统计,各县中心地带与相匹配的气象站的距离最近约为 17千米,最远约为 59 千米,平均约为 35 千米。

二、水稻生产周期划分

为了更好地反映出气象因素与产量之间的微妙关系,根据农学对水稻

---

① 由于某些年份一些地区的行政区划发生了改变,个别县、市的归并和新增使得时间序列数据产生偏差。为了消除这种偏差,本研究仅采用未发生区划变动,且单晚稻产量相对可观的县,共计 9 个(原有共计 12 个)。

生长期的划分，我们把整个生长期分为幼苗期、分蘖期、拔节期、穗分化期、抽穗扬花期以及灌浆成熟期等。单季晚稻的全生育期天数因品种不同，一般在 130～180 天之间不等，主要在播种至抽穗阶段差异较大，而抽穗至成熟阶段则差异较小。在不同的时段，水稻对气象条件的敏感程度也有所不同。对于本研究所研究的苏南地区，由于地理位置以及气候影响，当地单季晚稻生育期一般在 170 天左右（见表 1）。同时，对原始气象数据进行相应处理，筛选出与单晚稻生长期相对应期间的数据，如平均值等。

表 1　单季晚稻生长期划分

生长周期	起始日期	结束日期	天数/天
幼苗期	5 月 15 日	6 月 14 日	31
分蘖期	6 月 15 日	7 月 4 日	20
拔节期	7 月 5 日	7 月 24 日	20
穗分化期	7 月 25 日	8 月 26 日	33
抽穗扬花期	8 月 27 日	9 月 3 日	8
灌浆成熟期	9 月 4 日	10 月 30 日	57

三、回归模型

本研究采用多变量回归模型分析气象因素与产量之间的关系，同时将技术进步、品种改良等因素作为控制变量。

$$\text{yield}_{ij} = \alpha(t - 1991) + \sum \beta_{ijt} X_{ijt} + \mu + \varepsilon \qquad (1)$$

其中，yield 是每一个县的水稻产量，i 表示第 i 个县，$i = 1, 2, \cdots, 9$；j 表示生长周期，$j = 1, 2, \cdots, 6$；$(t-1991)$ 表示除了气象以外其他影响产量的因素，如技术进步。X_{ijt} 表示第 i 个县第 t 年水稻在 j 生长期时的气象因素。T_{ijt}，SH_{ijt}，RH_{ijt}，R_{ijt} 分别表示气温、光照、相对湿度和降雨量。μ 是常数项，ε 表示误差项。

Breusch-Pagan 检验和 Hausman 检验都表明应采用固定效应模型。面板数据稳定性检验不存在单位根。而且，由于存在异方差性，采用稳健性方差估计。表 2 显示了回归结果，表明同一气象因素在水稻不同生长阶段影响显著性不同。

表 2 分阶段产量气象回归结果

生长阶段	变 量	系 数	变 量	系 数
	year	2.572*** (0.455)		
幼苗期	T_1	−16.48*** (4.771)	R_1	0.396 (0.244)
	SH_1	3.193 (2.966)	RH_1	2.609*** (0.753)
分蘖期	T_2	10.98*** (2.486)	R_2	−0.0301 (0.0336)
	SH_2	−7.944** (2.799)	RH_2	−0.865* (0.441)
拔节期	T_3	−0.232 (5.098)	R_3	0.0518 (0.0696)
	SH_3	4.230 (2.454)	RH_3	−1.351** (0.517)
穗分化期	T_4	4.869 (6.455)	R_4	0.0598 (0.095)
	SH_4	−1.726 (2.401)	RH_4	0.391 (0.850)
抽穗扬花期	T_5	−5.755** (2.252)	R_5	−0.012 (0.054)
	SH_5	3.712 (3.316)	RH_5	0.0736 (0.543)
灌浆成熟期	T_6	−0.063 (0.166)	R_6	−1.549*** (0.235)
	SH_6	11.68** (5.510)	RH_6	−3.494*** (0.753)
	μ	259.1 (200.4)		

注：*、**、***分别表示系数在 0.1,0.05,0.01 水平上显著。

为了验证细分生长周期回归的作用,我们用气象因素的均值重新对上述方程做了回归,发现尽管除了气温,所有的其他气象因素都显著。但是,回归系数 R 的平方只有 0.1282。这远远小于分阶段回归的系数 0.5338。同一气象因素在水稻生长周期不同阶段的分布非常重要。因此,细分生长周期将有助于更好地反映产量与气象之间的关系。

四、指数保险合同的构建

通过回归模型拟合历史气象数据可以估计每年的水稻产量。于是,我们通过运用显著的气象变量,构建了综合气象指数。综合气象指数可以写为

$$CI = \frac{\sum \beta_j X_j + \mu}{600} \times 100\% = \frac{\sum \beta_j X_j + \mu}{6}(\%) \tag{2}$$

我们把 600 作为基础产量。综合指数 CI 就设定为气象产量对平均产量的比例。这实际上反映了气象条件对农业收成的影响。

因此,保险合同的促发条件就简化为 0：当实际综合指数小于 0 时,指数保险合同就需要支付赔款给农户；否则,就不用支付赔款。每亩保险赔款的计算如下：

当 $CI_t \geqslant 0$ 时, $\qquad \tilde{n}_t = 0$；

当 $CI_m \leqslant CI_t < 0$ 时, $\qquad \tilde{n}_t = -6p \times CI_t$；

其中,$\tilde{n}_t$ 是 t 年每亩的赔款；p 是水稻的价格,水稻的价格在样本期内假定为常数,以排除价格波动对收入风险的影响。CI_m 表示 CI_t 的最小值,当 $CI_t = CI_m$ 时,水稻保险全损赔付。

因此,第 t 年农户获得的全部保险赔款为

$$N_t = \tilde{n}_t \times S \tag{3}$$

其中,S 是被保险的土地面积。

(一)损失分布

确定产量损失分布的方法包括参数模型拟合以及非参数模型拟合。参数模型包括 Beta 分布、Weibull 分布、Gamma 分布等,其中 Beta 分布在参数模型中较为常用。然而,由于参数估计要求有先验的分布函数,足够大的样本容量,且总体分布的相关信息是已知的。而实际应用中,由于往往很难获得关于总体的分布信息,且所得结果在样本较小时也并不稳定。非参数估计法由于不限制样本母体的分布形式,因此

相对而言估计结果相对稳健,特别是在小样本情形下。因此本研究采用非参数估计中的核密度法(Kernel Smoothing)来测算保险指数 CI 的分布。

根据上述模型,将历史气象数据代入指数计算模型可以得到历史 CI 的数值 i_t,其核密度函数可以表示为

$$h(i) = \frac{1}{n\Delta} \sum_{t=1}^{n} K\left(\frac{i - i_t}{\Delta}\right) \tag{4}$$

其中,n 为可用的历史 CI 数据的个数,$K(\cdot)$ 为核函数,Δ 为窗宽(Bandwidth)。利用核密度法进行估计需要确定所使用的核函数以及窗宽。核函数有 Epanechikov 核、高斯核、三角核、余弦核等。在实际应用中,不同的核函数对结果的影响较小,而窗宽的选择对结果的影响较大。由于真实的参数分布未知,窗宽是对样本值在平滑时设定的一个权重指标,影响着拟合曲线的平滑度。当样本容量确定时,若窗宽较小,所得的密度函数对原样本值的拟合较细致,但由于随机性的影响会使密度曲线产生许多突出点,导致曲线整体的平滑度较差,同时也可能掩盖总体分布的某些重要性质,特别是在特定的区间范围内。反之,若窗宽取值过大,则在核密度估计时样本值将被过度平均,所得的密度函数曲线过分平滑,使真实分布的一些重要性质被掩盖。因此,选择一个合适的窗宽尤为重要,也就是平衡光滑度与偏差度的问题。

本研究拟采用较为普遍使用的高斯核函数拟合 CI 的分布,即 $\exp(-u^2/2)/\sqrt{2\pi}$。确定合适的窗宽有多种方法,本研究采用 Silverman 的"拇指法则"(rule-of-thumb)确定最优窗宽。根据"拇指法则",最优窗宽可表示为

$$\Delta_{\text{opt}} = k_2^{-2/5} \left[\int K(t)^2 \mathrm{d}t\right]^{1/5} \left[\int \varphi''(y)^2 \mathrm{d}y\right]^{-1/5} n^{1/5} \tag{5}$$

其中,$k_2 = \int t^2 K(t) \mathrm{d}t$,$\varphi$ 表示真实的但未知的待估密度函数,而 $\varphi'' = \partial^2\varphi/\partial y^2$。

根据 Barry 和 Alan(1998)的研究,当未知密度的方差恒定并采用高斯核进行核平滑估计时,式(5)可以简化为

$$\Delta_{\text{opt}} = 1.06\sigma\, n^{-1/5}$$

其中，σ 表示随机变量观测值的标准差。在实证分析中，由于数据往往偏离正态分布，因此，将范围因子从 1.06 下降为 0.9，取 σ 为标准差以及四分位距除以 1.34 之中的较小值会有更好的效果。

（二）确定保险费率

在估计了产量分布后，需要估计水稻保险的期望损失。理论上，保险费率是期望损失与保险责任的比率。精算公平的保险费率使得保险合同的保费等于期望的保险赔款。每亩水稻的保费可以计算如下：

$$\pi = \int \widetilde{n}_i \times h(i)\,\mathrm{d}i \tag{6}$$
$$= \int_{CI_m}^{0} -6p \times CI_i \times h(i)\,\mathrm{d}i$$

那么，保险费率就可以公式（7）计算。

$$R = \frac{\pi(p, CI_m)}{L} \tag{7}$$

实践中，保险费率会在精算公平保险费率基础上附加一个费率 r，用来支付交易费用、利润等。于是，毛保险费率表示如下：

$$\pi_{\text{loaded}}(p, CI_m) = (1 + r)\pi(p, CI_m) \tag{8}$$

（三）指数保险合同

在计算了 CI 的历史值和使用高斯核密度估计后，我们得到了估计的曲线，如图 1 所示。

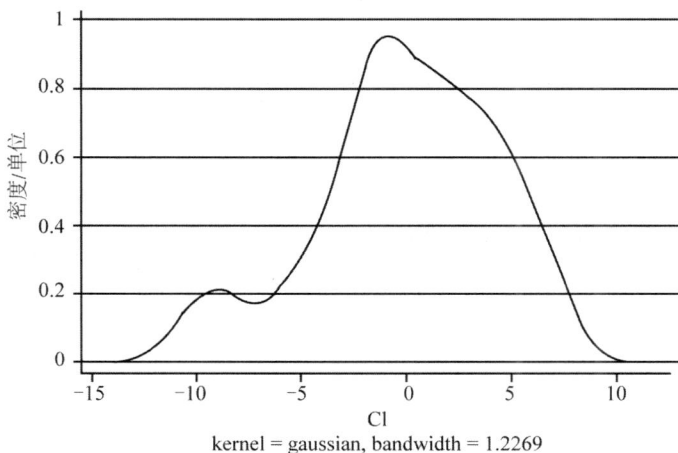

kernel = gaussian, bandwidth = 1.2269

图 1　估计的核密度曲线

由于核密度估计函数为非参数估计,其函数表达式未知,无法直接对式(6)进行积分运算。因此,需要进行离散化处理并近似计算。现将区间以 0.07 为间距进行等分,每一个等分点的概率值可由 Stata 软件得到。每一个小区间近似看作梯形,从而求出 $Pr(x<CI<x+0.07)$ 的值并进行累加,在设定 CI_f 的值后就能得到纯保费。

需要指出的是,图 1 中 CI 的概率分布在 $CI=-2.35$ 处截尾,是由于根据近 20 年的产量和气象数据,没有更加恶劣的天气导致更低的产量发生。因此,本研究不考虑 $CI<-2.35$ 时的水稻减产。换句话说,本研究所设计的保险合同针对的是较为常见与多发的水稻小幅减产情况。对于50 年甚至 100 年一遇的重大自然灾害,需要设计其他天气保险合同加以保障。本研究在此不做考虑。从历史亩产的直方图 2 可以看出,历史亩产最低值不低于 425 公斤/亩,理赔额不至于过大,说明模型的拟合情况符合历史真实情况。

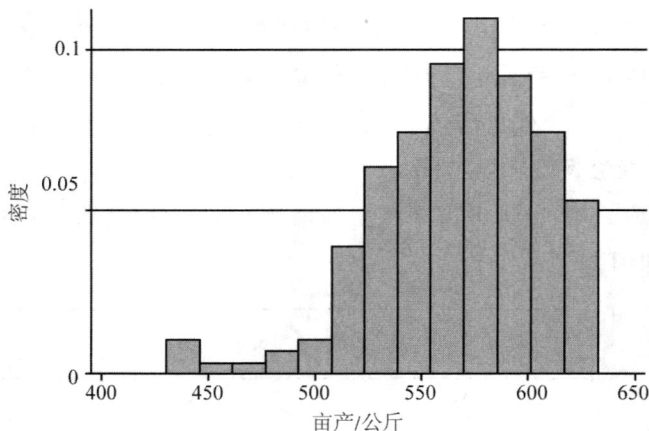

图 2　历史水稻亩产量直方图

2012 年江苏省晚稻的收购价格约为每千克 1.45 元。根据各地的历史平均亩产,可以设定保险金额并计算出各地的纯保费与费率。同时,假定附加保费率为 10%[①],计算出各地的毛费率。

----

① 一般农险的附加费率约为 20%。考虑到气象指数保险在定损与理赔方面较为便利,适当降低附加费率。

四、指数保险效用分析

假定农户仅仅利用本研究中的气象指数保险弥补风险损失，无其他风险对冲工具，则可以对比购买保险产品前后农户个人效用的变化。若农户不购买气象指数保险，则其收益为

$$R_0 = p\,\tilde{y}_t \tag{9}$$

其中，p 为单晚稻市场收购价格；$\tilde{y}_t$ 本为第 t 年的水稻预期产量，在此则为水稻的历史产量。将晚稻市场价格统一为 1.45 元/千克，预期产量以历史产量代替，下同。

若农户选择购买气象指数保险，则其收益为

$$R_1 = p\,\tilde{y}_t + (\tilde{n}_t - \pi_{\text{loaded}}) \tag{10}$$

即购买保险后的个人收益在原有的产量价值基础上附加了保险的收益（正或负），根据保险的理赔情况发生变化。

根据历史数据，可以得到各地区购买保险前后的收益变化，如表 3 所示。

表 3　各县(市)有保险和无保险时的水稻平均每亩产值

县(市)	无保险收入/元	有保险收入/元	变化幅度
江阴	813.11(46.27)	808.74(34.77)	−0.54%(−24.84%)
宜兴	797.69(54.74)	796.22(38.64)	−0.18%(−29.42%)
溧阳	811.46(73.47)	809.99(61.81)	−0.18%(−15.87%)
金坛	846.16(73.25)	844.69(62.53)	−0.17%(−14.63%)
昆山	807.24(37.80)	802.86(36.67)	−0.54%(−19.82%)
吴江	813.37(37.80)	814.25(32.06)	+0.11%(−15.19%)
太仓	824.70(55.90)	820.32(37.87)	−0.53%(−32.25%)
常熟	831.95(54.78)	827.58(40.50)	−0.53%(−26.06%)
张家港	849.05(46.66)	844.67(28.79)	−0.52%(−38.30%)

注：收入栏括号内为对应的标准差。

由表 3 中数据可以看出，在购买保险后，由于每亩水稻的额外保费支出，导致个人收益期望较未购买保险时有所下降，但降幅较小；重要的是，

标准差在购买保险后显著下降,表明通过购买气象指数保险农户的收益波动幅度明显减小。因此,该气象指数保险在减小农户收入波动方面效果显著。

(一)均值-半方差模型

马科维茨早在 1952 年就通过研究发现,当投资者在选择投资组合时并非只追求投资收益率期望的最大化,同时也希望收益率的方差尽可能小,由此提出了具有经典意义的"期望-方差"法则,认为投资者将遵循这一法则进行投资。由于大多数投资者具有风险厌恶特性,因此,他们在选择投资目标或取舍投资项目时就会存在一定的风险约束。投资者在期望收益率和风险之间的权衡法则可以表达为均值-方差准则(MVC),"高风险,高收益"是不确定性资产风险收益关系的基本特征,投资者承担风险必须得到相应的风险报酬以作为补偿。Deng(2006)等人在衡量气象指数保险对乳制品生产者的效用时就利用了衍化的均值-方差模型。

但是,对于农户来说,只有低于收益期望的收益值才会被认为是风险,而高于收益期望的收益值尽管出现波动,却只是收益的高低不同,并不认为是风险。因此,本研究采用均值-半方差模型,使风险测算更加精确。设 R 为收益期望,$\sigma^2_{\text{semi}}(R)$ 为半方差,则有

$$V = E(R) - \frac{1}{2}k \times \sigma^2_{\text{semi}}(R) \tag{11}$$

将各县(市)的历史数据代入以上各式,可以得到不同 k 值下未购买与购买气象指数保险时,各县所面临的风险高低。结果如表 4 所示,可以明显看到所有地区的农户通过购买气象指数保险,其风险暴露程度得到了降低。

表 4 不同相对风险厌恶情况下有保险和无保险时收入比较

县(市)	$k=0.1$		$k=0.2$		$k=0.3$	
	没有保险/元	有保险/元	没有保险/元	有保险/元	没有保险/元	有保险/元
江阴	760.27	781.39	707.42	754.05	654.57	726.71
宜兴	696.49	750.45	595.28	704.68	494.08	658.91
溧阳	650.06	701.30	488.66	592.61	327.26	483.92

续　表

县(市)	$k=0.1$		$k=0.2$		$k=0.3$	
	没有保险/元	有保险/元	没有保险/元	有保险/元	没有保险/元	有保险/元
金坛	665.74	710.56	485.33	576.43	304.91	442.30
昆山	759.92	773.44	712.60	744.01	665.28	714.58
吴江	782.72	788.52	752.07	762.80	721.41	737.07
太仓	715.91	777.42	607.12	734.52	498.33	691.62
常熟	742.23	780.60	652.51	733.63	562.79	686.66
张家港	785.61	826.36	722.18	808.05	658.75	789.74

注：越高(低)的 V 值表示越低(高)的风险。

（二）VaR 模型

MV 法或 MSV 法主要衡量的是收益的均值与方差，但方差并不能说明收益的最低值。即人们尽管知道波动幅度大小，但仍希望了解在当前情形下，在最不利情况下将获得的收益。换言之，即衡量收益损失的最大值。为此，本节引入较为常用的 VaR 模型，即按某一确定的置信度，对某一给定的时间期限内由于不利的市场变动所可能造成的投资组合最大损失的一种估计。

根据 Jorion(1996)的模型，我们计算水稻收入的在险价值。

$$VaR = E(R) - R^* \tag{12}$$

其中，R^* 表示最低收益，是 VaR 方法中需确定的值。由公式(12)可以变换为

$$1 - \alpha = \int_{-\infty}^{R^*} f(R) \mathrm{d}R$$

其中，$f(R)$ 为收益 R 的概率密度函数。对于各个地区来说，需要对其历史单产数据进行核密度估计以得到 $f(R)$，并通过近似计算求得分布函数的分位点，从而得到不同 α 下的在险价值并进行比较。通过计算，得到表 5 所示结果。可以看出，通过购买气象指数保险，所有地区的 $VaR_{0.05}$ 和 $VaR_{0.01}$ 都显著降低。同时，最小收益 R^* 也通过保险的对冲作用得到提高。这表明，气象指数保险能够缓解农户所面临的收入下跌风险，减小农户可能面临的收入损失。

表5　不同 α 水平下农户有无保险的 VaR 值比较

县(市)	$\alpha=95\%$			$\alpha=99\%$		
	无保险 VaR	有保险 VaR	VaR(R^*) 变化	无保险 VaR	有保险 VaR	VaR(R^*) 变化
江阴	84.1 (729.0)	58.9 (749.8)	−25.2 (+20.8)	108.6 (704.5)	70.7 (738.0)	−37.9 (+33.5)
宜兴	119.7 (678.0)	79.0 (717.2)	−40.7 (+39.2)	193.7 (604.0)	115.2 (681.0)	−78.5 (+77.0)
溧阳	155.0 (656.5)	123.8 (686.2)	−31.2 (+29.7)	214.0 (597.5)	158.3 (651.7)	−55.7 (+54.2)
金坛	171.7 (674.5)	142.7 (702.0)	−29.0 (+27.5)	221.7 (624.5)	192.7 (652.0)	−29.0 (+27.5)
昆山	77.7 (729.5)	62.0 (740.9)	−15.8 (+11.4)	99.2 (708.0)	79.9 (723.0)	−19.4 (+15.0)
吴江	62.9 (750.5)	58.5 (755.8)	−4.4 (+5.3)	80.6 (732.8)	76.8 (737.5)	−3.8 (+4.7)
太仓	133.7 (691.0)	76.8 (743.5)	−56.9 (+52.5)	195.7 (629.0)	123.8 (696.5)	−71.9 (+67.5)
常熟	110.5 (721.5)	79.1 (748.5)	−31.4 (+27.0)	146.5 (685.5)	112.6 (715.0)	−33.9 (+29.5)
张家港	100.0 (749.0)	49.8 (794.9)	−50.2 (+45.9)	132.5 (716.5)	64.7 (780.0)	−67.9 (+63.5)

五、主要结论

气象指数保险被认为是成本较低、市场透明度高的险种,并且已经在一些地区试点。这些年气象指数保险开始在中国试点,希望能缓解中国保险市场面临的农户多样化风险保障需求与保险公司风险控制能力较弱之间的矛盾。然而,中国试点的气象指数保险都基于单一风险。同时,综合气象指数保险在理论上研究的也比较少。我们以中国水稻种植为例，研究了气象指数保险在对冲"农户"收入风险方面的作用。由于农户的农业生产往往面临多重风险，因此，综合气象指数保险比单一指数保险能够更好地满足农户的风险保障需求。本研究采用了标准差、均值半方差和在险价值三种方法评价气象指数保险的稳定效用。研究结果表明，水稻气象指数保险能够很好地降低农户的收入风险。

希望本研究有助于今后综合气象指数保险产品的设计和开展。首先，对生长周期的不同阶段的细分方法可以在今后气象指数产品设计中采用。这有助于更好地揭示作物产量与气象因素之间的关系。其次，综合气象指数保险比单一指数保险能更好地满足农户的风险保障需求。综合气象指数保险的不足在于指数计算的复杂性增加。

附录四　耕地细碎地区农业保险"三到户"何以落实难?

——基于浙江省的调查

2004—2014 年,中国农业保险取得了跨越式发展。在快速发展的过程中,农业保险也面临着一些问题。如统保模式下,农业保险运作中出现了虚假承保骗取财政补贴,侵占、挪用保险赔款等情形。这些行为背离了农业保险的宗旨,严重侵害了农户的利益,损害了农业保险的运作效率和财政补贴效率,并滋生了腐败现象。为此,《农业保险条例》和保险监督管理部门提出了统保模式下农业保险"五公开、三到户"的要求。然而,在实践中,农业保险"三到户"规则在一些地区,尤其是耕地细碎地区面临落实难的问题。本研究基于浙江省的调查,分析农业保险"三到户"落实难的根源,并提出有关对策建议,以推动农业保险规范运作、高效发展。

一、农业保险"三到户"落实情况调查

浙江省是我国陆地面积最小的省份之一,素有"七山一水二分田"之称。浙江省现有人均耕地仅为 0.55 亩,为全国平均水平的 40%,是比较典型的耕地细碎地区。20 世纪 80 年代以来,随着农村剩余劳动力向二、三产业转移,浙江省农村土地承包经营权的流转经历了从自发、无偿流转向组织化、有偿有序流转的发展过程。2006 年 6 月底,浙江省农户流出土地 355 万亩,占家庭承包经营土地总面积的 17.9%。截至 2014 年底,浙江省流转耕地面积达到 915 万亩,占家庭承包耕地总

面积的 48%，合同签约率 76.8%。由此可见，浙江省农村土地流转呈现出加快发展态势。

水稻是浙江省主要的粮食作物，约占全省粮食总量的 80% 左右。浙江省水稻生产以口粮种植为主。2014 年浙江省粮食产量只占全国总产量的 1.25%。浙江省水稻保险采用了统保的模式。浙江省农业保险"三到户"落实难主要表现在大面积承保的水稻、油菜、小麦等基础作物的保险和森林保险。在小农家庭生产模式下，先承保后种植的保险要求导致农业保险的承保情况与实际种植情况存在一定的偏差。尽管浙江省水稻、油菜、小麦已实现承保理赔到户，但是承保的准确性很差。理赔时水稻等作物的实际种植情况与承保清单不一致的问题比较突出。这导致理赔到户时需要批改清单，并容易引起法律纠纷。森林保险至今无法做到"三到户"[①]。由此可见，尽管农业保险"三到户"有利于减少违规风险，保障农户权益，却面临落实难的困境。

为深入分析统保模式下水稻保险"三到户"落实难的原因，笔者对浙江省温州市平阳县西岙村和衢州市衢江区东湖村开展了实地调研。西岙村和东湖村分别位于浙江东部沿海和中西部盆地地区，农业生产的地区风险程度不同，土地流转发展阶段也不同。两地水稻种植情况能比较全面地反映浙江省水稻生产状况，具有较好的代表性。

（一）土地自发流转、农业风险较高的西岙村

西岙村位于浙江省温州市南部的麻步镇，是个三面环山、一面临江的小盆地，夏秋两季多台风灾害。西岙村由于地势低洼，每次台风带来的大量降水都会将村里的耕地淹没。台风过后，山上积水汇集而成的溪流不断流入农田，使得西岙村耕地浸泡在积水中的时间通常比邻村要长 1～2 天。西岙村耕种的农作物"由于遭水浸泡时间较长，遭受的损失比邻村都要严重很多"。

2015 年西岙村全村人口 1100 多人，300 多户，土地 400 多亩，户均耕地约 1.3 亩。目前，村里只有 100 多户仍从事水稻种植。村里的农田按照土地质量被分为上、中、下三个等级。村里将三类地搭配均分给村民（每

---

① 保监会最新出台的《农业保险承保理赔管理暂行办法》对森林保险另行规定。这表明在目前条件和技术水平下森林保险"三到户"的可行性较差。

个村民都拥有上等地、中等地和下等地）。西岙村的土地基本以水稻种植为主，少部分地块种植花生。每年西岙村的水稻种植面积都比较稳定，土地弃荒的情况很少。西岙村的土地主要是在亲戚之间流转，大规模流转很少。2015 年，村里水稻种植面积最大的农户余某，耕种了 20 亩水稻，除自家耕地外，主要来自亲戚、邻里流转来的土地。土地流转以口头约定为主，基本不签订书面合同。土地流转的期限通常很短，一般不会超过一年，有的耕地只是季节性流转。

西岙村的村民普遍具有较强的保险意识。村主任陈某介绍"这些年来，每年插秧时节村里农户就开始关心保险的事情，来村里问什么时候可以买保险"。投保时，每户自愿上报到村里，由村里统一上报到保险公司。水稻起苗后 4～5 天时，村里派人挨家挨户上门收取保费，登记到位，编制投保清单。由于村里一般在水稻作物种下后收缴保费，故每户的种植面积在缴费时已经确定。据统计，2015 年西岙村全村投保水稻保险的耕地面积为 391 亩，共有 110 个农户投保，村里种植水稻的农户基本都参加了水稻保险。其中，种植面积在 2 亩及以下的农户有43 户，占到全部投保农户的近 40%。西岙村水稻种植基本以口粮种植为主。

村里水稻受灾获得的保险赔款按照"谁缴费，谁受益"的原则，由缴费方领取保险赔款。由于理赔时账户信息内容繁多，手续复杂，故西岙村全村水稻保险都保在村主任名下，保险事故发生后获得的保险赔款通过村民大会平均发放。村主任指出，"由于每户土地都搭配上、中、下这三类土地，保险赔款平均分配还是合理的，村民普遍接受这个保险赔款的分配方案"。

对于承保到户的提议，被调查村干部认为在实际操作中存在困难：一是收集农户身份证号和银行账号耗时费力。根据规定，农业保险承保时必须明确投保人姓名、耕种亩数、银行账号及身份证号。但是，实际上村民中存在"有的没有账号，有的文化程度低、银行账号书写困难，有的农户喜欢现金赔付，尤其是年纪大的农户，认为银行取款需要去镇上很麻烦"等情况。村干部认为，目前投保水稻保险的分户清单只需要投保农户姓名及投保面积，操作简单方便。二是水稻种植农户及耕种面积每年都会发生变化，每次都要重新核定太费力①。

总的来看，西岙村土地规模小，地块分散，土地流转发展较慢，以口头流转为主。西岙村水稻种植户的生产状况保持较高的稳定性。这客观上有利于农业保险承保理赔到户规定的落实。而且，由于西岙村农业生产常年遭受损失，农户的风险意识较强，对水稻保险的投保意愿较高，对农业保险承保理赔到户工作的配合意愿也较强。另一方面，村干部尽管认为承保到户带来了大量的工作，但是，基本愿意配合开展。

（二）土地有序流转、农业风险较低的东湖村

东湖村位于衢州市衢江区莲花镇，2015 年全村共有 780 户，总人口为 2717 人。全村有 3000 多亩土地，粮食用地占到 75％左右。2008 年以来，东湖村的土地流转主要采用了政府组织推动的方式，首创了"东湖"模式。2009 年，东湖村早稻种植面积从原先不到 100 亩，一下发展到 1000多亩。2011 年，东湖村被评为"浙江省十大示范性粮食生产功能区"之一，核心示范区域面积 1870 亩。

除了中心推进的规模流转外，农户间的私下流转情况也比较常见。散户将自家全部或部分土地流转给大户。流转期限通常较短，不超过一年。农户间私下土地流转以口头协议为主，只有长期流转的农户之间才会签订书面协议。东湖村的土地基本流转给本村村民。为了方便田块管理，农户之间存在私下更换、调换耕地的情况，连承包地都调换的情况也有存在。对于私下流转土地的规模，莲花镇某副镇长认为"实际的具体情况难以掌握"。

2015 年，东湖村水稻种植大户 6 户，每户种植面积 200～300 亩。种植水稻的散户大概 200 户，人均耕地面积 1 亩左右。之前村里大户种植水稻采用合作社形式，现在主要是家庭农场。大户种植以单季稻为主。东湖村位于浙江中西部，遭受台风的影响比较小。当地受访农户普遍认为"种水稻风险不大"，主要灾害是水灾和病虫害。

2015 年东湖村种粮大户都参加了水稻保险。但是，散户投保的积极

①　对于采用直补面积作为投保面积的可能性，村主任指出，直补面积与耕种面积不一致，无法根据直补名单来确定。由于每年村里耕种水稻的人会发生变化。如果先甄别是否耕地，然后发放直补补贴，这样做成本太高，村里不愿意做。因此，村里采取简单平均，人人有份的做法。

性不高,有的散户甚至还不知道水稻保险。村农技员指出,"2015年莲花镇只有两个村有水稻种植的散户参保,其他都没有"。他认为"散户地块规模较小,觉得承保理赔都很麻烦,保额也不高,投保积极性较差"是主要原因。东湖村没有给水稻种植的散户统保水稻保险。谈及原因,村主任解释说:"村里集体收入并不多,无法为大家集体投保。即使集体投保,理赔的分配上会存在一定的困难。村里现在的政策就是谁投保谁支付保费。不过,也存在大户缴费时将散户的保费一并缴纳的情况。"

关于水稻保险承保到户工作,村主任认为实施有很大困难,"村里200户散户逐一承保手续复杂,成本太高。报清单(需要农户的身份证号、种植亩数、银行账号)的资料尽管村里都有,但是挨家挨户收取保费以及信息核对就很麻烦。如果还要明确种植的地块就更复杂了。而且,每年农户种植地块有可能发生变动,这就需要重新核实。这种做法,无论是村工作人员还是农户都觉得很麻烦"。至于保险理赔,有农户反映"遇到大的自然灾害,查勘定损、理赔的效率不高,手续麻烦,散户不大愿意"。莲花镇某副镇长也指出,有农户到镇里抱怨"受灾理赔不到位"。

概括来看,东湖村在土地流转发展很快,具有规模化、组织化流转,流转比较规范的特点。土地的规范流转有利于农业保险"三到户"的落实。但是,东湖村农业生产风险较小,农户的风险意识较弱,对农业保险的需求不高。这导致农户对农业保险承保理赔到户的配合意愿很低,不利于"三到户"规定的落实。另一方面,村委会等基层组织认为承保理赔到户的做法需要增加很多额外的时间和精力,难以落实。

二、农业保险"三到户"面临的困境及其根源

(一)"三到户"面临的困境

1. 耕地细碎化导致"三到户"的运作成本较高

浙江省人均耕地少,土地细碎化。这使得农业保险"三到户"的落实面临新增运作成本的问题。新增的运作成本包括经济成本和时间成本。如东湖村干部认为"散户逐一承保手续复杂,成本太高。挨家挨户收取保费以及信息核对就很麻烦。如果还要明确种植的地块就更复杂了。而且,每年农户种植地块有可能发生变动,这就需要重新核实。这种做法,

无论是村工作人员还是农户都觉得很麻烦"。从保险公司角度看,定损到户的要求使得农业保险的定损费用增加,理赔所需时间可能延长,尤其是在大灾理赔时。理赔到户虽然克服了赔款二次分配的弊端,但对保险机构准确获取农户相关信息提出了更高的要求。由此可见,土地细碎地区水稻种植散户数目众多,耕地面积小且地块分散。农业保险"三到户"规定的落实需要较高的运作成本。

2. 农业保险有关主体配合"三到户"的动力不足

统保模式下,农业保险机构落实"三到户"需要村委会和农户等主体的配合。然而,农业保险理赔到户的做法削弱了村委会等单位的权力,导致部分地区村委会等单位不愿意配合落实"三到户"。而且,村委会等单位对农业保险"三到户"的配合度越高,意味着他们分担的信息搜寻成本越多。在缺乏外部激励的情况下,村委会等组织投保的单位不愿意承担此成本、花费更多的时间和精力去收集农户的信息,尤其在农户的生产决策每年都可能发生改变的情况下,信息搜寻成本尤为突出。调查中,西岙村和东湖村的村干部都表示挨家挨户上门要散户投保,费时费力,不愿意做。另一方面,小农家庭生产的散户对农业保险的需求低,配合农业保险"三到户"的意愿也低。如衢江区东湖村水稻种植风险小,200多户散户基本没有参加水稻保险。在农户和村委会配合度比较低的情况下,农业保险机构进一步面临因信息不准确导致无法准确承保到户的问题。有些地区的基层保险机构为获取准确信息的成本非常高,削弱了其落实"三到户"的意愿。因此,村委会和农户的配合程度影响了农业保险"三到户"运作成本的高低。村委会和农户对农业保险"三到户"的配合度越低,"三到户"的运作成本越大,落实越困难。

3. 土地流转加剧了"三到户"落实难问题

浙江省土地加快流转使得农业生产信息变得复杂。家庭农场、种植大户等新型农业经营主体的土地规模大,但是,由于流入的土地地理位置分散,导致耕种地块的数目增多。土地流转也使得散户的耕种情况经常发生变化。农业生产信息的复杂化增加了信息获取的难度,导致农业保险"三到户"成本增加。同时,土地流转不规范的现象导致土地实际种植户的信息难以掌握,可能出现农业保险的被保险人与农业风险的实际承担者不一致的问题。农户间通过口头约定方式流转土地,不仅为土地流转纠纷埋下了隐患,而且可能导致出现土地的实际耕种人与土地承包经营权人不一致的情况。这一方面使得农业保险保费补贴政策难以落实到位;另一方面,保险理赔时会出现保险赔款支付给承包经营权人而非实际耕种者,保险赔款无法起到弥补损失的作用的问题。这既不符合保险原理,也不符合开展农业保险的初衷。

由此可见,浙江省耕地细碎化的特点导致农业保险机构落实"三到户"面临额外的运作成本。然而,村委会等单位不愿意负担该成本,对"三到户"的配合意愿低,致使农业保险机构难以落实"三到户"。近些年来,浙江省土地流转的加快发展以及不规范流转的状况,进一步加剧了农业保险机构落实"三到户"的困难。

(二)"三到户"落实难的根源

从本质上看,耕地细碎地区农业保险"三到户"落实难的根源在于"三到户"的运作成本较高且尚未形成有效的成本分担机制。

第一,土地频繁流转和不规范流转加剧了农业保险中的信息不对称问题。浙江省土地细碎化的特点及土地流转状况使得农业保险落实"三到户"面临额外的运作成本。运作成本的高低决定了农业保险"三到户"落实的难易程度。同时,运作成本的增加也使得农业保险在降低违规风险的同时,面临着效率损失问题。新增交易成本的高低决定了效率损失的程度。因此,通过制度安排缓解信息不对称是农业保险落实"三到户"需解决的核心问题。

第二,农业保险各方主体缺乏合理的成本分担机制。农业保险"三到户"的落实面临村委会等单位配合意愿不高的问题。究其原因,主要是"三到户"的运作成本负担问题。在统保模式下农业保险"三到户"的运作成本往往只能由村委会等组织或农业保险机构负担。然而,村委会或农业保险机构都难以单独承担此成本。因此,村委会等单位和农业保险机构之间如何合理分担运作成本是当前落实"三到户"需要解决的一个关键问题。

第三,散户保险认知及投保意识不够。统保模式下农业保险"三到户"的落实离不开农户的支持和配合。高风险地区的农户具有较强的风险和保险意识,投保积极性高,有利于"三到户"的落实。低风险地区散户的参保行为就不同。因此,如何增强农户的保险意识,引导农户正确认识农业保险是落实"三到户"需要解决的一个长期性的问题,也是农业保险持续发展的根本问题。

三、推进农业保险"三到户"的对策建议

基于前面的分析,要使农业保险"三到户"规定能够真正在耕地细碎地区得到落实,需要从农业保险机构和政府两个层面着手,创新保险机制,完善配套制度。

(一)保险机构:产品、服务和机制创新

在土地加快流转催生新型农业经营主体,农业生产的主体格局不断发生变化的新形势下,为推进农业保险"三到户"的落实,农业保险机构需要加快产品服务创新和组织机制创新。

第一,产品服务创新。农业保险机构可以考虑区分两类不同农业生产主体,提供差异化的保险产品与服务。对于规模小的散户,一是可以提供区域农业保险产品。利用指数化定损理赔机制,节省定损理赔到户的成本,从而推进农业保险对散户承保到户。二是采用团体投保、到户理赔模式。在保险公司能够通过卫星、无人机等技术手段确保承保面积与实际种植面积相符的前提下,对同一地区采取团体保险形式,并通过"五公开"让农户充分了解有关保险信息。当发生损失时,农业保险理赔到实际种植农户。对于家庭农场、农业大户等新型农业经营主体,提供综合性的农业保险产品,承保理赔到户。

第二,组织机制创新。基层服务体系的不断完善是农业保险合规、高效经营的基本保证。为了推进农业保险承保理赔到户的落实,不能仅依靠传统的农村基层组织,有必要建立稳定的农业保险服务队伍。保险机构应加强基层服务网点建设,重点加大对基层服务队伍建设的投入,提高农业保险服务水平。

(二)政府部门:完善相关制度

农业保险"三到户"的落实不仅需要农户、农村基层组织和保险机构的协调、配合与创新,而且需要相关制度的不断完善。政府有关部门应加强规范土地流转,构建农村产权信息的共享机制以及通过宣传引导增强农户保险意识。

第一,规范土地流转。土地规范流转有助于农业适度规模经营,提高农业生产效率。土地规范流转也是农业保险在成本可负担的情况下承保理赔到户的前提和基础。今后几年,全国各省农村土地确权工作的全面推进将有助于土地流转的逐步规范[①],为农业保险承保理赔到户创造条件。

第二,构建信息共享机制。农业保险合规经营离不开农村产权信息系统的支持。随着未来几年各省农村"三权"确权工作的完成、土地流转经营权登记制度的落实,应在全省建立统一的农村产权信息系统,构建农业保险机构与农村产权信息系统的信息共享机制。

第三,增强农户保险意识。农户对农业保险的认知和对承保理赔到户做法的正确认识是影响农业保险运作效率的重要因素。因此,需要加大宣传,引导农户正确认识农业保险承保理赔到户的意义。

---

① 如浙江省农业厅《关于深化农村土地承包经营权确权登记颁证工作的意见》明确,在稳步扩大试点的基础上,用 3 年左右的时间基本完成土地确权登记颁证工作。具体工作步骤如下:2015 年,扩大整县、整乡试点范围,每个市至少选择 1 个县、其他县至少选择 1 个乡开展整个区域的试点;2016 年,全省全面开展,2017 年底前基本完成;2018 年进行扫尾完善。

索　引

参考文献

[1] Ashan S.M., A.Ali, and N. Kurian, Toward a Theory of Agricultural Insurance[J]. American Journal of Agricultural Economics, 1982, 64 (3): 520-529.

[2] Arrow K. J. Uncertainty and the Welfare Economics of Medical Care[J]. The American Economic Review, 1963(53): 941-973.

[3] Arrow K. J. The Organization of Economic Activity: Issues Pertinent to the Choice of Market versus Non-Market Allocation [J], // *The Analysis and Evaluation of Public Expenditures: The PBB-System*, Joint Economic Committee, 91st Cong., 1st Sess., Vol. 1 Washington, D. C.: Government Printing Office 1969:48.

[4] Arrow K. J. A Utilitarian Approach to the Concept of Equality in Public Expenditure [J]. The Quarterly Journal of Economics, 1971, 85(3): 409-415.

[5] Berger A. N., Humphrey D. B. Efficiency of Financial Institutions: International Survey and Directions for Future Research[J]. European Journal of Operational Research 1997, 98(2): 175-212.

[6] Bohn J.G., B.J. Hall. The Moral Hazard of Insuring the Insurers [M]// K.A. Froot. The Financing of Catastrophe Risk. Chicago: University of Chicago Press, 1999: 363-384.

［7］Borch K. Insurance and Giffen's Paradox［J］. Economics Letters，1986(20)：303-306.

［8］C. Edwin Young，Monte L. Vandeveer，Randall D. Schnepf. Production and Price Impacts of Crop Insurance Programs［J］. American Journal of Agricultural Economics，2001，83（5）：1196-1203.

［9］Chambers R. G. and J. Quiggin. Decomposing Input Adjustments Under Prices and Production Uncertainty［J］. American Journal of Agricultural Economics. 2001，83(1)：20-34.

［10］Cheng H. C.，J. P. Magill and W. J. Shafer. Some Results on Comparative Statics under Uncertainty［J］. International Economic Review，1987. 28：493-507.

［11］Coble K. H.，T. O. Knight，R. D. Pope and J. R. Williams. An Expected Indemnity Approach to the Measurement of Moral Hazard in Crop Insurance［J］. American Journal of Agricultural Economics. 1997，79(1)：216-226.

［12］Cummins D.，M. Weiss and H. Zi. Organizational Form and Efficiency：An Analysis of Stock and Mutual Property-Liability Insurers［J］. Management Science，1999(9)：1254-1269.

［13］Cummins J. D.，Weiss M. A. Analyzing Firm Performance in the Insurance Industry Using Frontier Efficiency Methods［M］// In：Dionne G. Handbook of Insurance Economics. Boston，MA. Kluwer Academic Publishers，2000.

［14］Davidson R. J. Jr. Statement Before the House Agricultural Subcommittee on General Farm Commodities and Risk Management［J/OL］.［2012-01-07］Http：//www. rma. usda. gov/news/testimony/2004/721davidsontestimony.pdf

［15］Deng X.，Barnett B. J. and Vedenov D. J.，Joe W.，West J. J. Hedging Dairy Production Losses Using Weather-based Index Insurance［J］. Agricultural Economics，2007(36)：271-280.

［16］Diacon S. R.，Starkey K.，O'Brien C. Size and Efficiency in

European Long-Term Insurance Companies: An International Comparison[J]. Geneva Papers on Risk and Insurance, 2002, 27 (3): 444-466.

[17] Dionne G. and L.Eeckhoudt. Insurance and Saving: Some Further Results[J]. Insurance Mathematics and Economics, 1984 (3): 101-111.

[18] Fecher F., Perelman S., Pestieau P. Scale Economics and Performance in the French Insurance Industry[J]. Geneva Papers on Risk and Insurance, 1991, 16(60): 315-326.

[19] Fecher F., D. Kessler and P.Pestieau. Productive Performance of the French Insurance Industry [J]. Journal of Productivity Analysis, 1993, 4(1): 77-93.

[20] Fenn P., Vencappa D., Diacon S., Klumpes P., O' Brien C. Market Structure and the Efficiency of European Insurance Companies: A Stochastic Frontier Analysis[J]. Journal of Banking and Finance, 2008, 32(1): 86-100.

[21] Gardner B. L. and R. A. Kramer. Experience with Crop Insurance Programs in the United States[M]// P. Hazel, C. Pomerada and A. Valdez. Crop Insurance for Agricultural Development: Issues and Experience. Baltimore: Johns Hopkins University Press.1986: 195-222.

[22] George Akerlof. The Market for "Lemons": Qualitative Uncertainty and the Market Mechanism[J]. The Quarterly Journal of Economics, 1970, 84(3): 353-374.

[23] Glauber J.W. Corp insurance reconsidered[J]. American Journal of Agricultural Economics, 2004, 86(5): 1179-1195.

[24] Glauber J.W., K.J. Collins. Crop Insurance, Disaster Assistance, and the Role of Federal Government in Providing Catastrophic Risk Protection[J]. Agricultural Finance Review, 2002(62): 83-101.

[25] Goodwin B.K. Problem with Market Insurance in Agriculture[J]. American Journal of Agricultural Economics, 2001, 83 (3): 643-649.

[26] Goodwin B.K. and V. H. Smith. The Economics of Crop Insurance and Disaster Aid [M]. Washington, D. C.: The AEI Press, 1995.

[27] Goodwin B.K. An Empirical Analysis of the Demand for Multiple-Peril Crop Insurance[J]. American Journal of Agricultural Economics, 1993, 75(2): 425-434.

[28] Hazell P. B. R., Pomareda C., Valdes A. Crop Insurance for Agricultural Development: Issues and Experience[M]. Baltimore: The Johns Hopkins University Press, 1986.

[29] Holmstrom B. Moral Hazard and Observability[J]. Bell Journal of Economics, 1979(10): 74-91.

[30] Holmstrom B. Moral Hazard in Teams[J]. The Bell Journal of Economics, 1982a, 13(2): 392-415.

[31] Holmstrom B., Managerial Incentive Problems-a dynamic perspective. // Essays in Economics and Management in Honor of Lars Wahlbeck. Helsinki: Swedish School of Economics, 1982b.

[32] Hunsoo Kim, W. Jean Kwon. A Multi-line Insurance Fraud Recognition System: a Government-led Approach in Korea[J]. Risk Management and Insurance Review, 2006, 9(2): 131-147.

[33] Jeng V., Gene C., McNamara, Michael J. Efficiency and Demutualization: Evidence from the U. S. Life Insurance Industry in the 1980s and 1990s[J]. Journal of Risk and Insurance, 2007 (74): 683-711.

[34] Jorion, P. Risk: Measuring the Risk in Value at Risk[J]. Financial Analysts Journal, 1996: 47-56.

[35] Just R. E., L. Calvin, Moral Hazard in U.S. Crop Insurance: An Empirical Investigation[J], Unpublished Manuscript, University of Maryland, April 1993b.

[36] Just R. E., L. Calvin and J. Quiggin. Adverse Selection in Crop Insurance: Actuarial and Asymmetric Information Incentive [J]. American Journal of Agricultural Economics, 1999, 81(4): 838-849.

[37] Ker A. P. Private Insurance Company Involvement in the U. S.

Crop Insurance Program[J]. Canadian Journal of Agricultural Economics, 2001(49): 557-566.

[38] Ker A.P., P. McGowan. Weather-based Adverse Selection and the U.S. Crop Insurance Program: the Private Insurance Company Perspective[J]. Journal of Agricultural and Resource Economics, 2002(25): 386-410.

[39] Knight T. O. and Coble K. H., Survey of U.S. Multiple Peril Cop Insurance Literature Since 1980 [J]. Review of Agriculture Economics, 1997, 19(1): 128-156.

[40] Luhnen E. Frontier Efficiency Methodologies to Measure Performance in the Insurance Industry: Overview and New Empirical Evidence[J/OL]. [2012-07-06], http://www. uni-ulm. de/ fileadmin/ we bsite-uni-ulm/ mawiz/ forschung/ preprimt-senver/ 2009/0919-efficienuy-overviell.pdf

[41] Makki S. S. Crop Insurance: Inherent Problems and Inncvative Solutions[J]. Agricultural Policy for the 21st Century, 2002, 162(2): 109-126.

[42] Mayers D., Smith C. W. Ownership Structure Across Lines of Property-Casualty Insurance[J]. Journal of Law and Economics, 1988(31): 351-378.

[43] Mester L. J. Agency Costs Among Savings and Loans[J]. Journal of Financial Intermediation, 1991(1): 257-278.

[44] Michael Rothschild, Joseph Stiglitz. Equilibrium in Competitive Insurance Markets: an Essay on the Economics of Imperfect Information[J]. The Quarterly Journal of Economics, 1976, 90(4): 629-649.

[45] Miranda M. J. and J. W. Glauber. Systemic Risk, Reinsurance, and the Failure of Crop Insurance Markets[J]. American Journal of Agricultural Economics, 1997(79): 206-215.

[46] Mishra P. Agricultural Risk, Insurance and Income: A Study of the Impact and Design of India's Comprehensive Crop Insurance

Scheme[M]. Aldershot，UK. Avebury Publishing，1996.

[47] Moffet D. The Risk Sharing Problem[J]. The Geneva Papers on Risk and Insurance，1979(11)：5-13.

[48] Nalebuff B. & J.Stiglitz. Information，Competition，and Markets [J]. American Economic Review，1983(73)：278-283.

[49] Nelson C. H. & E. T. Loehman. Further toward a Theory of Agricultural Insurance [J]. American Journal of Agricultural Economics，1987(69)：523-531.

[50] Orden D. Should There Be a Federal Farm Income Safety Net?. Paper Presented at the Agricultural Outlook Forum 2001， Washington，DC，February 22. [2007-04-07] www. iatp. org/ files/should-there-be-a-federal-farm-imcome-safety-net. htlm

[51] Raviv A. The Design of an Optimal Insurance Policy[J]. American Economic Review，1979(69)：84-96.

[52] Roumasset J. A. The Case against Crop Insurance in Developing Countries [J]. Philippine Review of Business and Economics， 1976，15(1)：87-107.

[53] Schmidt，Klaus M. Managerial Incentive and Product Market Competition[J]. Review of Economic Studies，1977(64)：191-213.

[54] Shiva S. Makki and Agapi Somwaru. Farmer's Participation in Crop Insurance Market：Creating the Right Incentives [J]. American Journal of Agricultural Economics， 2001， 83 (3)： 662-667.

[55] Skees J.R. and B.J. Barnett. Conceptual and Practical Considerations for Sharing Catastrophic/Systemic Risks [J]. Reviews of Agricultural Ecnomics，1999(21)(Fall/Winter)：424-441.

[56] Skees J.R. Agricultural Risk Management or Income Enhancement [J]. Regulation，1999，22(1)：38-43.

[57] Skees J.R. The Bad Harvest[J]. Regulation，2001(24)：16-21.

[58] W. Nimon M. & D. Mullarkey. Risk Management and Environmental Outcomes：Framing the Issues[J/OL]. [2008-07-12]. http://www.

researchgate. net/publication/24741143-risk-management-and-Environ-
mental-outcomes-framing-the-issues.

[59] Spence M. Job Market Signaling[J]. The Quarterly Journal of
Economics, 1973, 87(3): 355-374.

[60] Stoppa A, Hess U. Design and Use of Weather Derivatives in
Agricultural Policies: the Case of Rainfall Index Insurance in
Morocco, International Conference: Agricultural Policy Reform
and the WTO: Where Are We Heading. 2003: 23-26.

[61] Turvey C. G., Weersink, A., & Chiang, S. H. C. Pricing Weather
Insurance with a Random Strike Price: the Ontario Ice-wine
Harvest[J]. American Journal of Agricultural Economics, 2006,
88(3): 696-709.

[62] Valgren V. N. Crop Insurance: Risks, Losses, and Principles of
Protection, U. S. Department of Agriculture. Bulletin No. 1043.
January 23, 1922.

[63] Vedenov D. J. and Barnett B. J. Efficiency of Weather Derivatives
as Primary Crop Insurance Instruments[J]. Journal of Agricultural
and Resource Economics, 2004, 29(3): 387-403.

[64] Wouter Zant. Hot Stuff: Index Insurance for Indian Smallholder
Pepper Growers[J]. World Development 2008, 36(9): 1585-1606.

[65] Wright B.D. and J.A. Hewitt. All-Risk Crop Insurance: Lessons
From Theory and Experience [M]// D. L. Hueth and W. H.
Furtan. Economics of Agricultural Crop Insurance: Theory and
Evidence. Boston: Kluwer Academic Publisher, 1994.

[66] Wu J. Crop Insurance, Acreage Decisions, and Nonpoint-Source
Pollution[J]. American Journal of Agricultural Economics, 1999,
81 (May), 305-320.

[67] Yamallchi T. Evolution of the Crop Insurance Program in Japan
[M]// Hazell P. Crop Insurance for Agriculture Development:
Issues and Experience. Blatimore and London: The Johns Hop-
kins University Press, 1986: 233-237.

[68] 阿特金森,斯蒂格里兹.公共经济学[M].上海:上海三联书店,1992:34.

[69] 安德鲁·马斯—科莱尔,迈克尔·D.温斯顿,杰里·R.格林.微观经济学:上[M].北京:中国社会科学出版社,2001:236-273.

[70] 奥利弗·E.威廉姆森,治理机制[M].北京:中国社会科学出版社,1996:34.

[71] 奥利弗·E.威廉姆森,资本主义经济制度[M].北京:商务印书馆,2004:73.

[72] 波斯纳.法律的经济分析[M].北京:中国大百科全书出版社,1997:117.

[73] 迟国泰,孙秀峰,芦丹.中国商业银行成本效率实证研究[J].经济研究,2005(6):104-114.

[74] 达尔比.逆向选择和统计歧视——加拿大汽车保险市场分析[M]//乔治斯·迪翁,斯科特·E.哈林顿.保险经济学.北京:中国人民大学出版社,2005:370-378.

[75] 达潭枫.关于新疆构建长效农业保险保障体制的思考[J].新疆社科论坛,2010(2):34-43.

[76] 戴维斯·诺斯.制度变迁的理论:概念与原因[M]//R.科斯,A.阿尔钦,D.诺斯,等.财产权利与制度变迁——产权学派与新制度学派译文集.上海:上海三联书店,上海人民出版社,2000:266-294.

[77] 德姆赛兹.关于产权的理论[M]//R.科斯,A.阿尔钦,D.诺斯,等.财产权利与制度变迁——产权学派与新制度学派译文集.上海:上海三联书店,上海人民出版社,2000:96-113.

[78] 丁学东.西班牙农业保险政策及对我们的启示[J].农业经济问题,2005(8):75-78.

[79] 丁少群,庹国柱.国外农业保险发展模式及扶持政策[J].世界农业,1997(8):7-9.

[80] 埃里克·弗鲁博顿,鲁道夫·芮切特.新制度经济学:一个交易费用分析范式[M].上海:上海人民出版社,2006:59.

[81] 冯冠胜.农业风险管理中政府介入问题研究[D].杭州:浙江大学出版社,2004.

[82] 冯文丽,林宝清.我国农业保险短缺的经济分析[J].福建论坛(经济社会版),2003(6):17-80.

[83] 冯文丽.中国农业保险制度变迁研究[M].北京:中国金融出版社,2004:206-211.

[84] 冯文丽.我国农业保险市场失灵与制度供给[J].金融研究,2004(4):124-129.

[85] 弗兰克·H.奈特.风险不确定性与利润[M].北京:商务印书馆,2006:34.

[86] 郭兴旭.湖北省油菜种植风险与政策性保险研究[D].武汉:华中农业大学出版社,2010.

[87] 高伟.关于我国农业保险试点模式的认识[J].现代金融,2006(10):3-5.

[88] 哈耶克.个人主义和经济秩序[M].北京:北京经济学院出版社,1989:125.

[89] 何忠伟,侯胜鹏,陈艳芬.中国农业补贴的一个理论分析[J].山东农业大学学报(社会科学版),2004(9):5-8.

[90] 何文炯.保险学[M].杭州:浙江大学出版社,2003:164.

[91] 何文炯,施红,张跃华.《农业保险条例》几个问题的看法[J].保险研究,2012(9):76-79.

[92] 何亮.关于技术创新动力机制研究的几个问题[J].科学技术与辩证法,1998(1):61-64.

[93] 侯石安.我国财政对农业补贴的目标选择与政策取向[J].农业经济问题,2001(4):42-44.

[94] 黄公安.农业保险的理论及其组织[M].上海:商务印书馆,1937:2-12.

[95] 黄薇.中国保险业效率的实证研究:考虑环境因素的影响[J].统计研究,2009(6):29-37.

[96] 黄薇.基于资料包络分析方法对中国保险机构效率的实证研究[J].经济评论,2007(4):111-116.

[97] 姜岩,李扬.政府补贴、风险管理与农业保险参保行为——基于江苏省农户调查数据的实证分析[J].农业技术经济,2012(10):65-72.

[98] 卡尔·H.博尔奇.保险经济学[M],北京：商务印书馆,1999：53-57.

[99] 卡尔·博尔奇.再保险市场的均衡[M].//乔治斯·迪翁,斯科特·E.哈林顿.保险经济学.北京：中国人民大学出版社,2005：226-244.

[100] 科斯.企业的性质[M].//盛洪.现代制度经济学.北京：北京大学出版社,2003：106.

[101] 科斯,哈特,斯蒂格利茨,等.契约经济学[M].北京：经济科学出版社,1999：1-30.

[102] 科斯.社会成本问题[M].//R.科斯,A.阿尔钦,D.诺斯,等.财产权利与制度变迁——产权学派与新制度学派译文集.上海：上海三联书店,上海人民出版社,2000：3-58.

[103] 柯炳生.美国农业风险管理政策及启示[J].世界农业,2001(1)：11-13.

[104] 肯尼斯·J.阿罗.保险、风险和资源配置[M].//乔治斯·迪翁,斯科特·E.哈林顿.保险经济学.北京：中国人民大学出版社,2005：219-225.

[105] 刘京生.中国农村保险制度论纲[M].北京：中国社会科学出版社,2000：30-45.

[106] 刘宽.我国农业保险的现状、问题及对策[J].中国农村经济,1999(10)：53-56.

[107] 李军.农业保险的性质、立法原则及发展思路[J].中国农村经济,1996(1)：55-59.

[108] 李军,段志煌.农业风险管理和政府的作用——中美农业保险交流与考察[M].北京：中国金融出版社,2004：189-190.

[109] 吕秀萍.1999—2004年中国保险业宏观效率实证研究：基于DEA方法[J].统计研究,2007(1)：35-40.

[110] 罗必良.制度经济学[M].太原：山西经济出版社,2005：123.

[111] 马铃,刘晓昀.贫困与非贫困农户经济作物收入差距的因素分解[J].中国农村经济,2013(4)：39-47.

[112] 穆月英,陈家骥.两类风险、两种对策——兼析农业自然风险与市场风险的界限[J].农业经济问题,1994(8)：33-36.

[113] 宁满秀,邢郦,钟甫宁.影响农户购买农业保险决策因素的实证分

析——以新疆玛纳斯河流域为例[J].农业经济问题,2005(6):38-44.

[114] 农业部软科学委员会"对农民实行直接补贴研究"课题组.国外对农民实行直接补贴的做法、原因及借鉴意义[J].农业经济问题,2002(1):57-62.

[115] 潘勇辉.财政支持农业保险的国际比较及中国的选择[J].农业经济问题,2008(7):97-103.

[116] 乔山保.财政补贴对农业保险市场的影响研究[D].武汉:华中农业大学,2011.

[117] 青木昌彦.比较制度分析[M].上海:上海远东出版社,2001:82.

[118] 让-雅克·拉丰,大卫·马赫蒂摩.激励理论(第一卷):委托-代理模型[M].北京:中国人民大学出版社,2002:101-123.

[119] 斯科特·E.哈林顿.保险经济学[M].北京:中国人民大学出版社,2005:3-4.

[120] 施红.农业保险财政补贴的激励机制[J].中国保险,2007(12):37-40.

[121] 施红.政策性农业保险的运作效率及其影响因素[J].农业经济问题,2008(12):56-62.

[122] 施红.美国农业保险财政补贴机制研究回顾——兼对中国政策性农业保险补贴的评析[J].保险研究,2008(4):91-94.

[123] 施红.财政补贴对我国农户农业保险参保决策影响的实证研究——以浙江省为例[J].技术经济,2008(9):88-93.

[124] 施红,李佳.基于 DEA 的中国农业保险机构运作效率的实证研究[M]//庹国柱主编.中国农业保险发展报告.北京:中国农业出版社,2012:248-262.

[125] 施红,金玉珠.农业保险稳定农户收入风险的效应研究[M]//庹国柱主编.中国农业保险研究.北京:中国农业出版社,2014:96-108.

[126] 史清华,顾海英,张跃华.农民家庭风险保障:从传统模式到商业保险[J].管理世界,2004(11):101-108.

[127] 史清华.农业风险管理模式的评析与选择[J].经济问题,1994(6):11-14.

[128] 孙刚,刘璐.中国寿险业效率变动实证研究——基于资料包络分析

(DEA)方法[J].财经问题研究,2010(5)：45-52.

[129] 田国强.经济机制理论：信息效率与激励机制设计[J].经济学(季刊),2003(1)：271-308.

[130] 庹国柱,朱俊生.关于我国农业保险制度建设几个重要问题的探讨.中国农村经济,2005(6)：46-52.

[131] 庹国柱,朱俊生.关于农业保险立法几个重要问题的探讨[J].中国农村经济,2007(2)：55-63.

[132] 庹国柱,李军.我国农业保险试验的成就、矛盾及出路[J].金融研究,2003(9)：88-98.

[133] 庹国柱,杨翠迎,丁少群.农民的风险,谁来担？——陕西、福建六县农村保险市场的调查[J].中国保险,2001(3)：34-36.

[134] 庹国柱,王国军.中国农业保险与农村社会保障制度研究[M].北京：首都经贸大学出版社,2002：135-152.

[135] 庹国柱,李军,皮立波.国外农业保险：实践、研究和法规[M].西安：陕西人民出版社,1996：120.

[136] 王成丽.浅析农业保险对农户经济福利的影响[J].法制与社会,2008(27)：291.

[137] 王朋良,龙文军,杜正茂.相互制保险公司在中国的实践与启示——基于黑龙江阳光农业相互保险公司的调查[J].中国农垦,2010(5)：59-62.

[138] 吴利红,毛裕定,苗长明.浙江省晚稻生产的农业气象灾害风险分布[J].中国农业气象,2007(2)：217-220.

[139] 西蒙·库兹涅茨.经济增长与农业的贡献：对测量方法的评论[M]//卡尔·埃切尔,劳伦斯·威特.经济发展中的农业.纽约：McGraw-Hill,1964：109-119.

[140] 许飞琼.论我国的农业灾害损失与农业政策保险[J].中国软科学,2002(9)：8-12.

[141] 姚明霞.福利经济学[M].北京：经济日报出版社,2005：1-10.

[142] 杨壬飞,吴方卫.农业外部效应内部化及其路径选择[J].农业技术经济,2003 (1)：6-12.

[143] 杨斌.政策性农业保险渔业先行的探讨[J].中国渔业经济,

2004(2)：27-29.

[144] 虞锡君.农业保险与农业产业化互动机制探析[J].农业经济问题，2005(8)：54-56.

[145] 赵元凤,冯平.内蒙古自治区 2012 年农业保险保费补贴绩效评估[M].中国农业科学技术出版社,2013：132-136.

[146] 翟雪玲,张晓涛.美国农业支持政策效应评估[J],农业经济问题，2005(1)：74-78.

[147] 张惠茹.中国农业保险研究观点综述[J].经济纵横,2005(5)：76-79.

[148] 张文武.我国农业保险的难点与对策[J].保险研究,2005(9)：61-63.

[149] 张洪涛,郑功成.保险学[M].北京：中国人民大学出版社,2000：35.

[150] 张维迎.法律制度的信誉基础[J].经济研究,2002(1)：3-14.

[151] 张维迎,邓峰.信息、激励与连带责任——对中国古代连坐、保甲制度的法和经济学解释[J].中国社会科学,2003(3)：99-113.

[152] 张维迎.产权、激励与公司治理[M].北京：经济科学出版社,2005：246-249.

[153] 张维迎.企业的企业家——契约理论[M].上海：上海人民出版社,上海三联书店,1995：54.

[154] 张维迎.博弈论与信息经济学[M].上海：上海三联书店,上海人民出版社,2004：449.

[155] 张跃华,何文炯,施红.市场失灵、政策性农业保险与本土化模式——基于农业保险试点的比较研究[J].农业经济问题,2007(6)：49-55.

[156] 张跃华,史清华,顾海英.农业保险需求问题的一个理论研究与实证分析[J].数量经济技术经济研究,2007(4)：65-75.

[157] 张跃华,施红.补贴、福利与政策性农业保险——基于福利经济学的一个深入探讨[J].浙江大学学报(社科版),2007(6)：138-145.

[158] 张跃华,顾海英.准公共产品、外部性与农业保险的性质[J].中国软科学,2004(9)：10-15.

[159] 张跃华.需求、福利与制度选择——中国农业保险的理论与实证研究[M].北京：中国农业出版社,2007：3.

[160] 郑功成.财产保险[M].北京：中国金融出版社,2001：497.

[161] 郑志刚.经济学视角下的古代连坐和保甲制度[J].学术界,2004(4)：257-260.

[162] 郑迥.泛论农业保险[J].中农月刊,1944(11)：23-28.

[163] 朱俊生,庹国柱.中国农业保险制度模式运行评价[J].中国农村经济,2009(3)：14-19.

图书在版编目(CIP)数据

中国农业保险效率评价与机制优化研究 / 施红著.
—杭州：浙江大学出版社，2016.9
ISBN 978-7-308-16234-0

Ⅰ.①中… Ⅱ.①施… Ⅲ.①农业保险—研究—中国
Ⅳ.①F842.66

中国版本图书馆 CIP 数据核字（2016）第 229548 号

中国农业保险效率评价与机制优化研究

施 红 著

责任编辑	余健波
责任校对	刘 郡 杨利军
封面设计	杭州林智广告有限公司
出版发行	浙江大学出版社
	（杭州市天目山路 148 号 邮政编码 310007）
	（网址：http://www.zjupress.com）
排 版	杭州林智广告有限公司
印 刷	杭州日报报业集团盛元印务有限公司
开 本	710mm×1000mm 1/16
印 张	15.75
字 数	249 千
版 印 次	2016 年 9 月第 1 版 2016 年 9 月第 1 次印刷
书 号	ISBN 978-7-308-16234-0
定 价	45.00 元

版权所有 翻印必究 印装差错 负责调换

浙江大学出版社发行中心邮购电话：（0571）88925591；http://zjdxcbs.tmall.com